Der Passfälscher

CIOMA SCHÖNHAUS
Der Passfälscher

Ein junger Grafiker wird
zum heimlichen Fluchthelfer für
Hunderte von Todgeweihten

Weltbild

Gewidmet meiner Frau Rigula

Besuchen Sie uns im Internet:
www.weltbild.de

Genehmigte Lizenzausgabe für Verlagsgruppe Weltbild GmbH,
Steinerne Furt, 86167 Augsburg
Copyright der deutschsprachigen Ausgabe © 2004
by S. Fischer Verlag GmbH, Frankfurt am Main
Umschlaggestaltung: Studio Höpfner-Thoma, München
Umschlagmotiv: privat; Ullstein Bildarchiv, Berlin; Bernd Klein
Gesamtherstellung: Oldenbourg Taschenbuch GmbH,
Hürderstraße 4, 85551 Kirchheim

ISBN 3-8289-8617-X

2009   2008   2007   2006
Die letzte Jahreszahl gibt die aktuelle Lizenzausgabe an.

Inhalt

Zum Geleit   7

Noch einmal nach Hause   9
Aussehen wie die anderen   11
Gefängnisordnung   16
Ein Baum stirbt   21
Der besoffene Polizist   24
Haussuchung   25
Die Bombe   27
Der anständige junge «Arier»   30
Wie Gott in Frankreich   32
Adam und Evchen   36
Ein Jahr Gefängnis   39
«Entartete Kunst»   42
Mimikry   44
Berlin Alexanderplatz   50
Der hoffnungslose Warteraum   55
An der Drehbank   58
Der gesetzlich erzwungene Offenbarungseid   63
Nachtschicht von sechs bis sechs   66
Deportationsdatum: 2. Juni 1942   70
Die Postkarte   80
Ein Grafiker wird gesucht   83
Wie fälscht man einen Stempel?   86
Illusionen   92
Die Blinddarmoperation   96
Dr. Franz Kaufmann   100
«Sagen Sie einfach, ich heiße Rogoff»   103
Gerda   109
Die bürgerliche Ordnung   120
Die Zimmersuche   123

Das Segelboot   133

Tatjana   137

Der Fluchtkönig   142

Fortune oblige   147

Helene Jacobs   156

Frechheit siegt nicht immer   165

Verraten   168

Das Fahrrad   171

Der langsame Abschied von Berlin   173

Der Anfang vom Ende Berlins – 6. September 1943   179

Wo fahre ich eigentlich hin?   185

Die erste Kontrolle   195

Der Mensch denkt und Gott lenkt   201

Die grüne Grenze   205

Anmerkungen   211

Nachwort von Marion Neiss   219

Zum Geleit

Meine glückliche Rettung ist die Folge eines Geschehens, bei dem das Gesetz der großen Zahl die entscheidende Rolle spielt.

Wenn der Parkettboden in einem großen Raum ein faustgroßes Loch aufweist, und wenn in diesem Raum jemand versuchen wollte, mit einer Erbse in dieses Loch zu treffen, wären seine Chancen minimal.

Nähme man aber einen Sack voller Erbsen und leerte diese im Raum aus, das Loch wäre sofort gefüllt.
Die Geschichte einer jeden Erbse, die im Loch gelandet ist, bestünde dann ebenso wie die meine aus einer Kette wundersamer Zufälle.

Ich bin eine solche Erbse.

Prof. Dr. Heiko Haumann ermunterte mich, meine Erinnerungen fertig zu stellen. Dafür möchte ich ihm danken. Ohne den großen Einsatz, die konstruktive Kritik und die vielen Gespräche mit meinem Freund Dr. Anatol Schenker wäre das Buch nie entstanden. Dafür danke ich ihm sehr.

Cioma Schönhaus

Noch einmal nach Hause

Es ist Freitag, der 24. September 1941. Ich fahre im D-Zug von Bielefeld nach Berlin. Das freiwillige Arbeitslager der ‹Reichsvereinigung der Juden in Deutschland›[1] darf ich nun 14 Tage lang vergessen. Die Dampflokomotive zieht eine schwarze Rauchfahne hinter sich her. Die Fenster bleiben besser zu, sonst kommen mir Rußpartikel in die Augen. Es riecht nach Schwefel. Oder sind es die harten Frühstückseier aus dem Speisewagen? Ich habe das Polstercoupé ganz für mich allein. Meine Füße liegen auf dem gegenüberliegenden Sitz. Wenn der Schaffner meckert, kann ich immer noch den ‹Völkischen Beobachter› unter die Schuhe legen. Ich habe ihn vor dem Einsteigen am Kiosk gekauft. Er riecht noch nach Druckerschwärze. Auf der Titelseite dröhnt es: «Größte Vernichtungsschlacht aller Zeiten. 380 000 Russen gefangen». Die Oberkommandierenden der Wehrmacht glauben, der Krieg gegen Russland sei praktisch entschieden. Generalstabschef Franz Halder hält sogar, wie aus seinen täglichen Aufzeichnungen hervorgeht, am 3. Juli 1941 den Feldzug gegen Russland innerhalb von 14 Tagen für gewonnen, wenn auch noch nicht für beendet. Die Wehrmacht beherrscht den Kontinent. Unerschütterlich stehen deutsche Soldaten vom Nordkap bis Afrika, von der spanischen Grenze bis Russland, und schützen das großdeutsche Reich.

Der Schaffner kommt immer näher. Ich lege die gelesene Zeitung unter meine Schuhe. Dabei frage ich mich: «Ist Hitler wirklich unbesiegbar?» Als Reiselektüre habe ich mir Leo Tolstois ‹Krieg und Frieden› mitgenommen. Tolstoi beschreibt den Russlandfeldzug von Napoleon. Auch er beherrschte Europa. Auch er besiegte alle. Auch er war scheinbar allmächtig. Aber der, der die Bäume nicht in den Himmel wachsen lässt, der wird auch für Hitler ein St. Helena bereithalten. Nur ob ich das erleben werde, ist eine offene Frage. Denn Hitler kämpft ja nicht nur gegen die Russen. Er kämpft auch gegen die Juden.

Als ich ein kleiner Junge war, setzte sich mein Vater oft, bevor ich einschlief, zu mir aufs Bett und imitierte, mit der Hand auf das Deckbett klopfend, den Takt der Räder eines fahrenden Zuges. Dazu summte er. Jetzt höre ich ihn wieder ganz deutlich:

«Wie wird es weitergehn... denk nicht daran... denk nicht daran...

Wie wird es weitergehn... denk nicht daran... denk nicht daran...

Wie wird es weitergehn... denk nicht daran...»

Die Räder des fahrenden Zuges klopfen im Dreivierteltakt und mein Vater fährt mit.

Unsere Zweizimmerwohnung hatte Mama immer schon in eine Puppenstube verwandelt. Im Schlafzimmer weiße Schleiflackmöbel. An den Fenstern rosa Vorhänge. Auf dem Esszimmertisch glitzert eine Kristallschale mit frischen Pflaumen. Die Wohnung ist klein. Alles riecht nach Pflaumen.

Neben dem Esstisch der Bücherschrank: ‹Das Kapital› von Karl Marx, ‹Das Kommunistische Manifest› von Karl Marx und Friedrich Engels, ‹Das Lächeln der Mona Lisa› von Kurt Tucholsky. Daneben noch etwas von Alfred Polgar sowie einige Sammelbände der ‹Weltbühne›. Alles verbotene Bücher, die im Mai 1933 während einer Rede des Reichspropagandaministers Joseph Goebbels unter dem Gejohle von Studenten in Berlin öffentlich auf einem Scheiterhaufen verbrannt worden sind.[2] Diese Bücher hatte mir mein Cousin, bevor er nach New York auswanderte, zu treuen Händen übergeben, mit der ausdrücklichen Auflage, sie sorgfältig aufzubewahren, da sie unersetzlich seien.

Ich finde es spannend, neben solch brisanter Literatur Abendbrot zu essen. Denn allein schon der Besitz dieser Bücher kann einem zum Verhängnis werden. Jedenfalls, wenn sie von gewissen Leuten entdeckt werden.

Es gibt dünn geschnittenes Sauerteigbrot mit Butter und Schweizer Käse. Dazu trinken wir Tee. Und für mich gibt es noch von Mamas selbst gekochter Erdbeermarmelade, zum Mit-dem-Löffel-Essen. Russisch sagt man dazu: «Tschaj's Wareniem».

«Ja, Cioma. Sie haben dich aus dem Gefängnis laufen lassen, weil der Pate deiner nicht-arischen Freundin Gestapochef ist. Junge, Junge, das ist nicht normal. So etwas ist ein Wunder. Und auf Wunder ist kein Verlass. Sei vorsichtig. Spiele nicht mit dem Feuer.» Und während der Vater mir ins Gewissen redet, macht er den Zeigefinger mit der Zunge nass, nimmt die Krümel vom Tischtuch auf und tut sie in den Mund. Dabei murmelt er vor sich hin: «Danke». «Wieso sagst du danke, Papa?» «Ach weißt du, das ist so mein Tischgebet».

Er arbeitet jetzt als Erdarbeiter beim Tiefbau. Braungebrannt erklärt er mir, wie richtige Arbeiter schaufeln: «Also zuerst ein-mal, unter keinen Umständen über die Hand. Und dann die He-belkraft richtig nutzen. So macht mich diese Arbeit, die uns ei-gentlich hätte demütigen sollen, nur noch stärker. Ich habe mich jedenfalls noch nie so gut gefühlt. Weißt du, ich denke da an das Jugendbuch von Mark Twain. Da sollte doch Tom Sawyer zur Strafe den Gartenzaun seiner Tante streichen; und zwar an einem heiligen Sonntag. Aber Tom strich Latte für Latte fröhlich pfei-fend, so genussvoll, dass ihm die aus der Kirche kommenden Bu-ben sogar noch Geld dafür gaben, auch eine Latte des Zauns streichen zu dürfen.» Irgendein Philosoph hat einmal gesagt: Der Weg ist das Ziel.

Aussehen wie die anderen

Dort, wo die Stadt Bielefeld aufhört und der Wald beginnt, träumt ein ehemaliges Gartenrestaurant mit einer großen Tanz-diele von vergangenen Zeiten. Über dem Eingang heißt es:

Schlosshof. Daneben hängt immer noch eine Tafel mit dem Spruch: ‹Der alte Brauch wird nicht gebrochen, hier können Familien Kaffee kochen.› Das Gebäude mit einer Glasveranda liegt in einem Park mit alten Kastanienbäumen. Daneben ein Teich mit drei Schwänen. Alles stimmt. Nur etwas stimmt nicht: Die Männer, die hier vor kurzem mit ihren Frauen tanzten, sind jetzt an der Front. Und echten Bohnenkaffee gibt es nur noch auf dem Schwarzen Markt.

Das Einzige, was stimmt, sind wir hundertzwanzig Burschen und Mädchen. Wir wohnen hier in einem Arbeitslager der ‹Reichsvereinigung der Juden in Deutschland› und arbeiten, auf verschiedene Tiefbaufirmen verteilt, als Erdarbeiter. Bis auf weiteres freiwillig. Der Schlosshof hätte so etwas wie ein Ghetto sein sollen. Aber wir wollen keine Ghettojuden sein. Wir wollen wenigstens aussehen wie alle andern. Ganz einfach wie Nazis in Zivil.

Unter der Treppe steht eine alte Singer-Nähmaschine. Ich probiere, was ich zu Hause unter Mutters Anleitung schon einmal hinbekommen habe. Durch das Absteppen einer geschwungenen Naht verwandele ich meine Knickerbocker in eine Reithose.

Bei einem Trödler, der Militärutensilien verhökert, finde ich ein Paar braune Offizierstiefel mit Riemchen für die Kniekehlen, wie bei Polostiefeln. Meine Reithosen werden im Lager neidvoll bewundert. Nun habe ich zahlreiche Knickerbocker zu «nazifizieren».

An einem Sonntagnachmittag stehen wir zu fünft vor dem Gartentor in der Sonne. Da kommt ein älterer Mann den Gartenweg entlang auf uns zu und lallt: «Was ist denn hier los? Das war doch immer ein Gasthof? Gibt es denn kein Bier mehr in diesem Laden?» «Nein», sagt einer von uns, «das ist kein Gasthof mehr. Das ist jetzt ein Arbeitslager für Juden.» «So, so. Das ist auch recht. Gebt denen Saures. Die Juden kenn ich. Die haben's verdient. Nehmt sie nur tüchtig ran.»

Ich lache. «Wir sind ja selbst Juden.» Mit einem glasigen Blick mustert er unsere Reithosen, unsere auf Hochglanz gewienerten Schaftstiefel. Dann rülpst er laut und stammelt: «Na, das könnt ihr einem anderen erzählen. So besoffen bin ich ja nun auch wieder nicht.» Dann wankt er davon.

Die Balustraden im Tanzsaal des Schlosshofs, hinter denen besorgte Mütter vor dem Krieg ihre Töchter beim Tanzen beaufsichtigten, sind abmontiert. Jetzt stützen nur noch nackte Säulen die Decke. Geblieben ist lediglich die Jugendstilstukkatur. Nun ist darunter Platz für fünfzig doppelstöckige, graue Militärbetten. Nachts, wenn die Burschen schlafen, atmet die Decke mit. Wie bei einem großen Tier tönt es aus hundert Kehlen. Und doch bei jedem anders.

Michael Kesting, der große Schuljunge, der immer in kurzen Hosen, Schaftstiefeln und mit pudelnacktem Oberkörper herumläuft, fragt träumend, während er auf seinen Hosenschlitz zeigt: «Und was ist das hier?» Und seine Augen lachen, wenn Beate rot wird.

Walter Majut, der Bergarbeiter aus Oberschlesien, blinzelt im Schlaf, als gäbe seine Grubenlampe zu wenig Licht. Ludel Frank, der Metzgergeselle, greift in die Luft und packt mit seinen Wurstfingern den Stier bei den Hörnern. Jonny Syna hält schlafend seinen Geigenkasten fest, der immer unter seinem Bett liegt. Wolfgang Pander, der für mich den Studenten aus ‹Schuld und Sühne› von Dostojewski verkörpert, murmelt: «Und ich würde es wieder tun.»

(Walter Majut und alle anderen Lagerkollegen, die ich hier nicht aufgezählt habe, wurden eines Tages ohne Vorwarnung auf einen Lastwagen verladen. Keiner kam zurück. Ich bin einer der wenigen, die übrig geblieben sind. Aber das kam erst später.)

Ich, der jüngste und bestimmt auch der unmännlichste, träume davon, mit einem Mädchen geschmückt zu sein. Dabei ist das gar nicht so unwahrscheinlich.

Günther Heilborn legte neulich seinen Arm um meine

Schulter und meinte väterlich: «Cioma, bist du blind oder blöde? Merkst du denn nicht, dass die Lotte in dich verknallt ist?» «Warum? Wer ist Lotte?» «Dort drüben, die kleine Blonde mit der randlosen Brille.» Doch ich habe Angst vor Mädchen. Aber Lotte will mich.

Ich träume, wir trinken Sekt und stoßen mit den Gläsern an. Da zerbricht mein Glas. Aber es ist kein Sektglas. Es ist eine Fensterscheibe. Und jemand zischt: «Gib die Handgranate her, Licht aus.» Etwas fliegt durch den Saal. Walter Majut und Ludel Frank stehen mit Holzknüppel und Taschenlampe im Garten. Ich renne vor lauter Angst hinterher, um zum sehen, was los ist. Und da steht der Mann, der am Samstagnachmittag ein Bier wollte. Er hält sich die Hand vors Gesicht, weil ihn die Taschenlampe blendet. Dann verschwindet er in der Dunkelheit. Die Handgranate war ein Ziegelstein. Und was in den Saal geflogen kam, war ein nasser, leerer Zementsack. Lachend, aber mit weichen Knien, gehen wir wieder auf unsere Pritschen zurück.

‹Zu Bett, zu Bett, wer 'n Liebchen hat! Wer keines hat, muss auch zu Bett, zu Bett, zu Bett.› Ich habe zwar ein Liebchen, aber nicht für mich allein. Für Lotte sind die vielen Burschen im Lager eine ständige Versuchung, den Kopf zu verlieren. Und mir verdreht Lotte den Kopf.

Wir unternehmen einen Sonntagsausflug zum Herrmannsdenkmal im Teutoburger Wald bei Paderborn. Lotte hat sich links und rechts bei zwei Jungens untergehakt. Statt mich, als fünftes Rad am Wagen, der lachenden Lotte anzuschließen, mache ich linksum kehrt und laufe querfeldein kopflos in die Landschaft. Ich rede mit den Spatzen, den Margeriten und den Kohlweißlingen. Der Himmel ist blau bis zum Horizont. Die Luft flimmert sonntagsgemäß. Alles dreht sich in mir.

Und dann telefoniert ein Soldat mit geschultertem Gewehr: «Herr Hauptmann, hier bei mir, vor der Flakstellung, läuft gerade ein junger Mann querfeldein durch die Landschaft. Jetzt steht er im Schatten vom Fliegerabwehrgeschütz. Jawohl. Er trägt Reit-

hosen, englische Offizierstiefel. Sagt, er sei ein Jude, sieht aber gar nicht so aus. Zu Befehl. Bringe ihn gleich rüber.» Und zu mir: «Kommen Sie mit.»

Der Hauptmann sitzt am Schreibtisch. Um ihn herum sieben Offiziere. Er dreht sich auf seinem Stuhl um, sieht mir durch seine randlose Brille ins Gesicht: «Junger Mann, schlafen Sie mit offenen Augen? Wissen Sie, wo Sie hier sind? Sie befinden sich auf einem Militärflugplatz. Und Sie wissen ja, heute sitzt einem der Kopf lose in Deutschland. Ich könnte Sie sofort wegen Spionage erschießen lassen.» Er wendet sich zu meinem Soldaten: «Bringen Sie ihn zur Polizei. Lassen Sie feststellen, was das für einer ist. Wenn kein Grund vorliegt, lassen Sie ihn laufen.» Der Soldat schlägt die Hacken zusammen: «Zu Befehl!» Und zu mir: «Kommen Sie mit!» Wir marschieren in die Stadt. Ich frage ihn: «Können Sie so gut sein und mit mir am Arbeitslager vorbeigehen? Da hängt meine Jacke. Und dort in der Tasche steckt mein Ausweis. Dann klärt sich alles sofort auf.» Seine Antwort: «Ich kann überhaupt nichts.»

Eine Viertelstunde später stehen wir vor dem Paderborner Rathaus mit dem angegliederten Stadtgefängnis. Ein Beamter öffnet das große Eisentor und sieht uns fragend an. Darauf der Soldat: «Dieser Jude hat sich bei uns in der Flakstellung rumgedrückt. Ich soll ihn der Polizei übergeben.» Im Gefängnisbüro bitte ich den Beamten, der mich registriert, im Arbeitslager anzurufen: «Die wissen doch gar nicht wo ich bin.» Der Beamte tut so, als höre er mich nicht und sagt zu seinem Kollegen, der mich abführt: «Zelle fünf.»

Ich liege auf einer harten Holzpritsche. Durch das vergitterte Fenster sehe ich ein Stück Nachthimmel und höre den Trompeter. Er bläst den Zapfenstreich. ‹Zu Bett, zu Bett, wer'n Liebchen hat…› Woher mein Vater Text und Melodie kannte, ist mir schleierhaft.

Die Kaserne liegt direkt neben dem Gefängnis.

Gefängnisordnung

Auf einem gelben Blechschild an der Wand steht: ‹Wer lärmt, die Wände beschmiert oder die Zelle verunreinigt, wird bestraft durch Entzug der warmen Kost oder des weichen Bettlagers.› Aha, dann kommt der Gefangene also in solch eine Zelle wie die, in der ich gerade bin. Ohne weiches Bettlager. Die anderen Zellen sind offenbar alle belegt.

Ich schaue mich um. Neben mir auf der Pritsche sitzt noch einer. Ohne mich zu beachten murmelt er fortwährend: «W imieniu ojca i syna i swietego ducha, amen. W imieniu ojca i syna i swietego ducha, amen.» Wobei er sich nach jedem Amen bekreuzigt. Ich warte auf den Augenblick, in dem er Luft holt, und frage: «Warum bist du denn hier?» Er dreht sich langsam um und haucht: «Nie ma pan.» Ich habe noch nie einen so mageren Menschen gesehen. Ich frage noch einmal. Immer wieder kommt das: «Nie ma pan.» Vielleicht ist es ein Engländer: «Do you speak English?» «Nie ma pan.» Oder ein Franzose: «Parlezvous français?» «Nie ma pan.» Oder ein Russe? «Gawarisch pa russki?» «Nie ma pan». Oder ein Pole? «Umiesz po polsku?» Sein Gesicht hellt sich auf und er beginnt zu strahlen. «Tak pan tez z Polski?» Er ist also ein Pole. Und schon drei Monate im Gefängnis, ohne zu wissen warum.

Die Nacht ist kaum vorbei, da rasseln an der Tür die Schlüssel und es knallen die Riegel. Man hört also rechtzeitig, dass gleich aufgemacht wird und hat etwas Zeit, sich darauf vorzubereiten. Ein Gefängniswärter mit weißem Kaiser-Wilhelm-Schnurrbart kommandiert: «Jaroslaw Kowalzek: Decke zusammenlegen. Mitkommen.» Zeit, sich zu verabschieden bleibt nicht. Was die wohl mit ihm vorhaben? Obwohl wir fast nicht miteinander gesprochen haben, ist es plötzlich merkwürdig still in der Zelle.

Bevor ich eingesperrt wurde, musste ich meine Taschen leeren und alles abgeben. Also einen Pfefferminzbonbon, eine Tabakpfeife und sechsunddreißig Pfennige. Meine Armbanduhr hatte ich fast bis zum Ellenbogen unter den Ärmel geschoben. Zuerst finde ich es besonders raffiniert. Nachher merke ich, wie quälend das ist. Denn wenn Minuten gezählt werden können, gehen sie langsamer vorbei. Ich schaue auf die Uhr und versuche mit meiner Vorstellungskraft, die Zeit schneller vergehen zu lassen.

Die Pritsche ist hart. Je länger ich auf den nackten Brettern liege, desto mehr spüre ich jeden einzelnen Knochen. Darum laufe ich lieber in der Zelle hin und her, sie ist sieben Schritte lang und vier Schritte breit.

Es ist genau acht Uhr und zehn Minuten. In Gedanken spaziere ich durch die Bildergalerie des Kaiser-Friedrich-Museums. Ich war so oft dort, dass ich nicht nur die Bilder in meinem optischen Gedächtnis gespeichert habe, ich kann mich auch genau daran erinnern, wo sie hängen. «So,» sage ich mir, «jetzt gehst du zuerst zu Rembrandt und siehst dir den Mann mit dem Goldhelm an.» Ich bewundere, wie das pastos aufgetragene Weiß die Ornamente im Helm glänzen und aufleuchten lässt, wenn das Licht von der Seite kommt.

Jetzt sind bestimmt zehn Minuten vergangen. Aber ich beiße die Zähne zusammen und warte, damit noch mehr Zeit vergeht, wo doch als nächstes der Saal mit den Riesenschinken von Rubens an die Reihe kommt. Und danach ein Abstecher zu Vermeer van Delft. Herrgott, wie dieser Künstler Seide darstellen kann!

Während ich van Delfts Arbeit bewundere, tippt mir ein älterer Herr auf die Schulter. Mit seinem breitkrempigen schwarzen Hut sieht er aus wie ein Professor. «Junger Mann», sagt er, «ich beobachte Sie schon eine ganze Weile. Und ich freue mich, wenn ich noch einen deutschen Jungen sehe, der sich für unsere Kultur interessiert. Kennen Sie den Tiermaler Potter? Kommen Sie mal mit. Er hängt drüben. Im Gegensatz zu Rubens malt er nur ganz kleine Bilder. Hier, nehmen Sie meine Lupe und schauen Sie sich mal diese Kuh an. Der konnte malen. Nicht wahr? Sind Sie eigentlich in der Hitlerjugend?» «Nein.» «Na ja, ich dachte es mir.»

Und während ich in Gedanken die mageren nackten Frauen von Lucas Cranach betrachte, rasseln an der Tür wieder die Schlüssel und es knallen die Riegel. Die Tür geht auf und der Beamte mit dem Silberschnurrbart kommandiert: «Nachttöpfe leeren.» Jetzt sehe ich die anderen Gefangenen. Alle stehen hintereinander vor einer Toilette. Und nachher geht es mit leeren Töpfen zurück in die Zelle. Kaum fällt die Tür ins Schloss, bin ich wieder im Kaiser-Friedrich-Museum. Jetzt habe ich endlich Zeit, auf meine Uhr zu sehen. Nein, nur ganze zwölf Minuten lang träumte ich mich in die Welt der Kunst. Dass ich die Uhr hereingeschmuggelt habe, war weniger schlau, als ich gedacht hatte.

Ich sitze auf der Pritsche. In Gedanken zieht mein Leben an mir vorüber. Mein fast neunzehnjähriges Leben. Hier komme ich nicht mehr raus. Dabei hat mein Leben ja noch gar nicht richtig angefangen. Dabei habe ich noch nie mit einer Frau geschlafen. Dabei wollte ich doch einmal Kinder haben. Ist jetzt alles vorbei? Ist das jetzt schon die Endstation? Werde ich gehenkt oder erschossen? Gibt es auch für Juden vorher noch eine Henkersmahlzeit?

Wenn es eine gibt, wünsche ich mir Würstchen mit Kartoffelsalat. Ich rutsche hin und her und merke, auf der Pritsche kann man sich leicht einen Splitter einreißen, wenn man nicht aufpasst. Das Holz ist alt und trocken. Aber zu etwas taugen die Splitter doch. Man kann aus dieser Holzpritsche ein Musikinstrument basteln. Ein Holzzupfinstrument. Und dann bin ich der Zupfgeigenhansl und musiziere, bevor sie mich umbringen.

Es ist ganz einfach, von der Pritsche Späne zu lösen, sie verschieden lang abzubrechen und auf dem Betonboden dünn zu schleifen. Wenn ich sie in die Lücke zwischen zwei Bretter klemme, kann ich an den Spänen durch Zupfen Töne auslösen. Je länger der Span, desto tiefer der Ton. So baue ich mir eine Tonleiter, sogar mit Halbtönen. Dann versuche ich mich an Kinderliedern. Während ich musiziere, vergeht die Zeit schneller. Meine Angst verflüchtigt sich und ich höre meinen Vater eine Geschichte erzählen.

«Stell dir vor, da fällt ein Mann in eine Löwengrube. Aber auf halber Höhe bleibt er mit seinen Hosenträgern an einer Wurzel hängen. Der Mann sieht hinunter. Unten winden sich Ottern und zeigen ihre Giftzähne. Der Mann sieht nach oben. Dort wartet ein Löwe und leckt sich die Lefzen. Der Mann sieht nach vorne. An einem herausragenden Zweig wachsen Himbeeren. Und was macht der Mann? Der Mann isst die Himbeeren.»

Ich zupfe an den Spänen meiner Holzpritschengitarre und spiele Kinderlieder. Für mich sind es Himbeeren. Aber plötzlich erschreckt mich ein Geräusch. Außen am Guckloch der Eisentür höre ich jemand sagen: «Das hier ist der Jude. Den haben sie in der Flakstellung aufgegriffen. Der wird morgen der Gestapo übergeben.»

Der Gestapomann, der mich am nächsten Morgen abholt, lässt mich in seinem Wagen neben sich sitzen. Er spricht ganz leise. Aber seine Worte tönen für mich wie Hammerschläge: «Was Ihnen jetzt geschieht, können Sie sich selbst zuschreiben. Wenn Sie mit einer Einlieferung ins Konzentrationslager davonkommen, haben Sie noch Glück gehabt.»

Nachdem ein anderer Gestapobeamter mit der Figur eines Bauarbeiters ein Protokoll aufgenommen hat, sagt er: «So, nun unterschreiben Sie das.» Während er aus dem Zimmer geht, will ich das, was ich unterschreiben soll, noch einmal durchlesen. Aber der Bauarbeiter packt mich am Kragen und stößt mich in den Gang. Zum Glück falle ich nicht hin. Und dazu brüllt er: «In fremden Akten rumschnüffeln. Das ist ja noch schöner. Was machen wir jetzt mit dem?» Zu meinem Glück kommt der, der mich mit dem Wagen abgeholt hat, vorbei und sagt leise zu mir: «Kommen Sie, kommen Sie» und dann laut: «Den nehm ich mit!» Dann bringt er mich in seinem Auto wieder zurück ins Gefängnis.

Am nächsten Tag muss ich mich bei Herrn Pützer, dem Leiter des Judenreferats bei der Gestapo[3], melden. Ich bin auf das Schlimmste gefasst. Als ich in sein Büro geführt werde, sitzt da ein kleiner freundlicher Mann hinter dem Schreibtisch, nickt mit dem Kopf und lacht: «So, so. Sie sind also der Freund von der Lotte. Mein lieber Schönhaus. Die Sache hätte aber leicht schief ausgehen können, wenn ich nicht der Pate von Lotte Windmüller wäre. Sagen Sie der Lotte einen schönen Gruß und bestellen Sie dem Lagerleiter, er soll besser auf seine Leute aufpassen.»

Auf den Schrecken hin bekomme ich Urlaub und darf für eine Woche zurück zu meinen Eltern nach Berlin.

(Lotte Windmüller war die Tochter reicher jüdischer Mühlenbesitzer, die bereits als Kind katholisch getauft worden war. Lotte war also bereits von Geburt an katholisch. Ihr Taufpate war Herr Pützer, der mit der Familie Windmüller eng befreundet war. Der freundliche Herr Pützer hat sich bis zum letzten Tag für sein Patenkind eingesetzt. Die Deportation nach Auschwitz konnte aber selbst er nicht verhindern. Lotte kam nicht zurück.)

Ein Baum stirbt

Der Urlaub ist vorbei. Das Arbeitslager der ‹Reichsvereinigung der Juden in Deutschland› hat uns wie gewöhnliche Arbeiter an die Firma Pollmann in Bielefeld vermittelt.

Trotz des beginnenden Herbstes ist es sommerlich warm. Schmetterlinge flattern über die Landstraße. Der Asphalt flimmert. Keine Autos weit und breit. Nur drei jüdische Jungen fahren auf ihren Rädern zur Arbeit. Jonny Syna, ein Musikstudent, der abends im Lager auf seiner Geige Johann Sebastian Bach und Saverio Mercadante übt. Er ist einundzwanzig Jahre alt. Wolfgang Pander, der schon einmal wegen seines losen Mundwerks ein paar Monate im Konzentrationslager gesessen hat. Erstaunlicherweise haben sie ihn entlassen. Vorher war er Regieassistent im Filmstudio seines Vaters. Er ist vierundzwanzig Jahre alt. Und ich: Cioma Schönhaus. Nach einem Jahr Kunstgewerbeschule bin ich jetzt neunzehn Jahre alt.

Die Chaussee ist menschenleer. Wir fahren nach Brackwede, einem Vorort von Bielefeld. Dort sollen wir einen Feuerlöschteich anlegen. Neben einem Lazarett.

Von weitem hören wir einen Lastwagen kommen. Er fährt an uns vorbei. Dann noch einer. Beim dritten ist die Persenning

halb offen und man sieht, was er geladen hat: Soldaten mit blut-
verschmierten Verbänden. Sie winken, wir winken zurück.
«Siehst du», ruft Wolfgang, «die Lastwagen haben außen keine
roten Kreuze. Sie wollen nicht, dass man Verwundete auf den
Straßen sieht.»

Wir radeln durch einen alten Buchenwald mit grauen majes-
tätischen Stämmen. Hell leuchten die gelben Blätter im Gegen-
licht. Nach etwa zwanzig Minuten steht am Wegrand ein roter
Werkzeugwagen. Davor erwartet uns, auf eine Schaufel gelehnt,
der Schachtmeister: «So, ihr seid also meine neuen Arbeiter. Wir
werden hier einen Feuerlöschteich ausheben, dreißig mal fünfzig
Meter. Ich heiße Westerfeldhausen.»

Wir sehen uns gegenseitig an. Erst mustern wir das Waldstück
mit den gewaltigen Laubbäumen, dann den Schachtmeister. Er,
ein Riesenkerl in einem Manchesteranzug mit goldener Uhrkette. Ein Kopf wie der eines Bergsteigers, schneeweiße Haare,
weißer Schnurrbart und blaue Augen im wettergegerbten Gesicht. Auf einer Party der oberen Zehntausend könnte es leise
tönen: «Sicher ein Lord.» Aber wenn er den Mund aufmacht,
verändert sich das Bild. Vorne hat er nur noch zwei Zähne. Aber
als er dann mit seinem Bass «an die Arbeit» ruft, ist er doch wieder fast ein Lord.

Jeder von uns bekommt eine Axt. Meine reicht mir fast bis ans
Kinn. Es gilt, die Wurzeln der Bäume zu kappen. Wurzel für
Wurzel, bis sich die Krone von selbst auf die Gegenseite zu nei-
gen beginnt. Mit rauschenden Blättern legt sich der Riese dann
nieder, um nie wieder aufzustehen. Westerfeldhausen schaut mir
zu. «Noch nie eine Axt in der Hand gehabt, was? Komm mal
her! Ich zeige dir, wie man 's macht. Mit der Linken oben am
Axtstiel anpacken und rechts den Schaft durch die hohle Hand
sausen lassen. Und dann beim Zuschlagen laut ausatmen: Hach –
hach – hach. Das gibt Kraft, Junge.» Langsam bekomme ich
Schwielen an den Händen.

«Herr Westerfeldhausen, darf ich mal austreten?» «Meinetwegen.» Ich suche im Wald ein Stück Papier. Da liegt ein ganzes Bündel: «Liebe Annemarie, ich kann ja verstehen, dass du nicht mehr kommst». Oder: «Liebe Annemarie, wo sind jetzt deine Versprechen?» Oder: «Liebe Annemarie, ich will ja gar nicht, dass du wiederkommst». Der Wind hat die Briefe ohne Absender im Wald verweht. Jetzt liegen sie im Herbstlaub neben dem Eingang zum Lazarett.

Unsere Arbeit geht voran. An den gefällten Bäumen müssen die Wurzeln der Baumstrünke, die noch auf der anderen Seite im Boden stecken, abgeschlagen werden. Danach werden die Äste und Blätter mit dem Beil entfernt, und die gefällte Buche liegt abholbereit da. Nun kommt ein Laster und mit ihm eine Gruppe von Zuchthäuslern in gestreiften Anzügen. Es sind etwa sechzig Männer. Mit einem hau-ruck hieven sie zuerst einen Baum auf den Wagen und danach noch einen. Wir stehen daneben und schauen mit offenem Mund zu.

Westerfeldhausen ruft: «Frühstück!» Nun gehen wir in den Werkstattwagen. In den Pausen lese ich ‹Die Buddenbrooks› von Thomas Mann. Westerfeldhausen sieht auf das Buch, schüttelt den Kopf und will einen Blick hineinwerfen. «So was habe ich auch noch nie gesehen – ein Arbeiter mit einem Lesebuch. Aus dir wird nie was Rechtes. Da weiß Er nicht mal, wie man eine Axt hält, wie man Bäume fällt. Aber Bücher lesen! Du wirst nie ein richtiger Arbeiter.» «Will ich auch gar nicht. Ich will Grafiker werden und nach Amerika auswandern.» «Ja, ja, Amerika. Ich hatte auch mal so einen missratenen Neffen, so einen Tunichtgut, der ist auch nach Amerika ausgewandert. Habe nie mehr was von ihm gehört. Amerika, Amerika. Also, an die Arbeit.»

Dass wir drei Burschen eine Grube von dreißig mal fünfzig Meter allein roden und ausheben können, hätte ich nie für möglich gehalten. Aber nach drei Monaten haben wir es tatsächlich geschafft.

Der besoffene Polizist

Der Feldzug gegen Russland wird fortwährend siegreicher. In immer kürzeren Abständen ertönen im Radio die Siegesfanfaren. Das Prélude von Liszt ist genial ausgewählt und gut geeignet, dem Hörer das Gefühl zu vermitteln, zur stärksten Nation der Welt zu gehören. Sperrangelweit öffnen die Berliner ihre Fenster und Balkontüren, damit auch alle Passanten auf den Straßen und Plätzen an diesem Genuss teilhaben können. Ende September vermeldet der ‹Völkische Beobachter›, dass fast eine halbe Millionen russische Gefangene gemacht wurden. Hitler wird sie kaltblütig verhungern lassen. Die Juden lässt er eigenartigerweise in Ruhe, solange er erfolgreich ist.

Sogar eine jüdische Zeichenschule in der Nürnberger Straße wird geduldet. Ich bestehe die Aufnahmeprüfung und darf nun wieder zur Schule gehen. Das hätte ich nie mehr für möglich gehalten. Ich muss nicht mehr zurück zum Schachtmeister Westerfeldhausen und mir sagen lassen: «Du wirst doch nie ein richtiger Arbeiter.» Jetzt besteht mein Leben nur noch aus Zeichnen, Malen und Mädchen. Und ich verliebe mich prompt in die Quirligste von allen; die Tochter des Schriftstellers Jochen Klepper.[4] Renate ist selbstbewusst und hat einen intelligenten Silberblick. Sie ist blond, zierlich und elegant in ihren Bewegungen. Um ihre Schönheit jedoch nicht vollkommen sein zu lassen, hat Gott ihr krumme Beine gegeben.

Nach der Schule sitzen wir im Quick-Restaurant in der Joachimsthaler Straße und trinken so etwas ähnliches wie Kaffee. Das Lokal ist bumsvoll. Einige Tische neben uns steht ein rothaariger Polizist ohne Helm. Breitbeinig steht er da, die Arme in die Hüften gestemmt. Dröhnend übertönt seine Stimme das allgemeine Palaver: «Du bist ein Jude.» Der angesprochene Gast erwidert lachend: «Nein.» «Also, dann zeigst du mir sofort deinen Ausweis.» Der Gast wird aufgebracht: «Nein, hab ich gesagt.» Der Polizist, nun in höchster Lautstärke: «Sofort den Ausweis her»! Schließlich kommt der Geschäftsführer und meint: «Na, nun zeigen Sie ihm doch den Ausweis, dann haben wir Ruhe.» Der Gast gibt nach. Der Polizist kontrolliert den Ausweis. «In Ordnung», sagt er, steckt ihn in seine Tasche und erklärt: «Beschlagnahmt!» Der Geschäftsführer holt, wie ein Taschendieb, den Ausweis zurück. Der Gast steckt ihn ein. Der Polizist wankt inzwischen zum nächsten Tisch: «Aber du bist ein Jude!»

«Komm, jetzt gehen wir aber», fordert mich Renate auf. Nun bin ich auch einverstanden. Wir zahlen und gehen. Auf der Straße kommt der diensthabende Polizist vorbei. Ich gehe auf ihn zu, hebe den Arm: «Heil Hitler, Herr Wachtmeister. Hier oben im Restaurant belästigt ein betrunkener Polizist die Gäste.» «Was? Das werden wir gleich haben.» Zwei Stufen auf einmal nehmend läuft er die Treppe hoch. Wir stehen da und hoffen, er bringt seinen Kollegen am Kragen gepackt auf die Straße. Leider kommt er allein zurück, nickt mir zu und murmelt: «Danke, mein Junge.» Ich lege meinen Arm um Renate. Sie schaut mich bewundernd an, aber ihr Herz kann ich nur zur Hälfte gewinnen. Gegen ihren Stiefvater, den sie heiß verehrt, komme ich nicht an.

Haussuchung

Am Abend, als ich von der Schule nach Hause komme, sehe ich meine Mutter aufgeregt vor dem Kachelofen knien und einen Band der ‹Weltbühne› Seite für Seite verbrennen. «Was machst du denn da? Bist du verrückt? Diese Bücher sind doch unersetzlich. Du immer mit deiner Angst.» «Cioma, das sind verbotene Bücher. Hier war Haussuchung. Gestapo. Weißt du, was das bedeutet? Sie haben alles in die Finger genommen, auch diese Bücher. Was sie gesucht haben, weiß ich nicht. Aber Papa muss morgen früh um acht Uhr ins Polizeipräsidium. Ist das nicht Grund genug, Angst zu haben?»

Am nächsten Morgen um acht Uhr stehen wir im Gang des Berliner Polizeipräsidiums. An der Wand hängen Schaukästen mit Fotos von Leichen Ertrunkener. Der Steinboden hallt, wenn ein Beamter mit genagelten Stiefeln vorbeigeht. Eine Tür geht auf. Papa lächelt und verabschiedet sich mit den Augen. Die Türe schnappt zu. Der Gang ist leer. Weiter vorne steht eine alte abgewetzte Holzbank. Wie viele Menschen haben hier schon gewartet. Und worauf? Wir setzen uns hin. Die Zeit vergeht. Es wird zehn Uhr. Ein Beamter kommt mit einem Stapel Akten den Gang entlang. Er braucht beide Hände, um sie zu tragen. Damit er die Tür nebenan aufmachen kann, muss er den Stapel mit dem Kinn stützen. «So», ruft er ins Büro hinein und übergibt seinem Kollegen den Aktenberg, «bearbeite du diesen Rotz». Sind die Akten von Papa auch dabei?

Es wird elf Uhr und Papa kommt nicht mehr zurück. Die Polizei macht Mittagspause. Wir gehen über den Alexanderplatz, an der Berolina vorbei. Mama beißt sich auf die Lippen. Tränen rollen ihr übers Gesicht. Ich gebe ihr meinen Arm. Sie hängt sich ein. Jetzt bin ich der Mann in der Familie. Wir gehen zum Hackeschen Markt. Dort kennen wir einen jüdischen Rechtsanwalt. Jetzt darf er sich nur noch Rechtskonsulent nennen und nur noch für jüdische Klienten arbeiten[5]: Dr. Curt Israel Eckstein. Nur er darf sich nach dem Verbleib von Papa erkundigen. Nichts spiegelt seine Angst deutlicher als sein Strammstehen am Telefon, als er die Geheime Staatspolizei verlangt. Er spricht so kurz und abgehackt, als salutiere er auf dem Kasernenhof vor einem Offizier. Bei jedem Satz zuckt er zusammen: «Hier Rechtskonsulent Curt Israel Eckstein. Ich erkundige mich nach dem Verbleib von Boris Israel Schönhaus. War vorgeladen, heute früh um acht Uhr. Jawoll, jawoll, bleibt da. Danke.» Keine Frage nach dem Warum. Keine Frage nach dem wie lange, nichts! Und dann sagt er zu meiner Mutter: «Ihr Gatte ist vorläufig verhaftet. Mehr kann ich Ihnen leider nicht sagen, Frau Schönhaus.»

Es ist so, als wenn in einem bürgerlichen Haus plötzlich die

Decke zusammenstürzt. Ich lege meinen Arm um die Schulter meiner Mutter. Sie ist einen Kopf kleiner als ich. Wir gehen langsam nach Hause, in die Sophienstraße 33. Das Frühstücksgeschirr von drei Personen steht noch auf dem Tisch. «Jetzt sind wir nur noch zwei.» Wie soll ich sie trösten?

Die Bombe

Zur Qual meiner Mutter stehe ich nachts bei Fliegeralarm nicht auf. Dabei dürfen wir sogar als Juden in den gemeinsamen Luftschutzkeller[6] der Sophienstraße 32/33. Das verdanken wir Gretel Berg, der Tochter unseres Nachbarn. Sie hat bei der Mieterversammlung den Blockwart gefragt: «Warum dürfen die Schönhausens nicht auch in den Luftschutzkeller? Nur weil sie Juden sind? Ich verstehe das nicht, Juden sind doch auch Menschen.» Ob Gretel Berg sich auch so für uns eingesetzt haben würde, wenn sie gewusst hätte, was an manchen heißen Sommertagen hinter der Gardine des ihr gegenüberliegenden Küchenfensters geschah? Statt meine Schulaufgaben zu machen, stand ich nackt da und sah über den Hof hinüber in ihr offenes Fenster. Wenn es warm war, trug sie nur einen Schlüpfer und eine Schürze. Und beim Hantieren in der Küche blitzte manchmal ein Stückchen ihrer kleinen Brust hervor. Das genügte. Und der Blitz schlug über den Hof hinweg bei mir ein.

Fliegeralarm gibt es. Doch es geschieht nichts. Meine Mutter diskutiert jeden Tag aufs Neue mit mir, weil ich nicht aufstehe. Doch eines Nachts träume ich, der Pianist in der Wohnung über uns spielt so dröhnend die ‹Ungarische Rhapsodie› von Liszt, dass die Wände wackeln und er mitsamt seinem Klavier die Zimmerdecke durchbricht und zu mir aufs Bett fällt. Da rüttelt mich meine Mutter. «So, Cioma, ist es immer noch nicht Zeit aufzustehen?» Eine Bombe ist bei uns eingeschlagen. Ich habe nichts gehört. Aber die Haare meine Mutter sind plötzlich schneeweiß.

Ich bin hellwach. Unsere ganze Wohnung ist eine einzige weiße Wolke aus stäubendem alten Mörtel. Darum diese weißen Haare. Dabei ist die Bombe nur im Vorderhaus eingeschlagen. Aber es gab siebzehn Tote. Eine alte Frau liegt verletzt in ihrem Bett mitten auf dem Hof.

Was soll ich noch schnell mitnehmen? Die Fotos meiner grafischen Arbeiten. Etwas anderes fällt mir nicht ein. Unten an der Treppe steht eine Nachbarin. Die einzige im Hause, die uns nicht grüßt, weil wir Juden sind. Als sie meine Mutter sieht, umarmen sich beide Frauen und weinen. Die übrigen Mieter gehen zur Sammelstelle der ‹Nationalsozialistischen Volkswohlfahrt›. Dort bekommen sie zu essen, Decken und, sofern vorhanden, auch leere jüdische Wohnungen zugeteilt.

Wir gehen zu Onkel Meier. Es ist drei Uhr morgens. Unsere Schritte hallen. Fast ohne Gepäck ziehen wir im Mondlicht durch die verdunkelten Straßen. Das Tor zur Münzstraße 11 ist offen. Wir hören den Onkel schlurfend zur Tür kommen. «Wer klingelt?» Der Onkel im langen weißen Nachthemd öffnet: «Ihr? Was ist los? Mitten in der Nacht? Eine Bombe, wo? Warum hat man hier nichts gehört? Seid ihr sicher?» «Aber Onkel, unser Haus ist zerstört, wir können nicht mehr in unserer Wohnung wohnen.» Die Tante kommt dazu. «Das wundert mich. Es sind ja nur zwei Straßen von uns weg. Und wir bekommen nichts mit.»

Zu Papa, in die Gefangenenabteilung des Polizeipräsidiums, wird ein Neuer eingeliefert. Alle wollen wissen: «Was gibt es Neues draußen?» «Nichts Besonderes. Nur wieder eine der üblichen Schlafstörbomben der Engländer.» «Wo hat sie eingeschlagen?» «In der Sophienstraße. Dort wurde bloß ein einziges Haus getroffen.» Welches, wusste er nicht. «Aber es gab nur wenige Tote.»

Bis zu seiner Entlassung kann Papa nicht mehr schlafen. Jetzt steht er strahlend vor der Tür, unrasiert, bleich, etwas mager, aber glücklich, dass wir alle leben. «Im Polizeipräsidium war es gar nicht so schlimm. Der Beamte hat anständig von Mann zu Mann mit mir geredet. «Wir sind doch erwachsene Menschen», hat er gesagt. «Geben Sie es doch zu. Den Kopf wirds schon nicht kosten. Wie viel Butter haben Sie denn schwarz gekauft?» Ganz ehrlich gab er zu: «Etwa zwei Kilo.» «Na also, das gibt später ein Gerichtsverfahren. Aber vorläufig sind Sie frei. Gehen Sie jetzt nach Hause und an Ihre Arbeit.»

Papa sitzt wieder am Küchentisch und während er uns die Anekdote vom weichherzigen Gestapomann erzählt, der einem Juden eine Freude bereiten wollte, löffelt er die Suppe, die Mama sofort für ihn gekocht hat. Und er erzählt: «Dieser Gestapomann begegnet täglich auf seinem Weg ins Büro einem Juden, der ebenfalls zur Arbeit geht. Immer an der gleichen Stelle, immer zur gleichen Stunde. Der Jude läuft gebückt, als trage er sein schweres Schicksal wie einen Rucksack auf den Schultern. Seine Augen sind traurig und halb geschlossen. Manchmal stolpert er. Der Gestapomann hat ein weiches Herz. Und er denkt darüber nach, wie er diesem armen Juden eine Freude bereiten könnte. Plötzlich kommt ihm eine Idee. Und am nächsten Tag, als sie einander wieder treffen, verhaftet der Gestapomann den armen Juden. Ohne Grund. Ohne Erklärung. Einfach so. Acht Tage lang ängstigt sich der arme Jude in einer Gefängniszelle des Polizei-präsidiums. Keiner spricht mit ihm. Er weiß nicht, was mit ihm geschehen wird. Aber am neunten Tag öffnet sich seine Zelle. Und der Jude ist frei. Als sich die Wege der beiden am nächsten Tag kreuzen, läuft der Jude hoch erhobenen Hauptes, fröhlich pfeifend an seinem Wohltäter vorbei. So hat der Gestapomann dem armen Juden eine Freude bereitet.»

Der anständige junge «Arier»

Das Jahr 1941 geht dem Winter entgegen. In Russland sinken die Temperaturen auf vierzig Grad unter Null. Die kalten Motoren der Panzer springen nicht an. Die Maschinengewehre, deren Fett eingefroren ist, schießen nicht mehr. Die für einen Sommer-Blitzkrieg eingekleideten Soldaten erfrieren zu Tausenden. Die Russen dagegen setzen sibirische Truppen ein, denen der Winter vertraut ist. Die deutsche Armee bleibt vor Moskau im Schnee stecken. Von einem Blitzkrieg kann keine Rede mehr sein. In dieser Situation kommen die mit Deutschland verbündeten Japaner auf die «Glanzidee», Pearl Harbor[7] zu überfallen. Statt die Russen von Sibirien aus anzugreifen, greifen die Japaner Amerika an. Zum Glück. Sonst hätte Hitler womöglich noch den Krieg gewonnen.

Und so wie Kinder, denen der Bau eines Spielzeugturms misslingt, Lust bekommen, den Turm mit einem Fußtritt vollends zu zerstören, so erklärt Hitler am 11. Dezember den USA den Krieg. Nach seiner Ansicht war das «verjudete» Amerika ohnehin kein ernstzunehmender Gegner. Doch eigentlich weiß er: Der Krieg ist verloren. Und so kämpft er, wie weiland Don Quichotte gegen Windmühlen, jetzt gegen die Juden. Dieser Sieg ist ihm wenigstens gewiss.

Eine erste Folge von Hitlers Kampf gegen die Windmühlen ist gegen mich gerichtet: Die jüdische Zeichenschule wird geschlossen und ich muss mich beim Arbeitsamt melden. Für Juden kommen nur niedere Tätigkeiten in Frage, also Erdarbeiten, Kohlen schaufeln oder Handlangerdienste bei der Herstellung von synthetischem Gummi, wo man ganz schwarz wird, ohne die Schwärze abwaschen zu können. Es sei denn, man ist Schneider und kann Uniformen nähen. Solche Arbeitskräfte sind Mangelware.

Meine Mutter ist schon lange bei der Firma Wysocky zwangsverpflichtet. Sie gibt mir ein Schreiben der Firma Wysocky mit, in dem darum gebeten wird, mich anstellen zu dürfen. Der Beamte am Schalter nickt, drückt mir aber eine ganz andere Adresse in die Hand als die, bei der meine Mutter arbeitet. Sie wollte mich unter ihre Fittiche nehmen, um zu verheimlichen, dass ich kein Schneider bin. Was nun? Ich muss mich bei der Uniformschneiderei Anton Erdmann melden, Berlin Mitte, Poststraße 6. Anton Erdmann, ein untersetzter Boxertyp, führt das Einstellungsgespräch mit mir unter vier Augen.

Was ich kann? «Alles und nichts. Ich gebe zu, ein gelernter Schneider bin ich nicht. Aber meine Mutter ist Schneiderin. Ich helfe oft mit. Sie können mich bestimmt gebrauchen.» Anton Erdmann sieht mich nachdenklich an. «Wissen Sie was? Sie sehen gar nicht jüdisch aus. Ich beschäftige Sie in der ‹arischen› Abteilung. Sie sind mein Gehilfe und heißen Günther. Ihre Aufgabe ist es, an meine sechsundneunzig jüdischen Schneider Zutaten zu verteilen, also Knöpfe, Litzen, Abzeichen und so weiter. Sie verwalten das kleine Lager. Sie unterstehen mir. Unsere Vereinbarung bleibt unter uns. Verstanden?» Die jüdischen Schneider waren begeistert von dem jungen anständigen «Arier».

«Es heiße, wie es heiße, es ist doch alles Scheiße», so lautet der in gotischer Kunstschrift geschriebene Text auf einer Postkarte, die bei Hans Schabbehard im Büro an der Wand hängt. Er ist mein Vorgesetzter. Der zweite Mann im Haus. Er ist etwa fünfunddreißig Jahre alt. Hans Schabbehard war kurze Zeit als Soldat bei der Wehrmacht. Schließlich wurde er ausgemustert, weil er Halbjude[8] ist. Seiner guten Laune hat das nicht geschadet. Immer frech, immer pfeifend, wenn er schwungvoll den Gang entlang durchs Haus läuft, dabei immer die gleichen Sprüche klopfend: «Selten nimmt der Handelsmann Scheiße anstatt Ware an», oder «Scheiße in der Lampenschale gibt gedämpftes Licht im Saale.» Er ist väterlich besorgt um mich. Auch, dass ich ja nicht mit der Wilma anbändeln solle, weil das «Rassenschande» wäre. Als einmal tausend Mark im Büro verschwunden sind, legt er seine Hand für mich ins Feuer: «Der Günther klaut nicht.»

Anton Erdmann hat sich eine Segeljacht gekauft. Man muss sie von Wannsee nach Pichelsberg verlegen. Da holt mich Schabbehard: «Günther, du kommst mit!» Dabei erlebe ich zum erstenmal, was es heißt, durch den Wind getragen und über die Wellen gleitend vom lieben Gott gratis transportiert zu werden. Ich will später auch mal segeln.

Wie Gott in Frankreich

Es klingelt. Die Glocke an der Tür klingt heiser. Durch den Spion sehe ich einen deutschen Soldaten. Ich mache auf. Vor mir steht ein Hauptmann in seiner Sonntagnachmittagsausgehuniform. «Darf ich reinkommen?» Er trägt ein großes Paket. «Also zuerst einmal, viele Grüße von Adi Berman aus Paris.» Mama macht große Augen und bemerkt: «Das ist mein Bruder.» «Ja, ich weiß, und er hat mir viel von Ihnen erzählt, und von seinem Neffen auch.» Er sieht mich an: «Sind Sie das?»

Er zieht seine Mütze aus, legt sie auf den Küchentisch und knöpft seinen Mantel auf. «Sie haben gut geheizt.» Er bleibt stehen. Mama wagt nicht, ihm einen Stuhl anzubieten. «Wissen Sie, Adi und ich, wir sind gut befreundet. Er ist so etwas wie mein Geschäftspartner. Ich bin Einkäufer bei der Deutschen Wehrmacht. Wir gehen abends oft aus, ins ‹Maxim›, in die ‹Folies Bergères›, natürlich immer mit seiner Frau Suzanne, übrigens eine ganz reizende Person.» Er stellt das Paket auf den Tisch. Und mit den Worten «das hier schickt er Ihnen», öffnet er es wie selbstverständlich und zieht eine Riesenflasche ‹Hermès Eau de Cologne›, ‹Cusenier Likör›, Pralinen, echten Bohnenkaffee, Seidenstrümpfe, Schokolade und einen Brief hervor: «Lasst es euch gut gehen. Der Überbringer ist ein guter Freund. Wenn ihr etwas braucht, könnt ihr es ihm sagen. Er kommt ein bis zwei Mal im Monat nach Berlin. Er heißt Paul Albrand.»

Der deutsche Hauptmann zieht seine Mütze wieder an. «Ich gebe Ihnen hier noch meine Visitenkarte. Da haben Sie auch meine Telefonnummer. Ich wohne am Kurfürstendamm 267.» Und weg ist er. Omama Alte, Tante und Onkel sind auch in die Küche gekommen. Wir sehen uns alle fragend an. Was war das? Mama konstatiert: «Typisch Adi.» Und ich beschließe: «Komm, wir besuchen den Herrn Albrand. Er soll mich nach Paris mitnehmen.»

Ich lasse nicht locker. Und zwei Tage später sitze ich mit Mutter in der U-Bahn, auf dem Weg zum Kurfürstendamm. Das Coupé ist fast leer. Mama sitzt mir gegenüber. Wir spielen das alte Spiel «Wer-kann-den-Blick-des-anderen-länger-aushalten-ohne-zu-lachen». Unsere Augen saugen sich ineinander. Dabei beißt sich Mama von innen auf die Lippen und verzieht ihren Mund so, dass an der Nase kleine Fältchen entstehen. Ich kann nicht mehr. Sie gewinnt.

Paul Albrand wohnt im vornehmen Berliner Westen. Von der Straße aus steigt man sechs Stufen hinauf, bis zur Eingangstür. Daneben ein kleines weißes Emailschild mit schwarzen Buchstaben: «Eingang nur für Herrschaften.» Wir betreten das Haus, passieren rechter Hand das Guckfenster des Portiers, der so kontrollieren kann, wer ein- und ausgeht. Dann steigen wir die Stufen des Marmortreppenhauses hoch; der rote Läufer, der sich über die gesamte Treppe zieht, verschluckt unsere Schritte. Auf jeder Etage schauen wir auf andersfarbige bleiverglaste Butzenscheiben. Das alles erinnert an eine Kirche.

Paul Albrand, der uns in Zivilkleidung öffnet, gleicht ein wenig einem italienischen Filmschauspieler. Er komplimentiert uns herein. Im Zigarettendunst schwebt ein betäubendes Parfüm im Zimmer. In einer Ecke räkelt sich auf einer Couch ein blondes Mädchen. Die Beine in schwarzen Strümpfen, die Füße an der Wand hochgelagert. Die langen Haare rückwärts auf den Teppich fallend. Sie tut so, als wären wir nicht da. Albrand setzt sich zu uns an einen Clubtisch. «Na, ich kann Ihnen ja nur sagen, heute lebt man in Paris, im wahrsten Sinne des Wortes, wie Gott in Frankreich. Ich kaufe für die Wehrmacht ein, und Adi kennt die guten Adressen. Und so wäscht eine Hand die andere.»

Mama sitzt da, wie ein Kind zu Besuch, nur auf der Ecke eines Hockers. Sie schaut immer wieder nach dem Mädchen und dann wieder auf die Uhr an der Wand. Sie will nach Hause. Und ich will, dass Albrand mich mitnimmt. Nach Paris. In die große Freiheit, wie ich sie mir vorstelle. Er nickt mir zu: «Warum nicht? Lassen Sie mich mal nachdenken. Wenn Sie sich zum Beispiel einen Vierkantschlüssel besorgen, habe ich eine Idee: Die Außentüren der Bahnwaggons lassen sich mit einem Vierkantschlüssel öffnen und schließen. Wenn Sie sich beim Grenzübergang außen auf dem Trittbrett klein machen, können Sie praktisch überhaupt nicht kontrolliert werden. Das wäre doch was, oder?» Ich bin Feuer und Flamme und überlege schon, wo man einen Vierkantschlüssel kaufen kann. In vierzehn Tagen soll ich ihn wieder anrufen.

Mama ist außer sich, sie findet den Plan viel zu gefährlich und hält das Ganze für keine gute Idee. Ich schon.

Mein nächster Weg führt mich in ein Werkzeuggeschäft. «Ich möchte bitte einen Vierkantschlüssel.» Der Verkäufer bringt drei: «Welche Größe soll es denn sein?» «Ich nehme alle drei, sind ja nicht teuer.» Ich muss es jetzt ausprobieren. Der Anhalter Bahnhof ist voller Menschen. Das ist günstig. Ich mache mich mit meinen Schlüsseln an einer Waggontür zu schaffen. Kaum habe ich den passenden Vierkant erwischt, höre ich hinter mir eine Stimme: «Ausländerkontrolle, alle Ausweise vorweisen!» Das hat mir gerade noch gefehlt. Mein Ausweis lautet auf ‹Cioma Israel[9] Schönhaus›. Und einen Stern trage ich auch nicht. Also, alle Voraussetzungen, um verhaftet zu werden, sind gegeben. Ich stehe wie angewurzelt da. «Ihren Ausweis?» Ich suche in allen Taschen. «Wo steckt er bloß?» Der Mann mit Schlapphut im grauen Ledermantel, typisch Gestapo, wartet. Ich suche. Was soll ich ihm sagen? Vielleicht: Ich bin ja gar kein Ausländer; oder: Ich will ja

34

gar nicht verreisen; oder: Ich habe ja nur meine Freundin zum Bahnhof gebracht; oder… Dabei fragt er gar nichts, sondern ist schon im nächsten Coupé.

In der Bahnhofshalle hätte ein Kirchturm Platz gehabt. Eine Lokomotive stößt Dampfwolken aus. Das Glasdach fängt sie auf. Das Echo gibt das Geräusch doppelt wieder zurück. Ich bleibe immer noch stehen. Von weitem höre ich: «Ausländerkontrolle die Ausweise, die Ausweise bitte.» Und dann noch weiter weg: «Ausländerkontrolle.» Nun steige ich langsam die drei Stufen vom Waggon auf den Perron runter und schlendere der Ausgangstreppe zu. Der Speisewagen lässt Küchendampf ab. Ich spaziere so, als hätte ich es nicht eilig. In mir tönt es: «Cioma, hörst du. Du brauchst einen arischen Ausweis, keinen mit dem Zusatznamen ‹Israel›, sondern einen, aus dem hervorgeht, dass du kein Jude bist.» Auf der Straße haste ich nach Hause. In meinem Kopf hämmert es: «Einen Ausweis ohne ‹Israel›, ohne ‹Israel›, ohne ‹Israel›.»

Es ist schon dunkel. Alles schläft. Da geht leise die Tür auf: «Cioma, weißt du wie spät es ist? Was machst du da?» Meine Mutter, im roten Morgenrock, nimmt den Ausweis, an dem ich gerade mit einer Rasierklinge das ‹Israel› weggeschabt habe. «Um Gottes Willen, du machst dich unglücklich. Du machst uns alle unglücklich. Wirf den Ausweis weg, und ich melde morgen auf dem Polizeirevier, du hättest ihn verloren.» «Das ist eine gute Idee, Mama. Mach das. Melde den Verlust. Aber den Ausweis ohne ‹Israel› behalte ich trotzdem.» Schluchzend geht sie ins Bett. Ich setze mich an ihren Bettrand und nehme ihre Hand in die meine: «Mama, ich will leben, ich will raus hier.»

Die vierzehn Tage sind vorüber. Albrand nimmt das Telefon nicht ab. Wieder und wieder wähle ich seine Nummer. Ich warte noch eine Woche. Aber es ist hoffnungslos, niemand meldet sich.

Schließlich fahre ich zum Kurfürstendamm. Vor seinem Haus, in einer Grünanlage, steht eine Telefonkabine. Ich versuche von hier aus, seine Nummer anzuwählen. Plötzlich knackt es im

Hörer und eine weibliche Stimme fragt: «Wollen Sie mich kennen lernen? Wenn Sie die Türe der Telefonkabine aufmachen und rauskommen, sehen Sie mich in der dritten Etage des Hauses gegenüber auf dem Balkon.» Ich trete hinaus und schaue nach oben. Ein junges Mädchen winkt. Ich gebe ihr ein Zeichen, sie möchte herunterkommen. «Ja», sagt sie, «ich mache das öfter. Vom Balkon aus kann ich immer sehen, wer in der Telefonkabine telefoniert. Und wenn ich mit einem, der mir gefällt, anbändeln will, stelle ich einfach die Nummer der Kabine ein. So habe ich schon manche tolle Bekanntschaft gemacht.»

Aus der Nähe finde ich sie gar nicht hübsch. Aber ihr Balkon liegt auf der gleichen Etage, in der Albrand wohnt. «Kennen Sie Herrn Albrand?» «Ach den? Haben Sie das nicht in der Zeitung gelesen? Der wurde doch neulich als Schwarzhändler zum Tod verurteilt und hingerichtet.» Ich bedanke mich für die Auskunft und gehe, wie in Trance, den Kurfürstendamm entlang, bis zur U-Bahnstation. Zuhause sagt Mama: «Siehst du, er hat mir von Anfang an nicht gefallen. Mit welchen Leuten Adi Geschäfte macht! Hoffentlich ist ihm nichts passiert.»

Bei mir aber stand der Entschluss fest: Ich will raus! Aber ich weiß noch nicht, wie.

Adam und Evchen

Anton Erdmann hat Schultern wie ein Schrank. Seine Augen wirken etwas mongolisch, und seine Gesichtshaut sieht aus wie nach einer überstandenen Gelbsucht. Energiegeladen muss er seine Mundwinkel immer zügeln, weil ihm das Lachen stets ganz vorne auf den Lippen liegt. Er kennt alle sechsundneunzig jüdischen Schneider namentlich und ist immer bereit, einen lustigen Spruch zu klopfen.

Als er morgens um acht wieder mal alle begrüßt und die Nähmaschinen zu rattern beginnen, geht nach zehn Minuten noch einmal die große Eingangstüre auf. Einer kommt zu spät. Erdmann runzelt die Stirn und zeigt auf die Uhr an der Wand. Der Nachzügler behauptet ganz selbstbewusst: «Die Uhr geht zehn Minuten vor.» Erdmann überlegt nicht lange. «Gut, kein Problem», sagt er, nimmt einen Schlüssel und stellt den Zeiger um zehn Minuten zurück. Alles grölt. Aber Erdmann schmunzelt und bleibt hart. Der Zugspätgekommene setzt sich mit rotem Kopf an seine Maschine, wissend, dass jetzt fünfundneunzig Kollegen seinetwegen zehn Minuten länger arbeiten müssen. In der Pause sind trotzdem alle nett zu ihm. Nur einige scheinen sich das Lachen zu verkneifen.

Abends um sechs wird plötzlich klar, warum. Ein Spaßvogel hat ihm die Ärmel von seinem Wintermantel ausgetrennt. Und jetzt muss er, wer weiß wie lange, da sitzen, um die Ärmel wieder einzunähen.

Am nächsten Tag ruft mich Anton Erdmann in sein Büro. Er räumt einen Stuhl weg, um die Türe besser schließen zu können. Sonst steht sie immer offen. «Günther, was unsere Soldaten in Polen mit den Juden anstellen, kann sich ein normaler Mensch gar nicht vorstellen. Gnade uns Gott, wenn wir den Krieg verlieren. Dann gehts uns allen an den Kragen. Aber vorläufig seid ihr dran. Günther, jetzt musst du wie alle anderen den Stern[10] tragen. Und hier unten bei den Ariern kann ich dich auch nicht mehr halten. Ich helfe dir, in den Betrieb zu kommen, in dem deine Mutter arbeitet. Die Firma Wysocky hat die besseren Beziehungen. Dort bist du sicherer. Der ehemalige jüdische Besitzer ist immer noch der heimliche Chef. Ohne ihn geschieht nichts. Dort haben sie einen besseren Draht nach oben. Wie das funktioniert, weiß ich nicht. Aber bei Wysocky können sie dich besser schützen. Ich muss mich jetzt leider nach Ersatz für meine jüdischen Schneider umsehen. Aber bitte, das bleibt unter uns.»

Stolz stellt mich meine Mutter ihren Arbeitskollegen vor. Der ehemalige jüdische Chef, Walter Prager, ist ein Typ vom Schlag eines amerikanischen Generals. Mit seinem Bass wäre er ein idealer Radiosprecher. Niemand sagt nein, wenn er etwas will. Nicht einmal der neue Geschäftsinhaber, Herr Wysocky. (Trüge Walter Prager nicht diesen Stern, käme kein Mensch darauf, dass er ein Jude ist. Sogar im Himmel ist er wahrscheinlich noch heute etwas besonderes. Auf dem jüdischen Friedhof in Berlin Weißensee, wo der Millionen ermordeter Juden gedacht wird, steht ein weißer Stein unübersehbar am Wegrand: Walter und Nadja Prager.)

Walter Prager imponiert mir auch, weil er im Betrieb, neben seiner hübschen Frau, eine noch hübschere Freundin hat: Evchen Hirschfeld. Einer der Schneider – ein ehemaliger Artist, Kunstpfeifer – sagt einmal, als Evchen zwischen zwei Kleiderständern neben ihm steht: «Evchen, geh weg hier, sonst stehen wir beide gleich nicht mehr allein da.»

Aus unerklärlichen Gründen ist Evchen plötzlich die Freundin meiner Mutter. Nach der Arbeit kommt sie mit uns nach Hause. Trotz der knappen Lebensmittel zaubert Mama immer leckere Sachen auf den Tisch: Leberknödel aus Hefeflocken, russische Kohlsuppe (Borschtsch) mit Tomatenpüree oder Königskuchen aus Kartoffeln. Dabei isst Evchen fast nichts und spricht nur ganz wenig. Das einzige, was sie tut, sie zeigt bei jeder Gelegenheit ihre Zähne. Und sie weiß, warum. Mit mir haben ihre Besuche scheinbar nichts zu tun.

Die Polizeistunde für Juden[11] ist längst überschritten. Mama hat bereits eine gute Nacht gewünscht. Onkel, Tante und Großmutter schlafen schon. Nur Evchen blättert noch in einer Illustrierten. Jeden Augenblick kann zwar irgendjemand durchs Zimmer auf die Toilette gehen. Aber mir ist das egal. In meinem Kopf verwirren sich die Gedanken. Und mit zitternden Fingern beginne ich Evchens Bluse zu öffnen. «Es sind viele Knöpfe», höre ich Walter Prager sagen. Aber von Knopf zu Knopf wird sein Bass leiser, bis er ganz im Nebel verstummt.

Am Boden liegen unsere Kleider. Wir kauern daneben wie

Adam und Evchen. Ich weiß nicht, was zu tun ist, aber Evchen weiß es. Doch kaum spüre ich, was geschieht, ist auch schon alles vorbei. Die Couchdecke kann man ja reinigen, schießt es mir durch den Kopf. Daneben beginnt Evchen sich langsam anzuziehen. Ich will sie nach Hause begleiten. Sie will nicht.

Am nächsten Morgen sitzt sie beim Frühstück wieder neben Walter Prager. Ich nicke ihr zu. Aber sie sieht durch mich hindurch. Abends nach der Arbeit kommt sie auch nicht mehr mit zu uns nach Hause. Mama fragt, ob etwas los sei. Ich sage nur: «Nichts, warum?» Aber seelisch stürze ich in ein tiefes Loch. Auf der Couchdecke von gestern liegend, rasiere ich mich unten zu einem kleinen Jungen. Morgens juckt es zwar, aber die Gefahr, noch einmal so etwas mit einem Mädchen erleben zu müssen, scheint gebannt. So kann ich mich ja niemandem zeigen.

Ein Jahr Gefängnis

Nüchtern und kalt kommt am nächsten Morgen eine Vorladung für Papa zur Gerichtsverhandlung. Es kann ja nur um die Butter gehen. «So schlimm wirds schon nicht sein», hatte der Beamte im Polizeipräsidium gesagt.

Papa, Onkel Meier und ich gehen bei hellem Sonnenschein zum Gericht. Der Onkel findet noch den letzten Platz auf der Tribüne. Danach geht die Tür zu. Ich bleibe draußen. Der Korridor des Gerichts ist eine Symphonie aus rotem Marmor und weißem Kalkstein, zum Teil mit Mosaiken. Die Richter im schwarzen Talar geben der Umgebung noch den richtigen Schliff. Ich stehe in diesem noblen Gang und warte. Ungeduldig hantiere ich an einer anderen Tür. Sie öffnet sich. Dahinter sehe ich eine Wendeltreppe mit eisernen Stufen. Die Wände aus rohem Backstein. Gut genug für Verurteilte auf dem Weg in die Zelle oder zum Schafott.

Ich steige, was sicher verboten ist, ein paar Stufen hinunter bis zu einer schmalen Tür. Durch einen Spalt sehe ich in den Gerichtssaal. Der Ton des Richters lässt das Blut in den Adern gefrieren. Jedes Wort, mit dem sich die Angeklagten verteidigen, wird von ihm mit näselndem jiddischen Tonfall höhnisch wiederholt. Unvermittelt ruft der Richter den Gerichtsdiener. «Befindet sich dort noch jemand hinter der Türe zum Gefängnistrakt? Sofort herbringen!» Ich bin schneller. Draußen schlendere ich unverhaftet, in Gedanken versunken, zur Münzstraße 11.

Es ist schon dunkel, als der Onkel von der Zuschauertribüne nach Hause kommt. Meine Mutter sieht ihn fragend an. Und er – er war einmal Trompeter einer russischen Militärkapelle – hebt die Hand, als wolle er wie ein Dirigent ein Zeichen geben. Dann zuckt er hilflos mit den Schultern. «Ein Jahr», murmelt er. Die Stille im Wohnzimmer wird von einem Urschrei zerrissen. Gefängnis ist eine Kategorie von Strafe, die damals, in einem gutbürgerlichen jüdischen Haus, noch undenkbar war. Damals noch. Aber jetzt kann man nichts dagegen tun. Ich lege mich mit den Schuhen zu Mama aufs Bett und will sie trösten. «Siehst du, Cioma, du hast eine Freundin. Aber mein Freund ist jetzt im Gefängnis.»

Von einem Arbeitskollegen habe ich eine Schachtel Zigarillos geschenkt bekommen. Ich sauge das Tabakaroma mit der kühlen Morgenluft ein. Während ich an preußischen Adelshäusern vorbei zur Arbeit gehe, stelle ich mir vor, ich sei ein preußischer Prinz. Einer, der im Widerstand gegen Hitler kämpft. Ich will kein Jude sein. Und ich lasse einen eisernen Vorhang herunter.

Kurz darauf finde ich auch die passende Freundin. Dorothee Fliess. Sie trägt einen Schottenrock, dessen Falten bei jedem Schritt ihre Beine zeigen. Im Hundertmeterlauf war sie eine der besten in der Schule. Mit einer kecken Kopfbewegung wirft sie ihre Haare in den Nacken und sagt: «Warum nicht?», nachdem ich sie frage, ob sie mit mir paddeln gehen will. Ich habe ein Paddelboot von meinem Cousin geerbt. Und am nächsten Sonntag paddeln wir beide über den Wannsee.

Eigentlich ist unsere Freundschaft eine Mesalliance, denn die deutschen Juden sehen zwischen jüdischen und nichtjüdischen Deutschen mehr Gemeinsamkeiten als zwischen deutschen und russischen Juden. Der Vater meiner neuen Freundin, Dr. Julius Fliess, ist ein prominenter Rechtsanwalt und ein deutscher Jude durch und durch. Er wurde im Ersten Weltkrieg zum Offizier befördert. Das war eine Seltenheit. Denn in der Regel hatten deutsche Offiziere adlig zu sein. Und wenn ein gewöhnlicher Bürger und noch dazu ein Jude, Offizier wurde, musste er doppelt schneidig dem preußischen Offiziersideal entsprechen. Julius Fliess, der im Kampf schwer verwundet wurde und ein Auge verlor, meldete sich, nachdem er einigermaßen genesen war, sofort wieder an die Front zurück.

Mein Vater war das Gegenteil. Ein typisch russischer Jude. Er war zwar auch Soldat, aber in der Roten Armee. Und das nicht lange. Kaum war er Kompanieschreiber, bereitete er mit seinem Hauptmann, einem Schulfreund, seine Fahnenflucht vor. Nicht etwa aus politischen Gründen. Nein, ganz einfach, weil er seine Freundin, meine Mutter, liebte und heiraten wollte. Der Begriff Vaterlandsliebe war den russischen Juden fremd. Bei Regierungskrisen oder nach verlorenen Kriegen dienten Judenverfolgungen dazu, den Unwillen des Volkes vom Regime abzulenken. Die feindliche Umwelt brachte die Juden dazu, sich eng in der Familie zusammenzuschließen. So entstand viel Wärme und Menschlichkeit.

Als ich Dorothee sage, mein Vater befinde sich im Gefängnis, schüttelt sie den Kopf: «Also weißt du, Ciomachen, so etwas kann ja auch nur dir passieren.»

«Entartete Kunst»

Dorothee und ich spazieren an einem Sonntagmorgen die Groß-
admiral-Prinz-Heinrich-Straße entlang. Es ist Sonntagswetter.
Wir sehen so aus, als gingen wir zum Tennisplatz. Weithin sichtbar flattern ihre blonden Haare im Wind, «arischer» gehts nicht.
Unsichtbar hingegen sind unsere gelben Judensterne in der Tasche. Wir haben sie abgetrennt und auf der Rückseite Druck-
knöpfe angebracht. So lassen sie sich nach Bedarf an- und abneh-
men.

Auf der einen Seite der Straße, das gusseiserne Geländer des
Landwehrkanals, der Kanal, in dem die jüdische Revolutionärin
Rosa Luxemburg ermordet aufgefunden wurde. Auf der anderen
Seite die Villen der oberen zehntausend mit schmucken Vorgär-
ten, die ab und zu durch das ovale Schild, mit dem Landeswap-
pen einer Botschaft, aufgewertet werden. Plötzlich sehe ich eine
Messingtafel, die mich als angehenden Grafiker interessiert. ‹Ga-
lerie. Ausstellung bis zwölf Uhr geöffnet›. «Komm, hier gehen
wir rein.» Im Eingang steht ein Herr, groß, leicht nach vorne ge-
beugt, wahrscheinlich, weil die meisten Menschen, mit denen er
spricht kleiner sind als er. Den schmalen Kopf mit dem weißen
Haarkranz nach links geneigt, sieht er uns über seine Brille hinweg an. Die letzten Besucher sind gegangen. Jetzt kommt er auf
uns zu: «Gestatten Sie? Ich beobachte Sie schon eine Zeit lang
und freue mich, dass es heutzutage noch junge Menschen gibt,
die sich für Kunst interessieren.»

Er schließt die Eingangstüre von innen ab. «Es ist ohnehin
schon zwölf Uhr. Ich habe Ihnen vorhin mit einem Ohr zuge-
hört. Was Sie über die ausgestellten Bilder sagen, zeigt mir, dass
Sie irgendwie vom Fach sind. Jetzt will ich Ihnen etwas zeigen.
Kommen Sie mal mit.» Er zieht einen Vorhang zurück. «Wissen
Sie, was das ist? Ein echter Pechstein, hier ein Nolde und das
hier, ein Bild von Beckmann. Die besten deutschen Künstler
haben heute Malverbot. Sie gelten als ‹entartet›, weil sie nicht so

naturalistisch malen, wie es unser Führer gerne hat. Sie werden lachen, aber die meisten modernen deutschen Künstler, die ich kenne, haben immer etwas Gegenständliches als Alibi in petto. Also einen naturalistisch gemalten Apfel oder eine naturalistische Blume. Die Gestapo hat nichts Besseres zu tun, als Ateliers moderner Künstler zu kontrollieren. Wer ‹entartet› malt, dem droht das KZ. Es ist schon ein Jammer, dass unser Führer auch einmal gemalt hat. Jetzt meint er, er wisse auch hier alles besser.»

Er zeigt uns noch einen Kokoschka und dann fängt er an zu schmunzeln: «Da ist mir doch neulich etwas Amüsantes passiert. In meiner Familie gibt es, wie das ja hier und da vorkommt, eine Tante, die hobbymäßig malt. Dem Familienfrieden zuliebe konnte ich zwei kümmerliche Blumenbilder nicht zurückweisen. Unauffällig hatte ich sie hinten in einer Ecke platziert. Und, was soll ich Ihnen sagen, da kommen doch zwei Herren vom Reichspropagandaministerium. Sie suchten Bilder für die Reichskanzlei des Führers. Und mit Kennerblick wählen sie – ich habe meinen Augen nicht getraut – die Bilder meiner alten Tante. Ja, wir leben schon in einer großen Zeit. Ich wünsche Ihnen einen schönen Sonntag.» Nachdenklich gehen wir nach Hause.

Die Amseln bauen unbekümmert ihre Nester, während die Leichen der vor Moskau erfrorenen deutschen Soldaten langsam auftauen. Es ist aussichtslos, dass der Krieg noch zu gewinnen ist. Trotzdem werden die Jahrgänge 1921/22 ins russische Feuer geschickt, und man nimmt einige hunderttausend Tote in Kauf. Der Führer des Deutschen Reiches ist Vegetarier. Und obwohl seinen Gästen auf Wunsch auch Fleischgerichte serviert werden, bezeichnet er sie am Tisch als Leichenfresser. Hitler frisst keine Leichen. Er schafft sie nur millionenfach. Dabei ist er nicht dumm, sondern nur hemmungslos menschenverachtend und verlogen. Und er log in seiner Mitleidlosigkeit virtuos. Zuerst belog er seine politischen Gegner, dann das deutsche Volk, dann die ganze Welt und vor deren Tod die Juden.

Anfang April 1942 verkünden die Siegesfanfaren stolz: «Februar- und März-Bilanz unserer Kriegsmarine und Luftwaffe: 41 feindliche Kriegsschiffe versenkt». Was die Siegesfanfaren jedoch nicht verkünden ist, dass die Amerikaner in diesem Jahr 5 339 000 t an neuer Schiffstonnage hergestellt haben. Die halbe Wahrheit ist eben doch eine ganze Lüge.

Mimikry

An einem Samstag im Sommer 1942 fahren Dorothee und ich nach Fangschleuse, einem Ausflugsziel für viele Berliner vor den Toren der Stadt. Sie ist zwanzig und ich bin neunzehn Jahre alt. Ich habe das klapprige Fahrrad meines Cousins extra frisch geputzt und geölt. Wir radeln lautlos nebeneinander her, obwohl das Fahrradfahren für uns verboten ist[12]. Aber weit und breit kein Polizist und keine Autos. Nur Fliederduft und fliegendes Herzklopfen begleiten uns, nachdem sie sagt: «Weißt du, Cioma, man weiß ja nicht, was die Zukunft bringt. Aber sollten wir je auseinander gerissen werden und ich sähe dich auf der anderen Straßenseite, ich wäre sofort wieder ganz Feuer und Flamme für dich.»

In einem Bauernhaus ist ein Zimmer zu vermieten. Die Bäuerin zeigt es uns: «Schön sonnig, nicht wahr? Es hat zwar nur ein Bett. Aber ihr seid ja Geschwister. Wo kommt ihr denn her?» «Aus Berlin.» «Was? Dann habt ihr doch auch bestimmt mal unseren Führer gesehen. Moment mal!» Und schon ist sie wieder da und bringt einen Teller mit zwei Stücken selbstgebackenem Käsekuchen.

Wir sitzen auf dem Bettrand und sind zum ersten Mal ganz allein. Während wir den Kuchen essen, sieht mich Dorothee traurig an. «Ich verrate dir jetzt etwas. Aber um Gottes Willen, behalte es für dich. Ich dürfte es dir gar nicht erzählen. Stell dir vor, ich muss nächste Woche mit meinen Eltern in die Schweiz auswandern. Und dabei bliebe ich doch viel lieber bei dir und in meinem geliebten Berlin.» Mir bleibt fast der Kuchen im Hals stecken, und ich frage entsetzt: «Ja, wie ist denn das möglich?» Sie bittet mich, mit niemandem darüber zu reden, ohne mir die näheren Umstände dieser Emigration zu erzählen.

(Viele Jahre später erfuhr ich die Geschichte von Dorothees Vater. Dieser kannte Hans von Dohnanyi noch aus der gemeinsamen Zeit im Reichsjustizministerium. Dohnanyi, der nun Sonderführer im Amt Ausland/Abwehr war und dessen Leiter Admiral Wilhelm Canaris, hatten schon früh mit dem militärischen Widerstand Kontakt aufgenommen. Beide konnten die Deportation der Familie Fliess und anderer Personen vorläufig verhindern. Im Frühsommer 1942 sucht Dohnanyi nach einer Möglichkeit, diese Menschen außer Landes zu bringen. In einem Gespräch mit Canaris und Himmler erwog letzterer die Verwendung von Juden als Agenten im Ausland. Der Reichsführer der SS und Chef der deutschen Polizei, Heinrich Himmler drängte nun auf die Verwirklichung dieses Vorhabens. Schließlich wurde eine Gruppe jüdischer Personen zusammengestellt, die in die Schweiz ausreisen sollen. Unter ihnen die Familie Fliess.[13])

Im Arbeitssaal der Firma Wysocky steppen, paspeln, füttern, versäubern und bügeln achtundvierzig Frauen und vier Männer feldgraue Wehrmachtsuniformen. In einer kleinen Stube nebenan wird die Ware kontrolliert und dann werden die Uniformen ans Heeresbekleidungsamt geliefert.

Det Kassriel, ein jüdischer Arbeitskollege, mit dem sich meine Mutter gut versteht, ist tatsächlich ein gelernter Schneider. Er kann grätschbeinig auf dem Tisch sitzen und eine Handnaht an einem Offizierskragen im Overlockstich versäubern.

Er ist etwas älter als ich. Seine Finger sind immer ein klein wenig schweißig. Er kann sie nach allen Seiten biegen, so, als seien sie aus Gummi. Nach der Arbeit geht er oft in die Markthalle. Dort sind die dicken Marktfrauen seine Kundinnen. Er näht ihnen Kostüme, die sie schlank erscheinen lassen. Det Kassriel arbeitet nicht für Geld, sondern für Speck, Wurst und Käse. Wenn bei Wysocky die Uniformen ans Heeresbekleidungsamt geliefert werden, sitzt er mit dem Lieferscheinbuch unter dem Arm neben dem Soldaten, der den Lastwagen chauffiert. Sein Gesicht erinnert mich irgendwie an einen kleinen Matrosen. Und er hat auch zwei «arische» Freunde, die wirklich Matrosen sind.

«Cioma, kommst du mit in den Kaiserhof?» «Ich?» «Ja, du!» «Mensch Det, spinnst du? Weißt du, was das Hotel Kaiserhof ist? Das ist Hitlers Stammlokal. Hier hat ihm Göring die Nachricht übermittelt, er sei Reichskanzler geworden. Hier hat Kaiser Wilhelm seine Herrenabende veranstaltet, zu denen verdiente Offiziere eingeladen wurden. Hier wohnte Bismarck, bevor er ins Reichskanzlerpalais umzog. Und hier willst du abends mit mir hingehen?» «Na klar, gerade deshalb! Wer fragt schon Göring, Himmler oder einen preußischen Prinzen nach seinem Ausweis. Voraussetzung: Selbstbewusst auftreten, dann kann gar nichts passieren. Wir gehen übrigens zu viert. Meine beiden Matrosenfreunde kommen in ihren Marineuniformen auch mit.» «Det, du spinnst. Warum machst du so etwas?» «Cioma, als wir neulich Uniformen geliefert haben, sagte mir der Chauffeur, fast wie im Selbstgespräch, in Polen würden die Schornsteine der Krematorien Tag und Nacht rauchen. Da werden alle Juden verbrannt. Cioma, eines Tages kommen auch wir dran. Aber eines sag ich dir: Mich kriegen sie nicht. Ich verstecke mich in Berlin. Ich gehe nicht mit. Und damit man mir nicht den eingeschüchterten Juden ansieht, übe ich, mich selbstsicher in der Nazigesellschaft zu bewegen. Bei den Tieren nennt man diese Verhaltensweise Mimikry. Also, machst du mit?» Selbstverständlich mache ich mit.

Die Livree des Portiers an der Drehtüre glänzt mit vielen Goldbordüren. Der General, der gerade hereinkommt, sieht direkt bescheiden daneben aus. Der militärisch kurz geschorene

Barkeeper schüttelt seinen Mixbecher und fragt gleichzeitig: «Die Herren wünschen?» Det bestellt weltmännisch Whisky Soda, vier Gläser, ohne Eis. Ich sitze mit einer Pobacke auf dem hohen Hocker.

Einer unserer Matrosen erzählt von einem Nachtangriff, als sie in einem Fjord ein englisches Torpedoboot gerammt und versenkt haben. Zwei Männer von nebenan hören bewundernd zu. Frauen sehe ich nicht an der Bar. Oder ich habe zu viel Herzklopfen, um sie wahrzunehmen. Aber nach außen bin ich ganz preußischer Prinz in Zivil, auf Urlaub. Es wird langsam Mitternacht. Mutter wird sich ängstigen.

Die Stadt ist verdunkelt. Damit wir uns nicht verlieren, gehen wir zu viert untergehakt im Gleichschritt durch die Straßen. Der Weg führt zehn Minuten lang an der neuen Reichskanzlei vorbei. Die Fassade hat menschenbedrohliche Proportionen. Man kommt sich neben den Granitquadern besonders klein vor. Schwarz und drohend, wie ein böses Tier, liegt der Bau da und schläft. Sprungbereit.

Ich wache spät auf. Die Sonne scheint ins Zimmer. Durchs offene Fenster tönen von weit her die Glocken der Sophienkirche. An der Tür klingelt es. Ein Sonntagmorgenbesuch. Mama macht auf. Da steht eine etwa fünfzigjährige Frau vor der Tür. «Guten Morgen, Frau Schönhaus, hoffentlich störe ich nicht. Mein Mann ist Gefängniswärter in der Strafanstalt Tegel, dort, wo Ihr Mann einsitzt.»

Mama weiß nicht, was sie sagen soll. Sie bittet die Frau herein und bietet ihr eine Tasse Tee an. «Wissen Sie, Frau Schönhaus, mein Mann beaufsichtigt die Gefangenen. Die müssen draußen, auf den Rieselfeldern, wo der ganze Dreck von Berlin rausgeschwemmt wird, den Abfall sortieren. Und nun stellen Sie sich vor, da entdeckt doch neulich Ihr Mann eine ganze Ladung verfaulter Gänse. Das hat er meinem Mann gemeldet. Und er sagte ihm, dass er daraus gute Kernseife kochen kann, wenn er die dazu nötigen Chemikalien bekommen würde. Meiner hat dann schließlich das Zeug besorgt. Und nun sehen Sie mal, was Ihrer daraus gemacht hat.»

Sie holt ein Stück Kernseife aus ihrer Einkaufstasche. Solche Seife ist heute Gold wert. Die ganze Küche beginnt nach Kernseife zu riechen. «Wissen Sie, Frau Schönhaus, die beiden Männer sind fast ein wenig befreundet. Und darum können Sie ihren Mann auch mal zwischendurch besuchen. Ohne Besuchserlaubnis. Und der Junge auch. Aber das muss Ihr Sohn mit meinem Mann noch bei uns zu Hause ganz genau besprechen. Ich gebe Ihnen hier unsere Adresse.»

Als ich später, wie vereinbart, nach Tegel komme, öffnet mir der Wachtmeister selbst das große schwarze Tor zu der kleinen Außenstelle des Gefängnisses. Hier sitzen nur die zweiundzwanzig Häftlinge ein, die auf den Rieselfeldern arbeiten. Der Wachtmeister begrüßt mich wie einen alten Freund, legt mir den Arm um die Schultern und begleitet mich in sein Büro. Die anderen Beamten schauen zu.

Das mit dem Arm um die Schultern hatten wir bei ihm zu Hause abgesprochen. Und wer steht in seinem Büro? Papa! Er hat immer noch seinen Stalin-Schnurrbart, ist braun gebrannt und sieht mich mit einem Blick an, der mich liebevoll streichelt. Wir umarmen uns. «Papa, dass du hier in einer so kleinen Nebenstelle bist, ist doch ein großes Glück. Von hier könntest du doch flüchten.» «Um Gottes Willen, Cioma, was redest du da. Und überhaupt, wo hast du deinen Stern?» «In der Tasche. Das habe ich mit dem Wachtmeister so vereinbart, sonst hätte ich ja gar nicht herkommen können.» «Cioma, nje rusch nitschwo, nje bois nikawo.» (Stelle nichts an, dann brauchst du auch vor niemanden Angst zu haben.) «Papa, weißt du denn nicht, was hier geschieht? Man verschickt alle Juden nach Polen. Und dort werden alle umgebracht. Wir sollten vorher flüchten!» «Rede keinen Unsinn. Was du da erzählst ist unmöglich. Man kann nicht alle Juden umbringen. Aber dass du ohne Stern herumläufst, das macht mir Sorgen. Bitte telefoniere mit dem Gefängniswärter, damit ich weiß, dass du wieder gut zu Hause angekommen bist.»

In der Schneiderwerkstatt von Wysocky riecht es nach Pfefferminztee und echtem Bohnenkaffee. Gott weiß, wo Walter Prager den Bohnenkaffee her hat. Eine Näherin, die neben Mama sitzt, legt großen Wert darauf, als Fräulein angesprochen zu werden. Dabei könnte sie meine Großmutter sein. Aber sie versichert ungefragt allen, nie etwas mit einem Mann gehabt zu haben. Als ihr ein Schneider eine Mohrrübe in einem durchsichtigen Futteral neben die Nähmaschine legt, nimmt sie das Ding in die Hand, steht auf und sagt, strahlend um sich blickend: «Wenn ihr meint, ich weiß nicht was das ist, dann täuscht ihr euch.» Und ihr faltenloses rosarotes Gesicht strahlt dazu. Alles lacht. In der Bügelstube nebenan singen der Knopflochmacher Paul Levi und der Bügler Karl Wiesner zweistimmig die Soldatenlieder aus ihrer großen Zeit, als sie im Ersten Weltkrieg als Frontsoldaten gleichberechtigte deutsche Bürger waren. Ich singe mit:

«Und schießt mich eine Kugel tot, kann ich nicht heimwärts
　　wandern.
Dann wein dir nicht die Äuglein rot und nimm dir einen
　　andern.
Nimm dir 'nen Burschen jung und fein, Annemarie.
Es muss ja nicht grad einer sein aus meiner Kompanie.
Aus meiner Kompanie.»

Oder:
«Haltet aus, haltet aus, haltet aus im Sturmgebraus.
Zeigt der Welt, zeigt der Welt, wie man treu zusammenhält.»

Berlin Alexanderplatz

Das Eckhaus Münzstraße 11 liegt nur wenige Gehminuten vom Alexanderplatz entfernt. Das Gebäude ist ein sechsstöckiger roter Backsteinbau, mit Erkern auf jeder Etage. Am Fensterbrett seines Erkers auf der fünften Etage sitzt Onkel Meier; die Ellenbogen aufgestützt, beobachtet er, was unten geschieht. Links in der Rochstraße beginnen morgens um fünf die Marktfahrer, schreiend ihre Preise auszuhandeln. Dort werden Tomaten, Äpfel, Birnen, Erdbeeren, Orangen, Pilze, Mohrrüben, Kohlköpfe, Pflaumen und Kartoffeln umgeladen, um in den Gemüseläden verkauft zu werden. Um acht Uhr ist der ganze Rummel vorbei. Dann wird es still. Zurück bleibt der Markthallengestank verfaulter Tomaten, die im Rinnstein liegen und von obdachlosen Frauen begutachtet werden, ob sie noch genießbar sind.

Auf der anderen Seite der Münzstraße strahlen die Schaufenster eines Juweliers mit Uhren, Ringen und Brillanten ein Bild des Friedens aus. Vor dem Krieg flanierten hier wasserstoffgebleichte Blondinen auf hohen Absätzen mit kurzen Röcken und roten Lederjacken. Jetzt arbeitet die ‹deutsche Frau› im Rüstungsbetrieb. Sie schminkt sich nicht. Sie raucht nicht. Wenn überhaupt, verlangt sie nur Urlaub zum Kinderkriegen. Trotzdem beobachtet der Onkel vom Fenster aus, wie gegenüber verhandelt wird und wie unscheinbare Frauen, Arm in Arm mit ihren Freiern, in einem Hotel an der Ecke verschwinden. Im Schaufenster des Schmuckgeschäftes prangt eine kleine schwarze Tafel. In goldenen gotischen Lettern steht da: ‹Der Junggeselle hat zum Schluss nur graue Haare und Verdruss, der Ehemann jedoch zum Schlusse, den guten Trauring von Max Busse.› Ob das hilft?

In der Verlängerung der Rochstraße, über die Kreuzung hinaus, haben bis vor kurzem noch jüdische Bäcker aus Polen Zwiebelkuchen mit Mohn und Gänsegrieben gebacken. Runde, knusprige, flache Kuchen. Die ganze Straße duftete so herrlich, dass einem das Wasser im Munde zusammenlief. Jetzt stehen die Läden leer. Wo sind die Bäcker geblieben?

Nur einmal, am Nachmittag, geht Onkel Meier für ein paar Minuten an die frische Luft. Dann werden der schwarze Edenhut und der schwarze Samtkragen am dunkelblauen Kaschmirmantel gebürstet. Den gelben Stern hat die Tante mit Handarbeitsstichen festgenäht. Bevor er geht, spritzt er sich ein paar Tropfen ‹Uralt Lavendel› in die Hände und verreibt es im Gesicht. Dann nimmt er den Bambus-Spazierstock mit dem silbernen Knauf am Griff und bummelt zum Alexanderplatz. Hin und zurück.

Immer wenn die Lavendelstauden blühen, muss ich eine Blüte zwischen den Fingern zerreiben. Dann erlebe ich, wie dieser Duft Onkel Meier für einen Augenblick lebendig werden lässt.

Lachend kommt der Onkel nach Hause: «Heute habe ich einer Frau geholfen, ihren Jungen zu erziehen. Sie ruft: ‹Komm mal her›, aber der Junge tut so, als ob er nichts hört. Dann zischt sie: ‹Willst du wohl sofort herkommen? Pass auf, hinter dir kommt grad ein Jude. Der nimmt dich gleich mit.› Und, als wäre der Teufel hinter ihm her, rennt der Kleine zu seiner Mutter.» Schmunzelnd meint der Onkel: «Und glaubt ihr, die Mutter hat sich bei mir bedankt?»

Neben dem Hauseingang zur Münzstraße 11 ist ein Spielwarengeschäft für Modelleisenbahnen. Die einzelnen Waggons sind etwa so groß wie ein Kommissbrot. Es sind Kinderspielzeuge für Erwachsene mit einer dicken Brieftasche. Angeblich soll der Reichsmarschall Hermann Göring hier die Eisenbahnwagen für seine Anlage im Keller seines Landsitzes in Karinhall gekauft haben. Ich frage mich nur, wie kommt Hermann Göring in die Münzstraße 11?

Obwohl sich das Haus in einer eher schlechten Wohngegend befindet, gehört es doch zu den prachtvolleren Bauten in diesem Stadtviertel. Der Flur des Erdgeschosses ist mit einem Mosaikboden ausgestattet von dem sich eine mächtige Wendeltreppe von Etage zu Etage windet. Auf jedem Stockwerk befinden sich drei Wohnungen. Auf dem Absatz der fünften Etage, in der wir wohnen, standen mein Cousin und ich immer am Treppengeländer und übten uns in dem Spiel: ‹Wer kann seine Spucke am längsten heraushängen lassen› (zwischendurch wieder hochziehen war erlaubt)? Der, dessen Spucke zuletzt unten auf dem Steinboden aufklatschte, hatte gewonnen.

Nebenan, auf unseren Etage, wohnt die alte Frau Schumacher mit ihrer Tochter und ihrem Enkelsohn Horst. Nachdem Mama gerade von Frau Schumacher zurückkommt, fragt sie mich: «Cioma, ist dir nicht auch aufgefallen, dass man die Mutter vom Horst seit einiger Zeit nicht mehr sieht? Jetzt weiß ich auch, warum. Sie sitzt seit drei Monaten im Gefängnis. Unten an der Hauswand stand mit Kreide in Kinderschrift: ‹Alle Hitlers sind Mörder.› Und bei der Gestapo hat man der jungen Frau auf den Kopf zugesagt, ihr Junge sei es gewesen. Wahrscheinlich hat die Frau Eberhard sie denunziert. Weißt du, die ihren gebrochenen Arm in der Schiene trägt. Sie hat doch unbedingt den Führer in der jubelnden Menschenmenge sehen wollen und ist auf eine Mauer geklettert und runtergefallen. Wie sagt doch Wilhelm Busch: ‹Wenn einer, der mit Mühe kaum geklettert ist auf einem Baum, schon meint, dass er ein Vogel wär, dann irrt sich der›».

Nachdem die Bombe bei uns eingeschlagen hat, wohnen alle drei Familien in der Münzstraße 11. Onkel Meier, Tante Soschka, die Omama Alte, Mama und ich. Die Zimmer sind vollgestopft mit Möbeln, Geschirr, Besteck und Bettwäsche. Es sieht aus wie in einem Warenlager. Trotzdem wirkt es sehr schön geordnet und aufgeräumt.

Obwohl die Auswanderung[14] jetzt praktisch unmöglich ist, darf die jüdische Gemeinde immer noch Englischkurse anbieten. Das Licht der Schreibtischlampe, die mir Dorothee vor ihrer Abreise geschenkt hat, leuchtet auf mein Schulheft mit den Englischaufgaben. Ich muss viel lernen, denn ich will in den Abendkurs für Fortgeschrittene. Mein Englisch war in der Schule nicht besonders gut. Aber im Kurs für Fortgeschrittene sitzt ein Mädchen, für das sich jede Anstrengung lohnt.

Ich will in den gleichen Kurs wie sie, um vielleicht neben ihr sitzen zu können. Nur, da saß schon ein Jüngling. Das Gesicht voller Pubertätspickel. Aber Englisch konnte er besser als die Lehrerin. Warum ist er in diesem Kurs? Auch wegen Eva Goldschmidt? Doch warum himmelt ihn die Eva so sehr an? Ich kann das nicht begreifen. Ahnte sie damals schon, dass Gerhard Löwenthal in den sechziger Jahren ein berühmter Fernsehjournalist werden würde? Ich bemühe mich trotzdem um sie und komme auch tatsächlich mit ihr ins Gespräch. Worüber? Über Sigmund Freud und die Psychoanalyse. Ob ich ihr ein Buch darüber ausleihen könne? «Ja, warum nicht.»

Ich lade sie ein, mit mir Ruderboot zu fahren. Es macht mich mächtig stolz, die vielen jungen Männer zu beobachten, die sich nach ihr umdrehen. Auf einem Jahrmarkt kaufen wir einen Luftballon und lassen ihn mit meiner Adresse fliegen. Eines Tages kommt eine Postkarte: «Heute fand einer meiner Schüler auf einem Acker den Ballon mit Ihrer Anschrift. Ist doch dieser kleine Ballon fast hundert Kilometer weit geflogen. Welch eine erstaunliche Leistung für dieses kleine Kinderluftschiff. Heil Hitler, Oberlehrer Hartmut Hildebrand.»

Eva sitzt mit mir im Tiergarten auf einer Bank. Ich lege meinen Arm um ihre Schulter, da gesteht sie mir: «Weißt du, aus unserer Freundschaft wird doch nichts. Ich habe gerade ein Visum nach Portugal erhalten und kann dorthin zu meiner Tante auswandern. Und im Übrigen bist du mir ja ohnehin viel zu jung.» Sie ist fünfzehn! «Und den Sigmund Freud kann ich dir leider nicht zurückgeben. Meine Mutter hat mir das Buch weggenommen. Sie sagt, die Psychoanalyse sei nichts für junge Mädchen und meine Mutter ist Krankenschwester. Wenn du es wieder haben willst, musst du es dir selbst holen.»

Ich bringe sie nach Hause und verlange mein Buch zurück. Die Mutter, etwas größer als ich, staucht mich zurecht: «So, junger Mann, jetzt sage ich Ihnen mal was: Wenn Sie mit mir reden, dann nehmen Sie gefälligst die Hand aus der Tasche und den Bonbon aus dem Mund. Dann bekommen Sie auch ihren Freud zurück.» Sie beginnt zu lachen: «Nun aber, Spaß beiseite, kommen Sie doch mal vorbei. Die Psychoanalyse ist ein interessantes Gesprächsthema.»

Paul Levi, Karl Wiesner und ich halten treu zusammen. Die Bügeleisen können unsere Stimmung nicht dämpfen. Walter Prager hingegen kann es: «Schönhaus, ich muss Sie rausschmeißen. Leider. Denn ich will, dass Sie überleben. Und darum müssen Sie in die Rüstungsindustrie. Hier bei Wysocky kann ich Sie nicht vor der Evakuierung schützen.» «Aber Herr Prager, Sie haben doch so gute Beziehungen nach oben.» Er setzt sich neben den Bügeltisch und spricht so, dass es die anderen nicht hören können. «Ja, gerade weil ich so gute Beziehungen nach oben habe, weiß ich es. Nur in einem metallverarbeitenden Rüstungsbetrieb sind Sie sicher. Ich werde versuchen, Sie bei Gustav Genschow in Treptow unterzubringen. Das ist eine Fabrik für Kleinkalibergewehre. Das ist alles, was ich noch für Sie tun kann.»

Auf dem Arbeitsamt drückt mir der Mann am Schalter zwei Blätter in die Hand. Auf dem einem steht neben der Firmenadresse von Genschow: «Arbeitszeit von sechs bis sechs. Eine Woche Tagesschicht. Eine Woche Nachtschicht.» Dazu bekomme ich die entsprechende Erlaubnis zur Benutzung öffentlicher Verkehrsmittel[15] und schon tönt es wie auf dem Kasernenhof: «Morjen um sechse antreten! Vastanden?»

Gleich am ersten Tag komme ich zu spät. Der Soldat mit Stahlhelm und geschultertem Karabiner vor dem Eingangstor beachtet mich nicht. Ich springe die Treppe rauf. Da steht plötzlich Herr Dr. Selbiger vor mir. Ein Lehrer aus meiner ehemaligen Schule. «So, so Schönhaus. Immer dieselben, die zu spät kommen!» Er trägt, wie alle Arbeiter, einen ölverschmierten blauen Arbeitsanzug. Und links an der Brust den gelben Stern.

Aber sein Gesicht mit dem schwarzen, nach oben gezwirbelten Schnurrbart und den buschigen Augenbrauen hinter der randlosen Brille, flößt mir immer noch Respekt ein. (Damals nannten wir ihn heimlich ‹Saubär›, weil er Ohrfeigen austeilte, die noch lange ihre Spur hinterließen.)

Jetzt bemerkt er kollegial: «Schönhaus, das Zuspätkommen ist hier nicht mehr so harmlos wie in der Schule. Wer drei mal zu spät kommt, so heißt es auf einem Schild in der zweiten Etage, hat sich bei Herrn Rensing zu melden. An dessen Tür steht: ‹Beauftragter der Geheimen Staatspolizei.› Also jetzt dürfen Sie nur noch zwei mal zu spät kommen. Geben Sie mir Ihre Stempelkarte. Ich zeige Ihnen, wie man stempelt. Sehen Sie, heute ist Ihre Zeit rot ausgedruckt. Wenn Sie pünktlich kommen, haben Sie einen blauen Stempel auf der Karte.»

Der hoffnungslose Warteraum

Wir haben keinen Briefkasten an der Wohnungstür, nur einen Briefschlitz. Wenn Post kommt, höre ich zuerst die Schritte des Briefträgers, und dann, wie das Kuvert auf dem gebohnerten Parkettboden des Korridors landet.

Der Brief hat keine Briefmarke, nur einen Stempel. Also ein Brief von der Polizei. Den Morgenrock zusammenhaltend, kommt die Tante heraus: «Von wem ist dieser Brief?» «Mutter und ich sind vorgeladen. Wir müssen am Dienstag um neun Uhr bei der Gestapo sein. In der Burgstraße, Zimmer 23.» Der Onkel steht hinter ihr. Er hat seine feuchten Haare unter einem Netz zusammengezogen. «Nein, nicht wir», haucht die Tante erleichtert. «Warum ist Cioma nicht in der Fabrik?», fragt der Onkel. «Das weißt du doch. Er hat eine Bescheinigung von seinem Meister. Und jetzt beruhige dich. Nimm Baldrian und geh noch einmal ins Bett. Die Vorladung ist nicht für uns.»

55

Bewaffnet mit dem Schreiben vom Rüstungswerk gehe ich mit Mama am Dienstag zur Burgstraße. Wir suchen das Zimmer 23.

Das Gebäude der Gestapo war einst das Bürohaus Börse. Von außen hat sich kaum etwas verändert. Nur die Bruchsteinblöcke der Fassade wirken etwas röter, fast so, als hätten sie sich mit dem Blut der Menschen vollgesogen, die hier verwaltet werden.

Das Eingangstor sieht aus wie die Türe eines großen Geldschranks. Davor steht ein SS-Posten mit geschultertem Karabiner. Mama zeigt ihm die Vorladung. Das Tor öffnet sich ganz langsam, wie von selbst. Wir dürfen passieren.

Drinnen, ein schweres geschlossenes Eisengitter. Davor ein Schalter. Wir müssen ein Formular ausfüllen. (Als ob sie nicht wissen, wen sie vorgeladen haben.) Also: Name, Vorname, geboren usw. Zum Schluss der Hinweis, das die Person das Amt nur mit Genehmigung des Beamten verlassen darf, der die Vernehmung durchgeführt hat. Unterschrift. Na ja. Ob wir abends wieder zu Hause sind, hängt von dieser Unterschrift ab. An der Wand hängt ein Wegweiser aus gelbem Karton: «Wartezimmer für Juden, zweite Etage, Ende des Flurs, links.»

Das Tor schließt sich hinter uns. Wir steigen eine steinerne Treppe hinauf bis in den zweiten Stock. Wir gehen an Zimmer 23 vorbei nach hinten in den Warteraum für Juden. Es ist eine Sackgasse. Von dort wird uns bestimmt nie ein Beamter holen. Mutter meint: «Doch, doch. Sie müssen uns ja holen.» «Mama, ich schleiche mich vorsichtig nach vorne, sonst sitzen wir morgen noch hier.» «Cioma, mach bitte nichts Verbotenes. Ist es nicht schon genug, dass Papa im Gefängnis sitzt?» «Mach dir keine Sorgen. Ich rufe Dich, wenn die Türe zum Zimmer 23 aufgeht.»

Der Beamte trägt eine Strickweste. Er wirkt wie ein gutbürgerlicher Familienvater. Seine Brille mit den halben Gläsern sitzt auf der Nasenspitze. Er sieht über die Gläser hinweg. «Nehmen Sie doch Platz, Frau Schönhaus. Und für den Junior haben wir auch noch einen Stuhl frei. Frau Schönhaus, Sie wissen ja, alle

56

Juden werden jetzt nach dem Osten evakuiert. Zum Arbeitseinsatz. Eigentlich wären Sie schon längst an der Reihe gewesen. Aber, wie ich festgestellt habe, verbüßt Ihr Gatte ja noch eine Haftstrafe. Jetzt ist es aber so, dass wir von der Gestapo Wert darauf legen, die Familien nicht zu trennen. Darum habe ich dafür gesorgt, dass man Ihre Abzugsfrist verlängert. Inzwischen werde ich mich für die Begnadigung Ihres Gatten einsetzen. Dann können Sie alle gemeinsam reisen. Ich sehe gerade, Ihr Sohn ist bei Gustav Genschow in der Rüstungsindustrie tätig und als unabkömmlich reklamiert. Aber auch hier werde ich Einspruch erheben und dafür sorgen, dass er nicht allein in Berlin zurückbleiben muss. Halten Sie sich während der nächsten drei Wochen bereit, sich in der ehemaligen Synagoge Levetzowstraße einzufinden. Das ist die Sammelstelle für die Transporte, die dann vom Bahnhof Grunewald aus ins Generalgouvernement, also ins ehemalige Polen, gehen. Ich unterschreibe Ihnen noch den Passierschein, damit Sie unten unbehelligt wieder rauskommen. Und nun alles Gute, Frau Schönhaus.»

Mutter streicht mir durch die Haare. «Vielen Dank, Herr Kommissar.» Und wir gehen die steinerne Treppe herunter. «Eigentlich ist er doch ganz anständig gewesen», stellt Mama fest. Kaum hat sie das ausgesprochen, kommt ein SS-Offizier in seiner schneidigen Uniform die Treppe herauf. Vor sich her schiebt er einen Gefangenen. Die stinkenden Häftlingskleider hängen flatternd an seinen mageren Gliedern. Während der Gefangene mühsam Stufe um Stufe erklimmt, bekommt er vom SS-Offizier einen Faustschlag ins Genick. Der Gefangene knickt zusammen, kann sich aber auffangen. Darauf der SS-Mann: «Wenn du jetzt schlapp machst, kannst du was erleben!»

Mutter wird kreideweiss. Sie greift sich an den Hals, als müsse sie sich übergeben. Ich nehme ihre Hand. Sie drückt die meine ganz fest, bis wir auf der Straße sind. Mit Tränen in den Augen sieht sie mich an. «Cioma, was ist das für ein Mensch. Hat der denn gar kein Gefühl? Wie kann man so grausam sein? Hat denn dieses Monstrum keine Seele im Leib? Kann dieser Mensch denn nicht empfinden, was ein anderer Mensch fühlt? Was ist das für eine Welt, in der solche Kreaturen Deutschland regieren?»

Draußen ist strahlendes Wetter. «Cioma: Alles können sie machen, aber dass die Sonne nicht mehr scheint, das können sie doch nicht machen.» Wir umarmen uns. Mama geht in die Schneiderwerkstatt von Wysocky, und ich fahre mit der Stadtbahn zu Gustav Genschow nach Treptow.

An der Drehbank

Die Türen der Stadtbahn schließen automatisch. Der Zug ist fast leer. In einem Zwischengang steht ein Herr mit einem weißen Haarschopf. Er hält seinen Hut so, dass sein Gesicht halb verdeckt ist. Er sieht zu mir hin. Dann dreht er sich um, ob ihn jemand beobachtet. Nun guckt er wieder her und zeigt an seinem Mantel auf die Stelle, an der mein Stern befestigt ist. Jetzt sieht er mich an, schüttelt unmerklich den Kopf. Am Bahnhof Rummelsburg steigt er aus, dreht sich aber auf dem Bahnsteig zweimal um, ob ihm jemand folgt. Niemand hat ihm zugesehen. Nur ich.

Jetzt füllt sich das Abteil. Eine Gruppe von Arbeitern steigt ein. Ein dicker Mann setzt sich ans Fenster. Ein anderer will sich neben ihn setzen: «Mach Platz, du Schwarzhändler.» «Wieso Schwarzhändler?», empört dieser sich. «Mensch, von dem, was es bei uns auf Lebensmittelkarten gibt, kann doch keiner so dick werden.» Alles lacht.

Bahnhof Treptow. Ich steige aus. Der Treptower Park mit seinen gewaltigen Bäumen ist eine grüne Oase mitten in der Großstadt. Er wird von schmalen Wegen durchzogen. Im Sommer stehen hier Eisverkäufer mit ihren Wagen und bieten Mokka-, Vanille- oder Erdbeereis an. Jetzt ist es noch kalt. Und außerdem ist Krieg. Ich will gerade eine Straße überqueren. Da kommt mir eine Marschkolonne im Gleichschritt entgegen. Merkwürdig lautlos. Bei näherem Hinsehen bemerke ich: Alle sind barfuß. Es sind russische Zwangsarbeiterinnen. Auf den Jacken sieht man ihre blauen Stoffetiketten mit weißer Schrift: «Ost.»

Das Fabrikgebäude von Gustav Genschow wurde mit Feuerwehrschläuchen in grüner, brauner und schwarzer Tarnfarbe bespritzt. Als Schutz gegen feindliche Flieger. Ton in Ton steht der Posten mit seinem Gewehr vor dem Eingangstor. Ich zeige meinen Ausweis und darf passieren. Die Treppe zum Fabriksaal ist mit schwarz-weißen Fliesen belegt und immer mit Sägemehl bestreut, damit niemand ausrutscht. Auf der zweite Etage liegt der Saal, in dem die Drehbänke auf einem Holzfußboden stehen. Das Holz dämpft den Lärm der Maschinen. Aber dafür ist der Boden mit Rohöl getränkt. Die Luft ist vernebelt von der Ölemulsion, die den glühenden Stahlspan kühlt. Er löst sich spiralförmig vom Werkstück. Schön sieht er aus, dieser Span: Er leuchtet violett, rot und gelb bis er in der Abfallkiste landet.

Ich stehe vor der Drehbank, die mir zugeteilt ist und sehe zu, wie der «arische» Vorarbeiter mir zeigt, was meine Aufgabe ist. Meister Ackermann kommt vorbei. Er hat eine Nase wie ein Habicht. Aber er ist kein Raubvogel. Alles an ihm lacht. Um ernst zu sein, muss er sich anstrengen: «So, haben dich die Burschen von der Gestapo wieder laufen lassen? Hat meine Bescheinigung was genutzt?» Ich habe sie zwar nicht gebraucht, aber ich sage trotzdem: «Ja». Er zwinkert mir zu und schon ist er bei der nächsten Drehbank. Ich frage den Vorarbeiter: «Was wird hier eigentlich hergestellt?» «Junge, du stellst Fragen. Wir modernisieren die Schießerei! Aus alten Karabinerläufen machen wir Läufe für Maschinenpistolen. Die sind äußerst handlich und mit denen kann man viel schneller schießen.»

Ich frage mich, ob ich eines Tages auch mit einer so handlichen Maschinenpistole erschossen werde? Und wieder höre ich Papa: «Denk nicht daran… denk nicht daran…»

«Denk nicht daran, was morgen sein kann. Mach heute was möglich ist. Du tust es dir zuliebe. Du lernst einen neuen Beruf. Zeige, dass Juden gut arbeiten können. Koche Kernseife. Tue heute das, was möglich ist. Für morgen wird Gott sorgen.» Papas Stimme tönt so laut in mir, dass ich mich umsehe, ob er nicht wirklich neben mir steht. Und obwohl ich weiß, dass ich täglich abgeholt werden kann, macht mir die Arbeit plötzlich Spaß. Ich muss zwar immer daran denken, dass sie mich eines Tages erschießen werden mit einem Lauf, den ich auf der Drehbank vorbereitet habe, aber trotzdem.

Ich lasse mir den Stahl nicht vom Vorarbeiter schleifen. Ich will es selbst tun. «Ausnahmsweise», sagt er. Ich lerne, die Drehbank auf den letzten Hundertstel Millimeter einzustellen. Lachend sagt der Vorarbeiter: «Jetzt brauchst du mich ja gar nicht mehr.» Nach und nach ist die Drehbank so präzise eingestellt, dass sie automatisch die Gewehrläufe auf das vorgeschriebene Maß reduziert. Die Drehbank surrt. Alles geht wie von selbst. Ich muss die Werkstücke nur einspannen, die Kurbel drehen, den Lauf herausnehmen, nachmessen und versorgen. Einspannen, drehen, herausnehmen und versorgen… Einspannen, drehen, herausnehmen und versorgen…

Während dieser Zeit träume ich zum riesigen Fabrikfenster hinaus. Und das lohnt sich. Dort ist ein großer Bauerngarten mit grünblauen Kohlköpfen. Van Gogh hätte sie nicht schöner malen können. Und in der Ferne sehe ich die Stadt Berlin im Dunst der Fabrikschornsteine. An der Drehbank stehend, male ich dieses Bild immer wieder in meiner Phantasie. Nach dem Krieg komme ich her, stelle meine Staffelei hier auf. Überhaupt: Ich will Maler werden. Während ich so träume, bemerke ich zwei Herren, die mich beobachten. Einer von ihnen hält eine Stoppuhr in der Hand. «Gut, machen Sie das, Schönhaus.» «Der hat die Sache wirklich im Griff. Und dazwischen kann er sich sogar immer wieder ausruhen. Und den Stahl schleift er auch selbst.» «Donnerwetter.»

Am nächsten Morgen muss ich die Arbeit unterbrechen. Neben mir wird eine zweite Drehbank aufgestellt. Und anstatt zum Fenster hinaus zu träumen, habe ich nun gleichzeitig zwei Drehbänke zu bedienen. Ich glaube, meine Arbeit im Schlaf zu beherrschen und träume hemmungslos weiter.

Eigentlich sollte ich ja regelmäßig nach zehn Läufen deren Länge kontrollieren. Aber in meiner Verträumtheit fiel mir das erst nach hundert Läufen ein. Hoppla! Alle zu kurz! Ausschuss. «Sabotage!», tönt es in meinen Ohren. Ich bekomme Herzklopfen. Was tun? In solchen Augenblicken höre ich immer ganz tief in mich hinein und lasse mich beraten: «Cioma, du musst die Sache viel schlimmer darstellen, als sie ist. Der Schaden, den du angerichtet hast, muss relativ klein sein im Vergleich zu dem, worauf du den Meister vorbereitest.»

Ausgerechnet heute hat Herr Schwarz Dienst. Der höchste Meister im Maschinensaal. Beängstigend an ihm ist die kleine runde SS-Nadel am Revers. Ausgerechnet dem muss ich das jetzt gestehen. «Meister, mir ist etwas ganz, ganz Schreckliches passiert.» «Warum? Was hast du angestellt? Die Drehbank hingemacht? Oder was?» «Nein, das doch nicht. Aber hundert Läufe habe ich um sieben Hundertstel zu kurz abgehauen.» «Donnerlüttchen, du hast mir aber einen Schrecken eingejagt. Junge, tu die Läufe in die Ausschusskiste. Der Schaden wird dir vom Lohn abgezogen.»

In den dreißiger Jahren lieferte die Mineralwasserfabrik Schönhaus noch mit Pferdefuhrwerken ihre Ware aus. Wir hatten sieben Pferde und drei Kutscher. Herbert Richard war einer davon. Leider konnte er nicht Auto fahren. Darum musste ihn Papa entlassen. Aber zu Besuch kommt er von Zeit zu Zeit immer wieder. Besonders jetzt, wo es Mutter so schwer hat. Seine Frau bot sich an, ihr die Wäsche zu waschen. Das ist auch für mich ein Vorteil, denn anders als meine jüdischen Kollegen, die schon morgens mit ölverschmierten Kleidern antreten, komme ich dank Frau Richard immer sauber zur Arbeit.

Vielleicht tippt mir deshalb der Direktor Wagner an einem Nachmittag von hinten auf die Schulter. «Schönhaus, wollen Sie feilen lernen? Dann bekommen Sie einen neuen Posten, wie die arischen Arbeiter. Sie werden angelernt und dürfen bei der Arbeit sogar auf einem Schemel sitzen.»

Natürlich stimme ich zu. Nun lerne ich, wie alle Schlosserlehrlinge, einen Würfel zu feilen. Ein Würfel muss auf sechs Seiten das gleiche Maß haben. Ich kann es ziemlich schnell und dann kommt die richtige Arbeit: Der Lauf eines Maschinengewehrs liegt in einer U-förmigen Halterung. Bei jedem Schuss fährt der Lauf auf seitlich ausgefrästen Schienen hin und her. Diese Schienen müssen aufs letzte Hundertstel nachgefeilt werden, damit der Lauf nachher nicht lottert. Dann wird die Wandung zur Kontrolle mit einer Schublehre nachgemessen. Die Schublehre ist eine Art Klemme. Vorne ein hundertstel Millimeter zu wenig, hinten ein Hundertstel zu viel. Die Klemme muss am Absatz, dort wo das zweite Hundertstel beginnt, hängen bleiben. Dann ist es gut. Wenn zu viel abgefeilt wird, ist ein Stück Maschinengewehr reif für die Abfallkiste. Also: Achtung! Nebenan im Saal sitzen die Offiziere, die mit ihren Schublehren alles nachkontrollieren.

Zum Abschied hatte mir Dorothee auch eine Grammophonplatte geschenkt. Auf der einen Seite ist die Ouvertüre zu 1812 von Peter Iljitsch Tschaikowsky, auf der anderen der Trauermarsch von Frédéric Chopin zu hören. Beim Trauermarsch dröhnen die Rhythmen wie Hammerschläge auf die Seele, während der Tote auf seinem letzten Weg begleitet wird.

Mama muß weinen, wenn ich Chopins Trauermarsch abspiele: «Cioma, warum spielst du das? Das Leben ist schon schwer genug. Musst du es noch schwerer machen? Stell es bitte ab. Ich kann diese Musik nicht ertragen.» «Gut, Mama, dann drehen wir die Platte um. Hier kannst du hören, wie Napoleon 1812 in Russland geschlagen wird.» Zuerst entweichen die Russen. Aber nachts in ihren Wäldern bereiten sie sich darauf vor, die Franzosen zu überfallen. Ein französischer Späher wird gefangen. Er muss hören, wie auf Balalaikas gespielt wird. Er muss zusehen, wie Krakowiak getanzt wird. Und er fühlt, dass seine Stunden gezählt sind.

Dann erwacht der neue Tag. Ein Reiter erkundet das Tal. Er reitet einen sich aufbäumenden Schimmel und hält eine Trikolore in der Hand. Dann braust die Marseillaise heran. Tausende französischer Kürassiere galoppieren in Kaskaden über die Russen hinweg. Aber die russische Armee, unter dem scheinbar nachgiebigen Marschall Kutusow, erhebt sich. Dumpf grollen die Glocken in den Zwiebeltürmen, während sich beide Heere in der Schlacht gegeneinander in die Höhe bäumen. Und im Glockengeläut kämpft die Zarenhymne gegen die Marseillaise. Immer kraftvoller übertönt das «Gott schütze den Zaren» die Fanfaren der Eindringlinge. Mit letzter Kraft überwältigen die Kosaken alle französischen Angreifer. Gott hat den Franzosen das Genick gebrochen. Einsam flüchtet Napoleon in seinem Schlitten durch das unendliche Russland seinem Untergang entgegen. Genauso wird es Hitler ergehen.

«So wird es sein, Mama, auch uns wird Gott retten.» «Ja, Ciomka. Dich wird er retten. Du wirst überleben. Du wirst von uns berichten. Ich aber gehe mit Papa nach Polen oder Gott weiß wohin. Ich werde ihn nie verlassen. Du aber, mein Kind, sollst leben und gesund sein. Nur spiele lieber den Sieg über Napoleon anstatt den Trauermarsch von Chopin.»

Der gesetzlich erzwungene Offenbarungseid

Etwa hundert Menschen warten auf der Straße. Manche kennen einander. Sie stehen da, wie vor einer Theaterkasse. Aber es ist keine Theaterkasse. Es ist ein Nebeneingang zur jüdischen Gemeinde im Haus der Synagoge in der Oranienburger Straße. Die mächtige Kuppel mit den .vergoldeten Streben glänzt immer noch im Sonnenlicht, aber jetzt ist das Gebäude eine Zweigstelle der Gestapo.

Alle Leute, die hier stehen, müssen – freiwillig, versteht sich – unterschreiben, dass sie auf ihren gesamten Besitz zu Gunsten des Deutschen Reiches verzichten.[16] Wir haben nichts. Kein Vermögen, keine Häuser, keine Grundstücke, kein Auto. Nicht einmal einen Hund oder eine Katze. Aber manche, die hier stehen, waren heute früh noch gut situiert und jetzt werden sie bettelarm. Besitzlos. Vogelfrei. Alle unterschreiben. Jüdische Beamte der Gemeinde haben die Unterschriften entgegenzunehmen und zu kontrollieren. Von der Gestapo sieht man nichts. Jetzt sind wir den Wohlhabenden ebenbürtig. Es ist so leicht, besitzlos zu sein. So müssen sich Vögel fühlen, die frei am Himmel über alle Grenzen fliegen können.

Mama verabschiedet sich von einer Frau, die ich nicht kenne. Wir gehen zur Münzstraße zurück. Es ist nicht weit, aber wir sind todmüde. Ich freue mich auf mein Bett, denn ich hatte Nachtschicht und muss jetzt schlafen.

Auf der Straße vor unserem Haus steht ein kleiner Mann. Er muss einmal sehr dick gewesen sein. Seine Hose hängt an ihm wie ein Sack. Sein Doppelkinn reicht fast bis zu den Schultern. Aber es ist nicht mehr ausgefüllt. Zu viel Haut. Seine wässrigen Augen blinzeln unter der Seemannsmütze, als er uns kommen sieht. «Na also. Da seid ihr ja. Ich befürchtete schon, ihr seid bereits abgeholt. Ich habe euch etwas zu essen mitgebracht. Darf ich reinkommen?» «Aber, Herr Lehmann, haben Sie denn keine Angst?» «Mensch, mir tut doch keiner was. Ich wehre mich schon gegen diese Halunken.» Und er packt seinen Rucksack aus. «Also, hier ist Bierwurst, Edamer Käse und ein halbes Pfund Butter. Das habe ich alles als ehemaliger Gastwirt von meinem alten Lieferanten bekommen.»

«Cioma, Herr Lehmann war einer der ersten Kunden von Papa, als er noch Mineralwasserfabrikant war.» «Ja, Herr Junior.

Ich habe Ihrem Vater seinerzeit beigebracht, wie man eine Kiste Mineralwasser mit dreißig Flaschen auf die Schulter schwingt, ohne dass eine einzige Flasche dabei rausfliegt. Ich habe ihm, zur Freude Ihrer Mutter, ins Gewissen geredet, dass ein Mineralwasserfabrikant keine zerrissene Joppe tragen darf. Aber Ihr Vater fand, das sei ihm egal.»

«Herr Lehmann, jetzt habe ich mal eine Frage. Ich will nicht nach Polen. Und wenn ich nun hier bleibe, dann müsste ich mich verstecken. Können Sie mir dabei helfen?» «Also, eine warme Suppe kriegen Sie natürlich immer bei mir. Aber bei mir wohnen, das ist eine schwierige Sache. Meine Frau ist sehr ängstlich und dann ist sie auch noch herzkrank. Aber, naja, wenn es so weit ist, finden wir schon was.»

Er sieht sich um, als suche er etwas. Dann bleibt sein Blick an der großen Esszimmerlampe hängen. «Eigentlich schade, um diese schöne Lampe.» Mama schüttelt den Kopf. «Aber, Herr Lehmann, wir können doch nicht im Dunkeln warten, bis man uns abholt.» «Ach, Frau Schönhaus. Ich meine ja nur.»

Herr Lehmann ist gegangen. Nun muss ich schnell schlafen, denn schon eine Minute nach sechs druckt die Stempeluhr rot.

Früher, bevor ich einschlief, imitierte Papa immer mit seiner Hand auf meinem Deckbett das Klopfen der Räder. Aber jetzt, wenn ich genau hinhöre, ist es das Klopfen der Hufe eines galoppierenden Pferdes. Ich galoppiere mit lockeren Zügeln im Dreivierteltakt durch die Winternacht. Ich wiege mich weich im Sattel und frage Papa: «Wohin trägt mich der Hengst?» Und von weit her tönt es: «Denk nicht daran… denk nicht daran… denk nicht daran…» Und die Hufe des Pferdes knirschen im Schnee. Es ist nicht schwer, die Troika, mit der Napoleon nach Paris flieht, einzuholen. Ich rufe dem Kaiser zu: «Zu spät, Bonaparte. Du hast verloren!» Doch unerwartet bleibt mein Hengst stehen. Da ist plötzlich eine Wand, die uns den Weg versperrt. Und an der Wand hängt das Bild Napoleons. Die rechte Hand in der Weste, die Linke auf dem Rücken. So kennen ihn alle. Und der

Kaiser fragt sein Bild: «Was wird werden, Bonaparte?» Und das Bild antwortet. «Nichts wird werden. Alles wird so bleiben, wie es ist. Nur uns beide wird man auswechseln. Mich wird man herunternehmen und Dich wird man aufhängen.» Da zieht Napoleon seine Pistole. Sein Schlitten nähert sich. Mein Hengst beginnt zu traben. Da löst sich ein Schuss, aber er trifft mich nicht. Nur mein Hengst verwandelt sich in ein Rennpferd. Der Schaum aus seinem Maul weht mir ins Gesicht. Ich muss in den leichten Sitz, sonst fliege ich aus dem Sattel. Anhalten geht nicht. Ich gebe ihm lieber die Sporen, um wenigstens die Richtung bestimmen zu können. An der nächsten Weggabelung nach links reiten, das geht. Und das ist gut so, denn dort zeigt ein Wegweiser in die Schweiz. Aber ich habe die Grenze noch nicht erreicht. Mein Hengst stolpert über einen Klingeldraht. «Aha», denke ich, «das ist die Grenze. Die passiere ich besser zu Fuß, denn mein Pferd hat keine Papiere.» Dabei hört der Klingeldraht nicht auf zu klingeln, es klingelt und klingelt und klingelt. Bis ich endlich die Augen aufmache. Es ist mein Wecker, den ich auf zwei Suppenteller gestellt habe. Als Resonanzboden, damit ich nicht verschlafe.

Nachtschicht von sechs bis sechs

Der «arische» Vorarbeiter sieht mir auf die Finger, während ich feile. Sein Äußeres entspricht ganz dem Typ, der für die «Leibstandarte Adolf Hitler»[17] rekrutiert wird. Aber mit über sechzig Jahren ist er jetzt zu alt. Ich werde nervös. Immer wieder, wenn ich mit der Schublehre nachmesse, habe ich versehentlich zu viel weggefeilt. Es klingt gläsern, wenn U-Eisen für U-Eisen in die Abfallkiste fliegt.

Da beugt sich mein «arischer» Vorgesetzter ganz nah an mein Ohr. «Junge, du machst zu viel Ausschuss. Das nennen die hier doch ganz schnell Sabotage. Hau ihm lieber eins mit dem Hammer vor den Kopf.» «Was sagen Sie da?» «Ja, mit dem Hammer. Jetzt nachts, wo wir fast alleine sind, beobachtet das ja keiner!» «Ich verstehe Sie nicht.» «Also, pass mal auf: Wenn du zuviel weggefeilt hast, nimmst du den Hammer und haust vorne auf die Stirnseite vom U-Eisen. So stauchst du das Metall. Es entsteht ein kleiner Grat. Und wenn die Offiziere nachmessen, bleibt die Schublehre am Grat hängen und alles ist in Ordnung. Das Lottern des Maschinengewehrlaufs fängt erst beim kriegsmäßigen Gebrauch an. Und wenn dann unsere Soldaten daneben schießen, und, wenn dann einer, der erschossen werden soll, versehentlich am Leben bleibt, dann kann uns das ja nur recht sein, oder? Verstehen wir uns? Aber Junge, halt die Klappe, sonst sind wir beide dran!» Und ich dachte, einer, der so «arisch» aussieht, muss ein Nazi sein. Wie man sich täuschen kann.

Jetzt bekommt meine Arbeit endlich einen Sinn. Und während der Nachtschicht habe ich einen Freund.

An der Grenadierstraße, Ecke Linienstraße, prügeln sich zwei Burschen. Der eine ist noch Zivilist, der andere schon Soldat. Es fliegen Kinnhaken und Seitenhiebe. Leute stehen drum herum. Ich auch. Der Zivilist bekommt Oberhand. Der Soldat liegt bereits in einer Pfütze. Aber plötzlich ruft er mit einer sich überschlagenden Fistelstimme: «Warte, du Schweinehund. Das kommt dich teuer zu stehen. Du hast meine Uniform beleidigt. Du hast die deutsche Uniform beleidigt!» Der zivile Schläger kommt augenblicklich zur Besinnung. «Mensch, Paule, so war det ja nich jemeint. Komm, wir machen Frieden.» Und der am Boden liegende Soldat steht auf. Beide geben sich die Hand.

Ich gehe mit einem Paket schmutziger Wäsche zu Frau Richard in die Grenadierstraße. Diese Straße, die bis vor kurzem noch das Zentrum des jüdischen Scheunenviertels war, liegt nun wie ausgestorben da. Nur noch die verwaschenen hebräischen Schriftzeichen für «koscher» erinnern an das vergangene jüdische Leben.

Blind sind die Fenster der ehemaligen chassidischen[18] Beträume. Sie schauen nach innen. Sie träumen. In den matten Scheiben spiegeln sich noch schwach die fröhlichen Chassidim. Sie tanzen in ihren Pelzmützen, in ihren langen Mänteln und in ungeputzten Bauernstiefeln. Sie drehen sich verzückt im Kreis herum, klatschen in die Hände und singen Gottes Lob und Preis. Und ich, der ich mich früher immer über die jüdische Undiszipliniertheit geschämt habe, die so im Gegensatz zu den stramm ausgerichteten, sauberen Marschkolonnen stand, mich packt plötzlich die Sehnsucht nach dem untergegangenen, warmen, farbigen jüdischen Leben. Ordnung schaffen ist das deutsche Zauberwort.

Ich betrete das Haus Nummer 12, in dem Herbert Richard wohnt, um meine saubere Wäsche abzuholen und die schmutzige dort zu lassen. Im Hauseingang trifft mich fast der Schlag. Die Decke des Hausflurs ist mit menschlichem Kot übersät. Überall kleben braune Würstchen und es stinkt bestialisch. Ich halte mir die Nase zu und drücke auf den Klingelknopf. Herbert Richard, Fuhrunternehmer, steht auf dem Türschild. Er macht auf. «Herr Richard, was ist denn hier bei euch los.» «Ach, wissen Sie, Herr Schönhaus, hier auf der gleichen Etage wohnt der Hausbesitzer. Und der hat Ärger mit einem Nachbarn. Gestern kommt der eine ins Treppenhaus, klingelt beim andern. Und, sowie der aufmacht, schüttet er ihm den vollen Nachttopf ins Gesicht. Das an der Decke ist dem anderen in seiner Aufregung nur aus Versehen passiert, als er sich rächen wollte.» Ich nehme meine saubere Wäsche, bedanke mich, bezahle und gehe nach Hause in die Münzstraße 11.

Zu Hause sitzt ein Mann an unserem Küchentisch. Er ist bleich und unrasiert, aber er wirkt zufrieden und entspannt. Mama stellt ihn mir vor: «Cioma, das ist Herr Schlesinger. Er war mit Papa zusammen im Gefängnis. Heute früh wurde er entlassen. Aber, Herr Schlesinger, erzählen Sie doch selbst meinem Sohn, was Sie mir gerade erzählt haben.»

«Ja, ich bringe Grüße von Ihrem Vater. Er ist mein bester

68

Freund. Ich habe noch nie einen Menschen so verehrt wie ihn. Alle mögen ihn, sogar der Gefängniswärter. Die Geschichte mit der Kernseife kennen Sie ja, aber das ist nur ein typisches Beispiel. Was er alles aus dem Müll herausholt, ist unglaublich. Er ist der einzige, der eine Nagelschere besitzt. Und Sie hätten sehen sollen, wie die aussah, als er sie aus dem Müll zog. Jetzt ist sie sauber und scharf und man kann sie benutzen. Und was eine Nagelschere im Gefängnis bedeutet, kann nur jemand ermessen, der selbst einmal im Gefängnis war. Er restauriert alte Rasierklingen. Und eines seiner geflügelten Worte ist: ‹Gut rasiert ist gut gelaunt.›» «Ja», höre ich meine Mutter sagen, «diesen Spruch hat er mir neulich sogar in einem Brief geschrieben. Er ist vielleicht geistig nicht besonders hochstehend, aber ich habe mich darüber gefreut, weil er zeigt, dass er den Kopf oben behält.»

«Wissen Sie, Frau Schönhaus, am meisten bewundere ich an ihm seine Selbstdisziplin. Und wissen Sie, warum? Es geht um das tägliche Stück Brot. Das Gefängnisbrot ist nass und klebrig. Trotzdem warten alle heißhungrig darauf. Nur Ihr Mann hat als einziger die Kraft, von der täglichen Ration ein Stück übrig zu lassen, damit er mit der Zeit ein Reservestück hat. Das kann dann etwas trocknen. Aber warten Sie, das Wichtigste kommt erst. Wenn ein jüdischer Häftling entlassen wird, bekommt er in den letzten vierundzwanzig Stunden seines Gefängnisaufenthalts nichts mehr zu essen. Das ist bekannt. Darum hat mir Ihr Mann zum Abschied sein zweites Stück Brot geschenkt. Doch als ich am letzten Tag sein Stück Brot essen will, hatte es mir jemand gestohlen. Und was macht Boris Schönhaus? Er gibt mir sein anderes Stück und hungert an meiner Stelle vierundzwanzig Stunden. Sie dürfen stolz auf ihn sein. Und, wenn Sie mich fragen, warum man mich als Juden überhaupt entlassen hat? Ich weiß es nicht. Denn normalerweise kommen Juden, die eine Gefängnisstrafe verbüßt haben, ins Konzentrationslager oder sie werden nach Polen evakuiert. Aber vielleicht habe ich vom Himmel den Auftrag bekommen, euch von eurem Vater zu berichten. Jetzt werde ich versuchen, illegal in Berlin unterzutauchen. Vorläufig wohne ich noch offiziell hier, gemeinsam mit meiner Frau. Hier ist meine Adresse: Ruth und Werner Schlesinger, Berlin, Ansbacher Straße 34.»

«Herr Schlesinger. Auch ich will versuchen, versteckt in Berlin zu bleiben.» «Vielleicht können wir uns gegenseitig helfen.»

Deportationsdatum: 2. Juni 1942

Mama heizt den Badeofen ein. Zuerst muss Zeitungspapier und dann Anfeuerholz eingelegt werden. Dann kommen Briketts und zum Schluss ein Stückchen Feueranzünder hinzu, damit das brennende Streichholz zünden kann. Während das heiße Wasser in die Badewanne einläuft, singt Mama ein altes russisches Volkslied: «Prashcheite gory i lesa, ia uezhaiu na vsegda.» (Lebt wohl ihr Berge und Wälder, ich verreise für immer.)

Morgen ist der 2. Juni 1942. Es ist der Tag, an dem wir uns in der Levetzowstraße melden müssen. Wer weiß, wann ich das nächste mal baden werde. Das hektographierte Blatt mit der Aufzählung aller Sachen, die man mitnehmen muss macht einem doch ein wenig Mut. Braucht man das für die Reise in den Tod?

2 Paar wasserdichte Schuhe

4 Paar Socken

6 Unterhosen

2 Pullover

2 Decken

4 Hemden

1 Kopfbedeckung

2 Paar Handschuhe

1 Mantel

1 Rucksack

Mutters Rucksack ist prall gefüllt. Ich habe keinen, denn ich gehe ja nicht mit. So hoffe ich.

Bei der Arbeit gab mir Meister Schwarz erst gestern das Reklamationsschreiben, obwohl ich ihn schon vor vierzehn Tagen darum gebeten habe: ‹Gustav Genschow, Kleinkalibergewehre, Berlin-Treptow, den 31. Mai 1942

Bescheinigung: Cioma Israel Schönhaus ist in unserem Betrieb als Feinmechaniker beschäftigt. Er ist ein wichtiger Arbeiter. Wir bitten für ihn um eine verlängerte Abzugsfrist. Heil Hitler

Unterschrift: Schwarz, Werkmeister und SS-Sturmführer.›

Um das Schreiben per Post aufzugeben, ist es schon zu spät. «Cioma, komm, wir gehen noch heute Abend zur Gestapo in die Burgstraße und geben den Brief dort ab.»

Der SS-Posten vor dem Tor lässt uns nicht mehr hinein. «Zu spät», sagt er, «geben Sie mir das Schreiben. Ich leite es weiter.» «Aber wir gehen ja morgen schon auf den Transport.» «Na und? Morgen sind Sie ja auch noch nicht weg von dieser Welt.»

Mama hängt sich bei mir ein. Wir gehen gemeinsam nach Hause. Jeder in seine Gedanken vertieft. Vielleicht trennen sich schon morgen unsere Wege. Wer weiß?

Der nächste Tag. Ich bin fest entschlossen, so zu tun, als sei ich bereits reklamiert. So, als sei dem Gesuch von Gustav Genschow bereits stattgegeben worden. So, als müsse ich überhaupt nicht mit auf den Transport. Ich gehe, wie immer, um sechs Uhr zur Arbeit. Mama sage ich vorher auf Wiedersehen, ganz so, als ob ich sie abends wiedersehen werde. Nur entgegen unserer Gewohnheit umarmen wir uns, bevor ich gehe.

In der Fabrik stemple ich meine Karte wie immer. Alles ist wie sonst. Nur, ich kann nicht tief atmen. Es würgt im Hals. Während ich wie immer an meinen beiden Drehbänken die Läufe einspanne, geht ein Kollege an mir vorbei und flüstert: «Schönhaus, die Chasirim (Schweine) sind da.» Zwei ganz gewöhnliche Männer in Zivil stehen da. Sie nehmen ihre Hüte nicht ab, während sie mit Meister Schwarz sprechen. Dann zeigen sie ihm ein Schreiben. Er führt sie zu mir: «Schönhaus! Ziehen Sie sich um. Sie kommen mit.» Ich hole meine Joppe aus der Garderobe. Dann gehen wir zu dritt durch den Treptower Park, nicht zur Stadtbahn, sondern zur Straßenbahnhaltestelle.

Von außen sieht das alles ganz normal aus. Die beiden besprechen in aller Ruhe ihr Programm. Da ist noch jemand am Spittelmarkt abzuholen. Dort steigen wir in die zweite Etage. So, als ob ich dazugehöre. Neben dem Namensschild ‹Levi› klebt der Judenstern. Einer der Männer klingelt. Nichts tut sich. Er versucht es noch zwei mal. Niemand macht auf. «Komm, wir gehen. Die holen wir später ab.» Dann geht es wieder in die Straßenbahn.

Wir stehen auf der hinteren Plattform. Ich schaue mir die beiden an. Was sind das für Menschen? Der eine sieht so aus, als wäre er früher Buchhalter in einer Bank gewesen. Einer, der den Buchstaben «J» zu bearbeiten hatte. Der andere könnte Schriftsetzer gewesen sein, der den Beruf aufgeben musste, weil er das Hantieren mit dem Bleisatz nicht ertrug. Der Bankbuchhalter hat das menschlichere Gesicht. Ich spreche ihn an: «Sie, ich habe nicht damit gerechnet, abtransportiert zu werden. Ich habe ja nicht einmal einen warmen Mantel dabei. Könnten wir den bei mir zu Hause noch holen? Die Straßenbahn fährt ja direkt an meiner Wohnung vorbei.» Er wendet sich zu seinem Kollegen: «Was meinst du?» «Ist mir egal. Warum soll er nicht seinen Wintermantel holen?»

Die Tante öffnet die Tür und sieht uns mit großen Augen an. Sie sagt kein Wort. Nur Angst steht ihr im Gesicht. Während ich den Mantel aus dem Kleiderschrank hole, setzt sich der Schriftsetzer an meinen Schreibtisch, als wäre es sein eigener. Er kramt in der Schublade, findet in einer Schachtel den goldenen Ehering von Papa, steckt ihn in seine Westentasche, so, als hätte er ihn liegen gelassen und jetzt endlich wiedergefunden.

In der Straßenbahn ist es heiß. Wir stehen wieder auf der hinteren Plattform. Mein Wintermantel hängt auf meinem Arm. «Aber, junger Mann, Sie haben ja gar keinen Stern dran», sagt der Bankbuchhalter. «Ohne Stern nehmen sie Ihnen den Mantel gleich wieder weg.» «Einen Ersatzstern habe ich zwar in der Tasche, aber annähen kann ich ihn nicht. Ich habe ja weder Nadel noch Faden.» «Na, warten Sie mal. Wollen mal sehen, was sich da machen lässt.» Und er holt aus seinem Portemonnaie ein Briefchen mit Nadel und Faden. «Annähen müssen Sie ihn allerdings selbst.»

Während ich Stich um Stich nähe, steigt eine Frau ein. Mandelaugen, zierlich. Auf dem Rücken ein mächtiger Rucksack, vorne links der gelbe Stern. Sie ist kaum im Wagen, springt ein Soldat auf und macht ihr Platz. Jetzt zeigt der Bankbuchhalter sein anderes Gesicht und geht auf den Soldeten zu: «Sie als deutscher Soldat wagen es, die Ehre Ihrer Uniform zu besudeln?! Ihnen fällt nichts schamloseres ein, als einer Judenfrau öffentlich Ihren Platz anzubieten! Mein Lieber, das kommt Sie teuer zu stehen. Was? Jetzt auch noch widersprechen? Sie wussten genau, dass das eine Jüdin ist. Der Stern ist, meine ich, groß genug. Name? Regiment? Dienstnummer? Standort? Und jetzt werden Sie nicht noch frech!» Schnaubend kommt er zu mir zurück. Ich gebe ihm sein Nähzeug. «Danke schön.» «Nichts zu danken.» Er steckt das Nähzeug wieder in seine Geldbörse. «Ordnung muss sein!» Der Schaffner ruft: «Levetzowstraße!» «So, hier müssen wir aussteigen.»

In der ehemaligen Synagoge Levetzowstraße stehen viele Bänke quer im Saal. Etwa sechshundert junge und vor allem ältere Leute sitzen da und warten. Die meisten Leute sind gut angezogen. Eher zu warm für die Jahreszeit. Manche sitzen schweigend da, andere unterhalten sich, teilweise gestikulierend, wie im Wartesaal eines Bahnhofs. Nur weiß niemand, wann der Zug abfährt und wohin die Reise geht. Alle sind trotzdem ein wenig zuversichtlich, denn jüdische Mädchen in schneeweißen Schürzen verteilen leckere Makkaroni, mit Käse verfeinert. Die Töpfe sind viel größer als der Appetit derer, die hier warten müssen.

Ich suche meine Mutter überall. Endlich finde ich sie in einer Ecke. Sie unterhält sich mit einer Frau, die wir aus der Nachbarschaft kennen. Ihr Gesicht hellt sich auf, als sie mich sieht. Sie lächelt. «Ich wusste doch heute früh schon, dass wir uns bald wiedersehen. Jetzt bleiben wir zusammen, und es wird schon nicht so schlimm werden, wie du befürchtest. Sieh mal da drüben. Da steht schon, seit ich hier bin, ein Beamter und untersucht unsere Koffer. Und überhaupt, wo ist dein Gepäck?» «Ich habe nur den Wintermantel mitnehmen können.» «Na, wenigstens das. In Polen oder Russland kann es sehr kalt sein.» Sie legt ihren Arm um meine Schultern und schaut nach einem Korridor. «Ich glaube, von dort muss Papa kommen.»

In der Mitte der Synagoge auf der Estrade, von der beim Gottesdienst aus der Tora vorgelesen wird, steht eine Schreibmaschine. Ein jüdischer Ordner sitzt vor dieser Schreibmaschine. Daneben steht ein Gestapobeamter. An der Balustrade lehnt ein zweiter jüdischer Ordner. Er steht auf den Zehenspitzen, hält sich fest und schreit aus Leibeskräften die Namen der Menschen, die an der Reihe sind, morgen früh nach Osten deportiert zu werden.

Offenbar hat sein Vorgänger zu wenig laut geschrien und musste deshalb unvorbereitet mit auf den nächsten Transport. Dem will der jetzige Ordner vorbeugen. Wie der Hahn bei den Bremer Stadtmusikanten kräht er in den höchsten Tönen – damit er nicht in den Kochtopf muss: «Hans Israel Rosenzweig… Hans Israel Rosenzweig… Hans Israel Rosenzweig…»

Da es dem Alphabet nach geht, ist der Name Schönhaus bald dran. Mama und ich sitzen eng nebeneinander. Ich erzähle vom Kaiserhof, wie ich mit Det und den beiden Matrosen an der Bar Whisky getrunken habe. Oder wie ich den Polizisten geschickt habe, seinen besoffenen Kollegen zu verhaften, weil er alle Gäste für Juden hielt. «Aber, Cioma, wie konntest du nur so gefährliche Sachen tun. Ein Glück, dass ich damals nichts davon gewusst habe.» Ich nehme ihre Hand in die meine. In ihrem blauen Kos-

74

tüm mit der weißen Bluse ist sie meine Schwester, meine Freundin, meine Mutter.

Seltsam, wie laut es tönt, wenn der eigene Name in den Saal gebrüllt wird. Die vorher aufgerufenen Namen versinken in der Menschenmenge. Aber wenn es heißt: «Samson Cioma Israel Schönhaus und Fanja Sara Schönhaus», dann zieht sich einem das Herz zusammen. Ja, dann heben sich, wie von Geisterhand, die Beine und wir stehen auf der Estrade. Mama drückt meine Hand. Eiskalt liest der jüdische Ordner unsere Akte vor: «Fanja Sara Schönhaus und Sohn Samson Cioma Israel Schönhaus sind morgen früh, 2. Juni 1942, für den Transport nach Osten bestimmt. Für den Sohn liegt ein Gesuch der Firma Gustav Genschow vor. Er ist als guter Arbeiter unentbehrlich. Man bittet, ihn erst zu einem späteren Zeitpunkt zu evakuieren.»

Während das vorgelesen wird, schaut der uniformierte Gestapobeamte mit wässrigen, blauen Augen durch mich hindurch. Er hat seinen Stuhl umgedreht und stützt sich gedankenabwesend auf die Lehne. Der Ordner fragt: «Soll der junge Mann mit auf den Transport oder soll er hier bleiben?» «Ach was», antwortet der andere gelangweilt, ohne den Mund richtig aufzumachen, so, als zähle er die Entscheidung an seinen Knöpfen ab. «Soll er hier bleiben – soll er mitgehen – soll er hier bleiben – soll er mitgehen – soll er hier bleiben. Ist mir doch egal. Ach was. Soll er mitgehen.»

Und der Ordner wiederholt sachlich. «Soeben wurde entschieden, Sie gehen morgen mit auf den Transport!» Ich fühle nur meine heißen, schwitzenden Füße. Die Zehen kleben aneinander. Nur andere Socken anziehen können, schwirrt es mir durch den Kopf. Aber ich habe gar keine anderen Socken. Ich habe überhaupt keine Socken. Ich habe ja gar kein Gepäck. Nur meine Mappe mit den Frühstücksbroten und meinen Wintermantel. Und den habe ich auf einen riesigen Berg von Kleidern legen müssen. Ob ich den je zurückbekomme?

„Hertie" Waren- und Kaufhaus G.m.b.H.
Berlin, Alexanderplatz
Die Kaufstätte für alle

*Meine lieben Kollegen!
Ich gehe froh in der
Hoffnung mit meinem
Mann zusammen
zu sein!
Lebt alle wohl.
Auf ein Gesundes
Wiedersehen euere
Fanny Schönhaus.*

*Herrn
W. Prager
Berlin NO
Schützenstr. 68.*

Zuversichtlich und ahnungslos, schrieb meine Mutter vor ihrer
Deportation ins Todeslager Majdanek diese Karte.
Ich sollte sie frankieren und einwerfen, habe es aber nicht getan, weil
ich es vergessen hatte. Ich war ein schlechter Sohn. Heute ist mir diese
Karte heilig.

Jetzt müssen Mama und ich durch einen breiten Korridor.
Rechts stehen verschiedene Tische. Hinter jedem Tisch sitzt ein
Beamter. Auf jedem Tisch ein weißes Schild. Beim ersten steht
‹Finanzamt› drauf. Der Beamte sitzt dahinter wie an einem Post-
schalter: «Haben Sie Geld?» «Ja, einen Glückspfennig.» «Also, abgeben.» Und auf einem Formular füllt er aus: «1 Pfennig.» Von
Glück ist keine Rede mehr. Auf dem zweiten Tisch steht ein
weißes Schild: ‹Arbeitsamt›. Hier sitzt eine sympathische junge
Frau vor einem großen Karteikasten. «Wo haben Sie gearbeitet?»
«Bei Gustav Genschow». Ich flüstere: «Eigentlich bin ich ja reklamiert.» «Moment mal», sagt sie und beginnt in den Karteikarten
zu blättern. «Ja, hier. Schönhaus. Stimmt. Sie sind als Facharbeiter
unentbehrlich. Augenblick!» Sie steht auf und geht zu ihrem
Vorgesetzten.

Jetzt kommt plötzlich Papa aus einer Türe links. Erst umarmt er Mama, dann mich. Er steht da, mit seinem großen Schnurrbart und in einem graublauen Gabardinemantel. Nun sind wir vereint. Eine kleine Familie, die nicht getrennt werden soll. Wir warten.

Alle, die durch den Korridor an den Tischen vorübergehen und die alles, was ihrer Identifikation dienen könnte, abgeben müssen, werden wie lebende Bäume entlaubt. Wir warten.

Von weitem höre ich, wie sich die junge Frau ereifert. Und dann höre ich ihren Vorgesetzten: «Aber Kindchen, wenn wir alle, die hier mit solchen Schreiben kommen…» Was dann folgt, geht im allgemeinen Sprachengewirr der vielen, die hier warten, unter. Der Fall ist entschieden, denke ich. Und dann kommt sie zurück. Mit einem Lächeln: «Sie können gehen.» Ich frage: «Wohin?» «Nach Hause. Sie sind zurückgestellt.» Mama sieht Papa an. «Was meinst du? Soll er bleiben?» «Natürlich soll er bleiben! Vielleicht wird er uns rattewen (retten).» Ich gebe ihm meine Butterbrote. Es ist Krakauer Wurst darauf. Ich umarme Vater und Mutter. «Auf Wiedersehen.» Und wir verabschieden uns. Nicht wie auf einem Bahnhof – nein, es geschieht im Korridor der ehemaligen Synagoge in der Levetzowstraße. – Für immer.

Wie ein Schlafwandler gehe ich an dem großen Kleiderhaufen vorbei. Obenauf liegt immer noch mein blauer Wintermantel. Ich nehme ihn über den Arm. Kein Mensch hält mich am Ausgang auf. Der Posten an der Tür sagt nichts. Ich gehe an ihm vorbei und langsam die Levetzowstraße entlang. Ich spüre nur meine brennenden Füße. Sonst nichts. An der nächsten Straßenbahnhaltestelle bleibe ich stehen. Die Straßenbahn kommt. Ich steige ein. Kaum fährt sie los, kommt der Schaffner. Er sieht mich an, blickt auf den Mantel mit dem Stern, schüttelt den Kopf und fragt: «Haben Sie eine Fahrerlaubnis für Juden? Nein?» Er zieht zwei mal an der Glocke und die Bahn bleibt auf freier Strecke stehen. «Bitte», er zeigt auf die Tür, «aussteigen». Auf der Straße fällt mir ein, ich hätte ja auch gar kein Fahrgeld gehabt.

Der Empfang bei Onkel und Tante ist frostig. Mein Bett ist schon abgezogen. Endlich war man den unbequemen Störenfried los. Und schon ist er wieder da. Er, der abends immer erst nach der für Juden erlaubten Ausgehzeit nach Hause kommt. Er, der ständig ohne Stern herumläuft. Er, der durch seine Unvorsichtigkeiten alle in Gefahr bringt. Trotzdem bekomme ich eine Suppe und muss erzählen. Dann stelle ich meinen Wecker auf die beiden Suppenteller und gehe ins Bett. Nur Omama Alte kommt, nimmt meinen Kopf in beide Hände und drückt mich an sich. Ich gehe schlafen, denn morgen früh um sechs muss ich ja wieder meine Karte in die Stempeluhr bei Gustav Genschow stecken.

Nach Feierabend gehe ich mit Walter Heyman, einem Arbeitskollegen, durch den Treptower Park zum S-Bahnhof, um nach Hause zu fahren. Buchen, Eschen und Eichen, die gewiss schon den Ersten Weltkrieg miterlebt haben, stehen groß und schwarz vor dem Nachthimmel im verdunkelten Berlin. Der Mond leuchtet uns den Weg. Walter Heyman ist einen Kopf kleiner als ich. Seine schwarzen Haare hat er satt nach hinten gekämmt. Sie glänzen. Aber es ist keine Brillantine, sondern die ölgeschwängerte Luft aus dem Maschinensaal.

Walter Heyman lispelt, weil ihm ein Schneidezahn fehlt. Einst war er Journalist. «Weißt du», sagt er, «Nietzsche hat gesagt, was fällt, soll man stoßen. Wir werden gestoßen.» «Aber, sagen Sie mal, Herr Heyman, warum werden wir Juden seit der Antike verfolgt? Es begann ja schon bei den Römern; ja noch früher, bei den Babyloniern.» «Stimmt, Schönhaus. Und ich will Ihnen sagen, warum. Kennen Sie die Parabel von Abraham und seinem Vater? Abraham, der Stammvater des jüdischen Volkes, war der Sohn eines Holzbildhauers, der Götzenbilder herstellte. Als er einmal allein in der Werkstatt war, nahm er eine Axt und schlug alle Götzen kurz und klein. Nur eine Figur ließ er übrig und dieser steckte er die Axt unter den Arm. ‹Was ist denn hier passiert›, rief der Vater, als er zurückkam. ‹Ich weiß nicht›, antwortete

Abraham, ‹die Götzen hatten Krach untereinander und der eine hat alle anderen erschlagen.› ‹Willst du mich zum Narren halten?›, fragte der Vater. ‹Der eine Götze kann doch nicht alle anderen mit der Axt kaputt machen.› ‹Siehst du›, sagte Abraham, ‹darum glaube ich nicht an die Kraft dieser Götter. Es gibt nur einen Gott. Und der ist unsichtbar. Er regiert uns. Und an ihn glaube ich.› Mein lieber Schönhaus, so beginnt, kindlich vereinfacht, die Geschichte der jüdischen Religion.»

Im Treptower Park stehen viele Bänke. Auf allen steht groß und gelb NICHT FÜR JUDEN. «Kommen Sie, Schönhaus, setzen wir uns.» Unsere Mappen sind ja nicht nur gut für unsere Frühstücksbrote, sondern auch zum Verdecken des gelben Sterns.

«Herr Heyman, jetzt bin ich aber doch gespannt auf Ihre Antwort, warum die Juden seit ewigen Zeiten verfolgt werden.» «Mein lieber Schönhaus, der unsichtbare jüdische Gott ist allen anderen handgreiflichen Göttern überlegen. Er macht alle, die an ihn glauben, selbstsicher und überlegen. Jedoch Selbstsicherheit und Überlegenheit schaffen nicht unbedingt Freunde. Das ist einer der Gründe für die Judenverfolgung. Aber nicht der einzige. Um alles zu erörtern, ist der Weg zur Stadtbahn nicht lang genug. Das nächste Mal reden wir weiter.»

Wir sind am Bahnhof. Der Zug kommt. Ich muss einsteigen. «Ja, das nächste Mal reden wir weiter.» Walter Heyman bleibt auf dem Bahnsteig stehen. Die Türen gehen mit Luftdruck automatisch zu. Und durch die beschlagenen Scheiben sehe ich ihn dastehen, verwandelt: Mit einem großen Schnurrbart und in einem graublauen Gabardinemantel. Der Zug fährt an.

Die Postkarte

Eines Morgens, ich gehe gerade ins Badezimmer, fällt Post durch den Briefschlitz in der Tür. Eine Postkarte liegt auf dem Parkettfußboden des Korridors. Absender: Majdanek[19]. Es ist die regelmäßige Schrift Papas. Und doch mit zittriger Hand geschrieben: «Meine Lieben, ich bin hier gut angekommen. Habt ihr etwas von Fanja gehört? Ich suche Mama überall. Cioma hat in allem recht gehabt. Ich bin glücklich, dass er nicht bei uns ist. Lebt wohl, Euer Beba.»

Wie konnte er diese Karte schreiben? Ohne Zensur? Und woher hatte er Tinte und Feder? Woher hatte er die Postkarte? Im Lager Majdanek in Polen – ein Wunder. Wie hat er das fertiggebracht? Typisch Papa. Ich halte die Karte in der Hand wie eine Reliquie. Es ist Post aus dem Jenseits. Ich verdränge den Vulkan, der sich unter meinen Füßen bewegt und auf dem ich versuche, so zu leben, als könne sich nicht jederzeit ein Krater öffnen und mich verschlingen.

Der Tag bei Gustav Genschow beginnt für mich wie immer an der Stempeluhr. Nachher sitze ich auf einem dreibeinigen hohen Holzschemel an der Werkbank. Mein nordischer Freund begrüßt mich mit einem «Guten Morgen», während er mir mit dem linken Auge unmerklich zuzwinkert. Vor mir habe ich zwar nicht mehr das große Fenster mit dem Blick auf die Kohlgärten, das an Van Gogh erinnernde Bildmotiv. Dafür ist jetzt aber mein Arbeitsplatz sonnendurchflutet. Und weil ich nicht mehr an der Drehbank arbeiten muss, wo die Hände der fließenden Ölemulsion ausgesetzt sind, habe ich jetzt auch keine Eiterpickel mehr an den Unterarmen, wie alle meine Kollegen, die weiterhin drehen müssen.

Ich pfeife leise die ‹Stephanie-Gavotte› aus einem Kinofilm vor mich hin, den ich mir neulich angesehen habe. Und dabei feile ich U-Eisen. Die Guten ins Töpfchen, die Schlechten in die Ausschusskiste. Plötzlich meint ein «arischer» Arbeiter hinter mir: «Seit wann sitzen bei uns die Juden während der Arbeit?» Ich drehe mich um. «Das geht dich einen Scheißdreck an.» Daraufhin knallt er mir eine Ohrfeige ins Gesicht. Reflexartig hebe ich meine Hand um zurückzuschlagen. Die Hand noch nicht ganz oben, brüllt der andere schon los. «Was? Du wagst es, deine Hand gegen einen deutschen Arbeiter zu erheben? Das kommt dich teuer zu stehen!» «Ich darf beim Feilen sitzen. Der Direktor Wagner hat es mir ausdrücklich erlaubt.»

Meister Schwarz hat unser Palaver gehört. «Was ist denn hier los?» Alle Arbeiter stehen um uns herum. Die Juden ein bisschen weiter weg. Der Schläger erklärt den Sachverhalt: «Als ich ihn darauf aufmerksam mache, dass Juden bei der Arbeit nicht sitzen dürfen, gibt er mir eine freche Antwort. Daraufhin habe ich ihm eine geknallt.» «Und was geschah dann?», fragt Meister Schwarz. Alles schweigt. Der Schläger auch. Er sagt mit keiner Silbe etwas von meiner erhobenen Hand. Er wollte mich nicht ins Konzentrationslager bringen. Meister Schwarz beschließt: «Gut, dann bekommt Schönhaus zur Strafe in dieser Woche keinen Lohn.»

In der Pause beglückwünschen mich meine jüdischen Kollegen. «Du hast Glück gehabt, Schönhaus. Der Arbeiter, der dich geohrfeigt hat, war in der Weimarer Republik ein führendes Mitglied der sozialistischen Gewerkschaft.»

Auf dem Heimweg im Treptower Park zitiert Walter Heyman Erich Kästner: «So eine Ohrfeige ins vergnügte Gesicht klingt für den, der sie kriegt, ziemlich laut. Tödlich sind solche Ohrfeigen hingegen nicht. Der Mensch ist entsprechend gebaut.»

Die große Wendeltreppe in der Münzstraße knarrt wieder unter den Schritten des Briefträgers. Und erneut fällt etwas durch den Briefschlitz auf den Parkettboden des Korridors. Diesmal sind es gleich zwei Briefe. Der eine, die Aufforderung an Marie Sara Berman, geborene Romanov. Meine Omama Alte. Sie wird darauf vorbereitet, ins Altersheim des jüdischen Krankenhauses in der Iranischen Straße abgeholt zu werden. Der andere Brief geht an Sophie Sara Berman und an Meier Israel

Berman mit der Ankündigung der Evakuierung ins Lager Theresienstadt. Das wird als nicht so schlimm empfunden. Es gilt ja
als Vorzeigelager.[20]

Am angekündigten Termin werden alle mit einem Lastwagen
abgeholt. Eine Holztreppe erleichtert den alten Leuten das Einsteigen. Ich fühle mich als zurückgestellter Rüstungsarbeiter so
sicher, dass ich auf dem Lieferwagen mitfahre. Auch in die erste
Etage der Sammelstelle in der Großen Hamburger Straße begleite ich Onkel und Tante. Hier oben wird ihnen ein Zimmer
zugewiesen. Hier müssen sie warten. Die Betten sind nur mit
alten Matratzen ohne Bettwäsche belegt. Kein Tisch, kein
Schrank. Nichts. Da bemerkt die Tante, dass sie die Jacke ihres
dunkelblauen Kostüms zu Hause vergessen hat. «Kein Problem»,
sage ich und gehe die Jacke holen. Ich verlasse die Sammelstelle
unbehelligt und komme mit der vergessenen Jacke zurück. Der
Polizist am Eingang nickt mir zu. Offenbar hat er den Eindruck,
ich sei ein privilegierter Ordner. Und genauso selbstverständlich
gehe ich nachher auch wieder hinaus.

Jetzt bin ich allein. Alle Zimmer in der Münzstraße sind mit
einem Etikett der Gestapo versiegelt. Nur die Tür zu meinem
Zimmer und die zur Küche nicht. Morgens weckt mich nach
wie vor der Wecker auf den beiden Suppentellern. Die Arbeit
wechselt wochenweise zwischen Tag- und Nachtschicht.

Abends um sechs gehe ich zum S-Bahnhof Alexanderplatz,
um zu Gustav Genschow zu fahren. Ich gehe rings um die große,
kreisrunde Rasenfläche. Dabei fällt mir ein, was mir mein Vater
über 1918 erzählte, als die Deutschen so etwas wie eine Revolution machten. Damals wurde an einer Ecke des Alexanderplatzes
geschossen. Doch die Berliner nahmen nicht etwa den kürzesten
Weg quer über den Rasen. Nein, sie rannten rings um die
Rasenfläche herum. Warum? Da stand doch auf einem Schild:
‹Betreten des Rasens verboten›.

Vor dem ehemals jüdischen Warenhaus Hermann Tietz steht
ein junger Mann vor einem Schaufenster. Den kenne ich doch!

Det Kassriel. Mein ehemaliger Arbeitskollege. Der kleine Schneider. «Mensch, Det, wie geht es dir? Was machst du?» «Ich nähe und lebe illegal.» «Und wo lebst du illegal?» «Bei mir zu Hause.» «Na, das ist ja auch nicht gerade das beste Versteck.» «Ich habe nichts Besseres.» «Dann könntest du doch genauso so gut zu mir ziehen. Ich habe jetzt eine große Wohnung ganz für mich allein. Alle außer mir sind evakuiert. Du kannst gut bei mir wohnen. Bei mir wirst du wenigstens nicht gesucht.» Am nächsten Tag kommt Det mit einem großen Koffer, und wir beginnen unser halblegales Leben zu zweit.

Ein Grafiker wird gesucht

Ich rolle auf dem klapprigen Fahrrad meines Cousins, der rechtzeitig nach New York entkommen ist, am Schlossplatz vorbei, die Linden entlang, durchs Brandenburger Tor. Von dort gehts unter Fliegertarnnetzen mit künstlichen Tannenbäumchen bis zur Siegessäule. Dann heißt es nach links abbiegen in die Hofjägerallee. Dann weiter in die Budapester Straße, am Romanischen Café vorbei, in dem Erich Kästner, Kurt Tucholsky und Mascha Kaleko nächtelang saßen und diskutierten. Schließlich um die Gedächtniskirche herum bis zum Kurfürstendamm. Jetzt die siebente Querstraße und ich steige in der Bleibtreustraße von meinem Fahrrad ab und stehe vor dem Haus, in dem Thesi Goldschmidt wohnt, die Mutter des Mädchens aus der Handelsschule.

Frau Goldschmidt lebt in einer «privilegierten Mischehe»[21] und wohnt im vornehmen Berliner Westen – aber in einem Hinterhaus. Eigentlich ein nobles Quartier. Kein Mensch vermutet hier Hinterhäuser, aber, um der Noblesse Genüge zu tun, führt der Gang zum Treppenhaus durch einen Garten, in dem sogar ein kleiner Springbrunnen steht.

Thesi Goldschmidt ist einen halben Kopf größer als ich. Ihre Schuhgröße, vermute ich, liegt zwischen dreiundvierzig und fünfundvierzig. Sie hat eine große Nase. Ihre Stimme ist rauchig. Aber am Rand ihrer schwarzen Augenlider hat sie lange seidige Wimpern.

«Kommen Sie rein, junger Mann,» sagt sie beim Öffnen der Eingangstür und macht fast gleichzeitig die Tür zu ihrem Wohnzimmer auf. «Ich habe Ihnen geschrieben, weil ich einen Auftrag für Sie habe. Nachdem Sie so keck mit der Hand in der Hosentasche nach dem ausgeliehenen Buch von Sigmund Freud fragten, sagte ich meiner Freundin, Sie sind der richtige. Meine Freundin hat ein Mikroskop zu verkaufen. Und sie sucht jemanden, der es einer Privatklinik anbieten könnte. Trauen Sie sich so etwas zu? Ich arbeite als Krankenschwester bei einem Arzt und weiß, dass es sich um ein kostbares Gerät handelt.» «Frau Goldschmidt, Ihr Vertrauen ehrt mich, aber die Sache muss ich mir doch reiflich überlegen. Die Leute in der Klinik kaufen doch nicht von einem Unbekannten ein Mikroskop. Ich müsste mich ausweisen und die Herkunft des Geräts erklären.» «Bravo, junger Mann. Auch ich war von Anfang an Ihrer Meinung. Aber wenn Sie schon hier sind, bleiben Sie doch zum Tee. Anstelle des Mikroskops zeige ich Ihnen etwas, was Sie bestimmt interessieren wird.»

Es ist eine Generalstabskarte von Süddeutschland im Maßstab 1:25.000, darauf verzeichnet der Verlauf der Schweizer Grenze. «Wenn wir gemeinsam Tee trinken, können wir auf der Karte in Ruhe einen Weg über die Grenze suchen. Machen Sie mit?»

Es regnet. Walter Heyman wartet nach der Nachtschicht auf der Straße. Er hat einen großen Regenschirm aufgespannt und wirkt klein neben dem Wehrmachtssoldaten, der die Fabrik von Gustav Genschow bewacht.

«Ja, Schönhaus, Sie fragten mich das letzte Mal, warum die Juden verfolgt werden.» Während wir zum Bahnhof gehen, hält er mir den Schirm so hoch, dass wir beide darunter Platz finden.

«Ich sagte Ihnen, weil wir einen unsichtbaren Gott anbeten. Das macht uns stark – aber auch schwach und angreifbar. Der abstrakte Gott ist allen Götzen überlegen. Bezeichnenderweise ist ja auch die abstrakte Kunst in den Diktaturen verboten. Die Machthaber wissen nicht, was dahinter steckt. Hinzu kommt, wer sich von einem unsichtbaren Gott getragen fühlt, glaubt, er sei unüberwindlich. Nicht ohne Grund steht auf jedem deutschen Koppelschloss der Soldaten ‹Gott mit uns›. Aber dieses jüdische Bewusstsein, als einziges Volk den unsichtbaren Gott als Verbündeten im Rücken zu haben, birgt eine Gefahr. Die Juden entwickelten schon vor Jahrtausenden einen falschen Blick für die Realitäten. Und als sie sich mit ihrem Gott stark genug fühlten, gegen die Weltmacht Rom Krieg zu führen, wurden sie besiegt. Und so leben wir seit der Antike in der Verbannung. Und in Zeiten wie jetzt kämpfen wir ums Überleben.»

Beim Stichwort «Überleben» ergänzt Heyman: «Sie waren doch an einer Kunstgewerbeschule. Sie haben doch eine Ausbildung als Grafiker begonnen. Ich kenne eine Frau, die alles tut, um Juden vor der Deportation zu retten. Diese Frau sucht einen Grafiker, der ihr helfen kann, einen Ausweis zu fälschen. Trauen Sie sich das zu? Wollen Sie sich mal dort melden?» Ich stimme zu und er erklärt mir: «Es handelt sich um Edith Wolff. Sie ist die Tochter eines ehemaligen Redakteurs vom Berliner Tageblatt. Er war mein Chef. Ihre Adresse ist Kaiserallee 79.»

Am nächsten Vormittag, nach der Nachtschicht, gehe ich hin. Ihre Mutter empfängt mich unfreundlich. Der Vater macht die Tür zu seinem Büro zu, als ich ins Haus trete. Beide sind offenbar von den Aktivitäten ihrer Tochter nicht begeistert. Aber Edith Wolff, die alle nur Ewo nennen, kommt mir strahlend entgegen. Sie ist klein, unscheinbar und trägt eine Nickelbrille. Ihre Augen haben etwas von einem Chamäleon. Jedes schaut in eine andere Richtung. Ihre Frisur sieht so aus, als hätte sie sich selbst die Haare geschnitten. Aber wenn sie zu sprechen anfängt, ist sie eine Persönlichkeit, die genau weiß, was sie will. Wir gehen in die Küche, wo ihr Freund auf mich wartet. Er stellt sich als Heinz (Jizchak) Schwersenz vor. Sein Blick ist durchdringend und er spricht etwas hastig. Aber Ewo beherrscht die Situation.

Es geht darum, in einem Entlassungsschein der deutschen Wehrmacht das Passbild auszuwechseln und den Stempel, der übers Foto geht, zu ergänzen. Also den Hoheitsadler mit den zwölf großen und den vierundzwanzig kleinen Federn und allem, was dazugehört, in der richtigen Farbe, mit der richtig verlaufenden Struktur so zu imitieren, dass der Stempel jeder Kontrolle standhält.

«Glauben Sie, dass Sie das können?» «Ich will es versuchen. Ich habe es zwar noch nie probiert, aber ich meine, das bekomme ich schon hin.» «Und was verlangen Sie dafür?» «Nichts. Höchstens… Herr Heyman hat mir angedeutet, Sie hätten ein Zimmer, wo man sich im Notfall verstecken könnte. Ich brauche es zwar nicht sofort, aber vielleicht in nächster Zeit. Für die Adresse dieses Zimmers wäre ich Ihnen dankbar.» «So, so. Der Heyman hat Ihnen das verraten. Ja, da ist eine kleine Mädchenkammer bei unserer Putzfrau. Sie heißt Frau Lange und wohnt in der Taunusstraße 29. Ja, diese Kammer ist sehr begehrt. Aber wenn Sie den Raum brauchen, sorge ich dafür, dass Sie ihn bekommen.»

Wie fälscht man einen Stempel?

Der Auftrag von Ewo beflügelt mich. Endlich kann ich mich wehren. Endlich muss ich nicht mehr tatenlos zusehen, was mit uns geschieht. Noch am gleichen Abend gehe ich an die Arbeit. Zu Hause an meinem Schreibtisch. Es ist der Schreibtisch, aus dessen Schublade der Gestapomann den Ehering meines Vaters in seine Westentasche gleiten ließ. Die Aufgabe lautet: Das Passbild auf dem Entlassungsschein der deutschen Wehrmacht auswechseln und den Stempel auf dem Foto ergänzen.

Auf dem Passbild des ehemaligen Besitzers zeichne ich unter einer Lupe mit einem spitzen Japanpinsel den Hoheitsadler samt Hakenkreuz nach. Genau im Originalviolett mit Aquarellfarbe. Nun nehme ich ein Stück Zeitungspapier, befeuchte es an einer unbedruckten Stelle mit der Zunge, und drücke es auf den mit Wasserfarbe nachgezeichneten Stempel. Das feuchte Papier saugt die Aquarellfarbe auf und es entsteht ein Spiegelbild des Stempels. Jetzt gilt es nur noch, das feuchte Zeitungspapier mit dem Negativ des Stempels auf die richtige Ecke des Fotos von Schwersenz zu drücken. Danach das neue Foto mit den alten Ösen wieder befestigen und der Ausweis ist perfekt.

Ich kann es kaum erwarten, den gefälschten Ausweis abzuliefern. Ewo ist überrascht. So makellos hatte sie sich das neue Bild mit dem Stempel nicht vorstellen können. Mit diesem Ausweis ist Schwersenz ab jetzt kein Jude mehr. «Das Zimmer bei Frau Lange bekommen Sie, wann Sie wollen. Aber noch etwas: Bei Dr. Franz Kaufmann in Halensee wird auch ein Grafiker gesucht. Ich gebe Ihnen hier die genaue Adresse. Melden Sie sich dort. Es gibt viel zu tun.»

Ein Kranz getrockneter Pilze hängt an einer dünnen Schnur in unserer Speisekammer. Det steht mit umgebundener Schürze am Küchenherd und rührt mit dem Holzlöffel gleichmäßig in einer Kasserolle. Es gibt Pilzsuppe. Verfeinert mit kleingehackter Petersilie. Dets Suppen ließen sich bestimmt unter dem Applaus der Gäste im Hotel Adlon servieren. Neben dem Küchentisch haben wir mit mehr als dreißig Reißnägeln eine Deutschlandkarte befestigt. Sie bedeckt die ganze Wand. Wo ginge es über die Grenze? Nach Schweden? In die Schweiz? Die Auswahl ist klein. Und beim Träumen schmeckt die Suppe noch mal so gut. Besonders dann, wenn man müde von der Arbeit nach Hause kommt.

Eines Tages bringt Det einen Wildschweinbraten mit. «Wird zubereitet wie Suppenfleisch», hat die Marktfrau gesagt. Der Wildschweinduft erfüllt das ganze Treppenhaus. Aber als wir versuchen, das Fleisch zu tranchieren, versagen selbst unsere schärfsten Messer. «Hoffnungslos, zäh wie Anton», zischt Det. «Wir sollten uns ein Kochbuch kaufen.» «Ja», sage ich, «aber unser Geld ist knapp. Seit sie mir wegen der Ohrfeige meinen Wochenlohn gestrichen haben, herrscht Ebbe in unserer Kasse. Ich meine, wir sollten versuchen, hier alles zu Geld zu machen. Immerhin lagert in dieser Wohnung der Hausrat von drei Familien. Alle waren gut ausgestattet. Und wenn wir alles, was hier steht, verkaufen, übernimmt unser ehemaliger Kutscher bestimmt die Auslieferung. Der ist jetzt Fuhrunternehmer. Det, alter Junge, und wenn wir so zu Geld kommen, wird alles brüderlich geteilt.»

Det guckt nachdenklich. «An den Gedanken, alles zu verkümmeln, muss ich mich erst noch gewöhnen. So einfach ist das nicht. Ob meine Marktfrauen alles kaufen? Was sagen die Mieter hier im Haus? Oder die Portiersfrau. Die ist ja gleichzeitig auch noch Blockwartin. Und macht der Herbert Richard wirklich mit?» «Det, auch ich muss mich an den Gedanken erst noch gewöhnen. Aber ich bin dafür, eins nach dem anderen anzupacken. Zuerst probieren wir doch, ob sich die Siegel der Gestapo lösen und nachher wieder ankleben lassen. Siehst du, mit einem Schwamm und warmem Wasser funktioniert das tadellos.» Det lacht. «Die Gestapo wird enttäuscht sein, wenn sie eine leere Wohnung vorfindet. Na, und ich werde mal in der Markthalle sondieren, ob sich unsere Idee durchführen lässt.»

Bei Gustav Genschow erscheint eines Morgens ein Neuer. Während er sich mit Friedrich Görner vorstellt, schlägt er die Hacken zusammen, dass es nur so knallt. Heinrich Heine hat diesen Typ vor hundertfünfzig Jahren beschrieben: «Sie laufen noch immer so steif herum, so kerzengerade geschniegelt, als hätten sie verschluckt den Stock, womit man sie einst geprügelt.» Ein solcher Typ ist Friedrich Israel Görner. Er ist gelernter Schlosser. Feilen kann er viel besser als ich. Nur eines kann er nicht: Er kann nicht begreifen, dass er ein Jude sein soll.

Erst jetzt bemerke ich den Stern an seiner Jacke. Friedrich Görner ist schweigsam und arbeitet systematisch. Nur von Zeit zu Zeit zuckt seine Schulter. Bei der Nachtschicht erzählt er mir seine Geschichte. Und während er spricht, blinzelt er ununterbrochen. Den Frankreichfeldzug hat er als deutscher Unteroffizier mitgemacht. Dabei wurde er mit dem Eisernen Kreuz Erster Klasse ausgezeichnet. Er sollte zum Tapferkeitsoffizier befördert werden, weil er so mutig war.

Er musste nur, «eine reine Formsache», wie sein Oberst meinte, seinen Ariernachweis erbringen. Und da schlug das Schicksal zu. In den alten Kirchenbüchern wurde festgestellt, dass sowohl Friedrich Görner als auch seine Frau jüdische Großeltern hatten und sie somit als somit als «Mischlinge 1. Grades»[22] galten. Friedrich Görner musste seine Uniform abgeben. «Es ist verdammt schwer», sagt er, «wenn man morgens aufwacht und denkt, alles ist nur ein böser Traum – und dann ist doch alles wahr.» Ein deutscher Arbeiter bringt ihm eine Tüte mit Äpfeln für sein Töchterchen.

Herr Kalkreuter, ein anderer deutscher Arbeiter bemerkt: «Jetzt wirst du auch noch sentimental und hilfst dem Juden. Die haben ihr Schicksal doch verdient. Die haben den Krieg angezettelt. Seit sie unseren Heiland ans Kreuz genagelt haben, lastet die Erbsünde auf ihnen. Du siehst doch jedem Juden den Juden an. Auch dem Görner. Wie der immer blinzelt und zuckt: typisch jüdisch. Das ist sein schlechtes Gewissen. Ich erkenne jeden Juden sofort am Gang. Auch von hinten. Dass die beim Militär so lange gebraucht haben, um zu merken, dass der ein Jude ist, finde ich auch seltsam. Und du, du schenkst dem Juden auch noch Äpfel für sein Kind. Dir ist ja nicht mehr zu helfen. Pass auf, dass sie dich nicht eines Tages abholen.» Görner feilt an seinem Arbeitsplatz und tut so, als höre er nicht, was hinter ihm gesprochen wird.

Det kommt mit einer Speckschwarte und einem Paket Sauerkraut aus der Markthalle zurück. «Cioma, unsere Idee ist auf fruchtbaren Boden gefallen. Die Frauen dort sind scharf auf das, was wir anzubieten haben. Geld haben sie alle. Und Sachwerte sind unerschwinglich. Komm, wir stellen eine Liste zusammen. Wir haben Dinge, die man für kein Geld der Welt mehr kaufen kann: Bettwäsche, Tischwäsche, Silberbesteck, Schmuck von der Omama Alte, Geschirr, Töpfe, Pfannen, Bügeleisen, Regenschirme, Teppiche, Schränke, Betten, Matratzen, Daunensteppdecken, Überseekoffer, kleinere Koffer, Pelzmäntel, die sie nicht abgeliefert haben. Die versenkbare Singer-Nähmaschine von deiner Mutter. Ich stelle eine Liste zusammen und gehe damit auf die Jagd!»

«Det, aber eines Tages kommen sie und wollen die versiegelten Zimmer ausräumen.» «Dann sagen wir, irgendeine Behörde hätte schon alles abgeholt.» «Hoffentlich glauben sie uns.» «So oder so müssen wir dann blitzartig verschwinden. Und fürs Verschwinden zeichnet sich ja eine Möglichkeit ab: Das Zimmer bei Frau Lange in der Taunusstraße. Edith Wolff hat es dir ja versprochen.» «Det, ich habe mir das Zimmer angesehen. Weißt du, Zimmer ist übertrieben. Es ist eine Mädchenkammer. So etwas war früher üblich für Dienstmädchen. Neben dem Bett hat nicht einmal ein Schrank Platz.»

«Cioma, ich kenne ein Mode-Atelier in der Fasanenstraße. Die Besitzerin, Frau Zukale, gibt mir immer wieder mal Aufträge. Ich bin sicher, diese Frau ist in Ordnung. Wenn wir ihr den großen Kleiderschrank von der Omama Alte reinstellen und ihr versprechen, sie dürfe ihn behalten, wenn es uns nicht mehr gibt, macht sie bestimmt mit. Und vorläufig können wir dort unsere Kleider und unsere Wäsche deponieren. Ich habe ihr diesen Gedanken schon angedeutet und sie hat zustimmend genickt.» «Du bist ein Teufelskerl! Und wenn wir Geld haben und bezahlen können, macht sie uns sicher auch Reparaturen, wenn was geflickt werden muss. Zudem lässt sie uns auch unsere Hemden waschen.»

Während wir unsere Strategie am Küchentisch besprechen,

Das Bild von Herrn Lehmann. Ich habe
es für mein Album reproduzieren lassen,
um es Herrn von Weizsäcker vorzulegen.

klingelt es. Wer kann das sein? Wenn es die Gestapo ist, geht unser schöner Plan jetzt schon in die Binsen. Schnell klebe ich die Siegel wieder an die Zimmertüren. Draußen wartet Herr Lehmann. In der Küche packt er seinen Rucksack aus: Mettwurst, Schweizer Käse und Bohnenkaffee. Wir weihen ihn in unsere Pläne ein. Er wird unser erster Kunde. Die Esszimmerlampe will er gleich mitnehmen und bar bezahlen. Er entdeckt das Ölbild der Omama Alte. «Haben Sie das gemalt? Ja? So ein Bild von mir will ich auch!» Und er legt mir drei Hundertmarkscheine auf den Tisch. «Eine Anzahlung.» Er will, dass ich ihn porträtiere.

«Aber Herr Lehmann, das dauert ein paar Stunden. Und hier kann jederzeit die Gestapo kommen.» «Gut, Herr Schönhaus, dann fangen wir gleich an.» Er setzt sich auf einen Sessel. «Zeit habe ich mitgebracht und vor der Gestapo habe ich alter Mann sowieso keine Angst.» «Herr Lehmann, eigentlich muss ich jetzt ins Bett und schlafen. Ich habe Nachtschicht und muss von sechs Uhr abends bis sechs Uhr morgens an die Arbeit.» «Schönhaus, Sie sind jung. Und Ihr Freund soll einen starken Kaffee kochen. Fangen Sie an! Morgen Nachmittag komme ich wieder. Und so machen wir das, bis das Bild fertig ist.»

Illusionen

An meiner Werkbank steht wieder ein neuer Kollege: Manfred Hochhäuser. Er ist groß, läuft immer etwas gebückt und trägt keinen blauen Arbeitsanzug wie alle anderen, sondern eine hellbraune Jacke. Auf diesem Hintergrund fällt der Stern weniger auf. Sein Deutsch ist gepflegt. Man merkt ihm die gute Erziehung an. Görner erzählt ihm seine Geschichte. Manfred hört aufmerksam zu und äußert etwas von oben herab: «Mal sehen, vielleicht kann ich Ihnen helfen. Ich habe da ziemlich gute Beziehungen.»

Görner und ich wollen mehr wissen und bohren immer mal wieder. Aber Manfred Hochhäuser ist sehr zurückhaltend. Nur Bruchstücke sickern langsam durch. Angeblich wohnten seine Eltern, ein Arztehepaar, mit ihm in einer Villa an der Heerstraße. Ihr Nachbar war der Freiherr Ernst von Weizsäcker[23], Staatssekretär im Außenministerium von Ribbentrop. Als Kind habe Manfred viel mit den Weizsäcker-Kindern gespielt, denn die Gärten lagen direkt nebeneinander. Mit der Tochter, erzählt er, ist er seit damals eng befreundet. Eigentlich waren sie einander versprochen und wollten später heiraten. Aber die «Rassengesetze» standen dem im Wege.

In den Nachtschichten, wenn Meister Ackermann im Dunkeln mit geschlossenen Augen hinter der glasverschalten Ecke seines Büros sitzt und so tut, als ob er uns kontrolliere, in dieser Stille gibt Manfred Hochhäuser nach und nach sein Geheimnis preis.

«Lange bleibe ich nicht mehr hier unter euch. Ich werde ‹arisiert›. Der Freiherr von Weizsäcker hat bereits alles eingeleitet. Wenn sogar Generalfeldmarschall Erhard Milch, ursprünglich selber Jude[24], heute einer der führenden Männer der Luftwaffe sein kann, weil der Reichsmarschall Hermann Göring gesagt hat, ‹wer Jude ist, das bestimme ich›, dann kann der von Weizsäcker auch durchsetzen, dass ich kein Jude zu sein brauche und arisiert werde. Gut, dann muss ich zwar Soldat werden, aber das ist mir egal. Das werde ich sogar gerne. Der von Weizsäcker hat mir übrigens neulich gesagt, wenn das mit der Arisierung erledigt sei, werde er mich als Fahnenjunker einteilen lassen. Dann werde ich bald Offizier. Wichtig für mich ist nur, dass ich mich mit Gudrun von Weizsäcker offiziell verloben kann.» Und dann zeigt er mir das Foto von einem blonden Mädchen. «Das ist sie. Lies mal, was auf der Rückseite steht.» Dort steht: «Für meinen Manfred».

Einmal verrät er mir: «Wenn wir Tagesschicht haben, werde ich abends vom Chauffeur der Weizsäckers mit dem schwarzen Mercedes zum Nachtessen abgeholt. Es sind oft prominente Gäste dort. Gestern war Hans Albers mit Karin Hardt[25] da. Und der Albers erzählte den neuesten politischen Witz: ‹Da verlangt doch eine Frau im Fischgeschäft einen Adolf-Hitler-Hering. Der Besitzer schüttelt den Kopf und fragt noch einmal, was die Kundin wolle. Einen Adolf-Hitler-Hering haben wir nicht. Darauf die Frau: Aber einen Bismarck-Hering haben Sie doch bestimmt? Ja! Na, also. Dann nehmen Sie dem Bismarck-Hering das Gehirn raus und reißen ihm die Schnauze auf und schon haben Sie einen Adolf-Hitler-Hering.› Alles brüllt vor Gelächter. Und überhaupt: Ich bin dort wie zu Hause.»

Friedrich Görner blüht auf. Die Möglichkeit, arisiert zu werden, öffnet ihm den Vorhang vor seinem verdunkelten Leben. Manfred Hochhäuser bekommt eine Aura, die ihn wie einen Heiligen erscheinen lässt.

«Wenn ihr mal in Verlegenheit seid, kann ich euch auf manche

Art helfen. Du, Schönhaus, kämpfst doch immer gegen das Zuspätkommen. Ich habe da von meinen Eltern noch zwei Medikamente: Eines erzeugt Fieber, so dass dich jeder Arzt sofort krank schreiben muss. Und dann habe ich ein Gegenmittel, mit dem das Fieber wieder weggeht. Überhaupt, ich habe noch viele Medikamente aus der Praxis meiner Eltern. Wenn mal Not am Mann ist – sagt es mir nur! Die Pillen könnt ihr jederzeit von mir bekommen.» «Ja, Manfred, und wo wohnst du jetzt?» Zuerst will er nicht mit der Sprache herausrücken. Dann kommt es zögernd: «In der Pestalozzistraße 88, bei meiner Großmutter. Aber eben nur vorübergehend. Bis das mit der Arisierung geklappt hat. Als meine Eltern evakuiert wurden, war der von Weizsäcker auf einer Dienstreise. Sonst hätte er das verhindert. Ich war damals im Krankenhaus. Darum bin ich übrig geblieben. Aber jetzt will er sich wenigstens meiner annehmen, und er will auch meine Eltern wieder aus Polen zurückholen.»

Das mit der Arisierung imponiert mir. Und ich frage ihn, ob sich Ernst von Weizsäcker vielleicht auch für mich einsetzen könnte. «Das kann ich dir nicht versprechen. Aber du bist doch ein guter Grafiker. Ich nehme dich mal dorthin mit zum Abendessen und dann zeigst du ihm etwas von deinen Arbeiten. Vielleicht meint er, du bist einer, den es lohnt, zu retten. Wenn du willst, warte am nächsten Montag um sieben Uhr am Bahnhof Savignyplatz unter der Normaluhr. Ich komme dann mit dem Chauffeur im schwarzen Mercedes und wir holen dich ab.»

Um die fotografischen Reproduktionen meiner grafischen Arbeiten repräsentativ vorlegen zu können, muss ich mir dringend ein schönes Album machen lassen. Ich gehe in eine führende Buchbinderei am Kurfürstendamm und bestelle ein Album mit Pergamenteinband. «In 14 Tagen können Sie es haben.» «Um Gottes Willen. Ich muss es nächsten Montagabend dem Herrn von Weizsäcker vorlegen!» Als die Buchbinderin den Namen von Weizsäcker hört, hellt sich ihr Gesicht auf. «In diesem Fall können Sie das Album schon am Freitagabend holen.»

Im Traum läuten Glocken in meinen Ohren. «Heute ist der letzte Tag, an dem du noch Jude bist. Morgen öffnet dir der Freiherr von Weizsäcker das Tor zu einem freien Leben. Ohne Stern. Du wirst ein Deutscher sein, wie alle anderen links und rechts neben dir.»

Ich reibe mir die Augen. Es ist acht Uhr dreißig. Der Wecker hat ausgeklingelt, und ich habe nichts gehört. Macht nichts. Heute Abend bin ich zwar bestimmt noch nicht arisiert, aber ich bekomme von Manfred Hochhäuser sicher die Fieberpillen. Dann muss mich jeder Arzt krankschreiben. Und so spaziere ich gemütlich zum Fotogeschäft, das mir die Reproduktionen der Ölbilder von Omama Alte und von Herrn Lehmann für heute versprochen hat. Diese Zeichnungen gehören in mein Album. Der von Weizsäcker soll sagen: «Donnerwetter, dieser Bursche ist so begabt, den will ich retten.»

Ich laufe zum S-Bahnhof Savignyplatz. Unter der Normaluhr steht eine Bank. Aber jetzt gehe ich lieber auf und ab. Die Weizsäcker-Villa liegt also an der Heerstraße, wie Hochhäuser erzählt hat. Wer von dort kommt, muss an der Bismarckstraße rechts in die Grolmanstraße abbiegen. Von dort oben muss er also kommen. Und da kommt er auch schon. Er fährt langsam, aber er fährt an mir vorbei in Richtung Kurfürstendamm. Der schwarze Mercedes.

Dann kommt ein Lieferwagen mit Holzvergaser. Ihm folgt ein offener weißer Sportwagen. Darin ein Leutnant und neben ihm ein blondes Mädchen mit flatternden Haaren. Sicher ein preußischer Prinz und sicher heißt sie Dorothee. Aber der schwarze Mercedes ist immer noch nicht da.

Es ist fast halb acht. Ich friere. Dabei ist es gar nicht kalt. Hat sich der Freiherr die Sache etwa anders überlegt? Ich gehe zur Pestalozzistraße 88. «Dort wohne ich bei meiner Großmutter», hat er gesagt. «Hochhäuser» steht neben der Glocke. Darüber klebt der ganz normale Judenstern; schwarz auf weißem Papier, statt auf gelbem Stoff. So, wie er jetzt neben allen jüdischen

Wohnungstüren klebt[26]. Ich klingle. Eine weißhaarige Frau macht auf. «Ist Manfred da?» Zögernd antwortet sie: «Ja. Warum?» Und nach einer Pause: «Was hat er Ihnen erzählt?» Mein Mund wird trocken. «War sein Vater Arzt? War seine Mutter Ärztin?» «Nein, warum?» Und dann kommt Manfred. Er steht da wie ein begossener Pudel. Sein Kopf hängt tief zwischen den Schultern und der Haarschopf verdeckt das Gesicht.

Mir kalter Stimme kommt es aus mir heraus: «Sag mal, hast du die Medikamente für Fieber und gegen Fieber?» Keine Antwort. Soll ich ihn jetzt … Nein! Er sieht so Mitleid erregend aus. Soll ich ihm nicht besser die Hand geben und sagen: «Du bist ein Opfer der Verbrecher, die dich zum krankhaft genialen Lügner gemacht haben, der du geworden bist.»

Doch unter mir öffnet sich der Boden. Wie die Klappe bei einem, der zum Tod am Galgen verurteilt wurde. Ich falle ins Leere. Dann steige ich langsam die Treppe runter. Auf der Straße weht ein kühler Wind. «Was tun?», lautete der Titel einer Broschüre Lenins, als die Bolschewiken eine Antwort auf eine scheinbar ausweglose Situation suchten.

Die Blinddarmoperation

Ich brauche das Attest von einem Arzt. Von einem, der mich krank schreibt. Sonst habe ich unentschuldigt bei Gustav Genschow gefehlt. Und das wäre dann ein Fall für Herrn Rensing, den Beamten der Geheimen Staatspolizei.

Ein Arzt. Wer kennt einen Arzt? Die Mutter der hübschen Eva aus der Handelsschule! Sie arbeitet als Krankenschwester und wohnt in der Bleibtreustraße. Das ist nur zehn Minuten von hier entfernt. Also los.

«Frau Goldschmidt, Gott sei Dank, sind Sie zu Hause. Ich brauche das Attest eines Arztes, der mir bescheinigt, dass ich heute krank bin und deshalb nicht zur Arbeit konnte.» «Nun mal langsam, junger Mann. Das kriegen wir schon hin. Ich arbeite ja bei einem Arzt. Und mit dem kann man reden. Aber zuerst mal überlegen, wie wir die Sache anpacken. Haben Sie noch Ihren Blinddarm?» «Ja». «Also, immerhin das ist ja schon was. Jetzt gibt es folgende Möglichkeit. Warten Sie mal. Ich telefoniere mit meinem Chef.» Schon spricht sie in den Hörer: «Entschuldigung, Herr Doktor, es ist ein Notfall. Vermutlich eine Blinddarmentzündung. Ich meine auch, da darf man keine Zeit verlieren. Wir kommen sofort in die Praxis.»

Bevor wir losgehen, gibt sie mir die Instruktionen: «So, mein lieber Schönhaus. Wir spielen Blinddarmentzündung. Und ich erkläre Ihnen jetzt die Symptome, damit wir den Doktor überzeugen können. Zeigen Sie mir mal Ihren Bauch. Hier, in der Mitte, zwischen dem Bauchnabel und der rechten Leiste, liegt der Blinddarm. Wenn ich jetzt da drücke, tut es nicht weh. Aber wenn ich meine Hand wegschnellen lasse, dann müssen Sie ‹Au!› schreien. Dieser Schmerz ist dann typisch für einen gereizten Blinddarm. Ebenso tut es Ihnen weh beim Wasserlassen. Merken Sie sich das. Nun wissen Sie Bescheid. Gehen wir.»

In der Praxis angekommen, muss ich mich sofort auf die Untersuchungsliege legen. Der Arzt drückt genau an der richtigen Stelle. Sobald er die Hand wegnimmt, schreie ich mein «Au!». «Kompliment Schwester. Sie haben richtig diagnostiziert. Ich bestelle gleich ein Bett im Krankenhaus. Der Blinddarm muss sofort raus. Und Sie, junger Mann, drehen Sie sich mal auf den Bauch. Dann bekommen Sie eine Spritze gegen die Schmerzen. Also, Herr Schönhaus, morgen früh um neun. Schwester Thesi weiß Bescheid und begleitet Sie.»

Auf der Straße gibt sie mir den Arm. «Kommen Sie. Sie spüren gleich die Spritze und so fahren Sie unter keinen Umständen nach Hause. Zudem ist die Sperrstunde für Juden auch schon überschritten. Nein, ich nehme Sie mit zu mir und mache Ihnen ein Bett.» «Ich lasse alles mit mir machen. Nur unters Messer, das will ich nicht.» «Haben Sie keine Angst. Auch dafür finden wir eine Lösung. Morgen früh gehen Sie zu meinem Doktor und sagen ihm, es tue überhaupt nicht mehr weh und Sie wollen sich nicht operieren lassen. Bitten Sie nur um eine Bestätigung, dass eine starke Blinddarmreizung vorlag und obwohl eine Operation eigentlich nötig wäre, würden Sie den Eingriff auf eigene Verantwortung ablehnen.»

In ihrem Schlafzimmer legt Frau Goldschmidt eine Matratze auf den Fußboden. Ich ziehe mich aus und decke mich zu. Die Enttäuschung über die zerstörte Hoffnung auf den Freiherrn von Weizsäcker liegt wie ein Stein auf meiner Brust. Die Mappe mit dem in Pergament gebundenen Album liegt neben mir auf dem Teppich. Ich bin schon fast eingeschlafen, als ich ihre heisere Stimme höre: «Ist Ihnen nicht kalt da unten auf dem Fußboden?» Jetzt geht mir ein Licht auf. Und ich bin sofort hellwach. Sie ist eine mütterliche Frau. Neben ihr komme ich mir wie ein kleiner Junge vor. Ich bin mir schon immer gern wie ein kleiner Junge vorgekommen. Ich habe überhaupt keine Angst. Dafür weiß sie, wie es geht. Nachher schlafe ich traumlos ein.

Ich komme mir wie ein Prinz vor, als sie mir morgens ein Tablett mit Tee, Butter und frischen Brötchen aufs Deckbett stellt. Ich fühle mich stark. Selbstbewusst sage ich später dem Arzt: «Ich lasse mich doch nicht operieren, wenn es überhaupt nicht mehr weh tut.» Und genauso selbstsicher gehe ich zum Vertrauensarzt von Gustav Genschow und lege ihm die ärztliche Bescheinigung vor: «Wegen einer akuten Blinddarmreizung mußte Cioma Israel Schönhaus gestern der Arbeit fernbleiben.» Der Vertrauensarzt bemerkt: «Na, Blinddarmreizung?» Er schüttelt unmerklich seinen Kopf. «Zeigen Sie mal Ihre Zunge. Tatsächlich. Sie ist belegt.» Er lächelt und unterschreibt. «Sie sind entschuldigt.»

In der Münzstraße 11 hat sich Det schon das Schlimmste vorgestellt. Anders konnte er sich nicht erklären, warum ich eine ganze Nacht lang weggeblieben bin. Als ich ihm erzähle, was vorgefallen ist, kann er nicht ruhig sitzen bleiben. Er staunt, kratzt sich am Kopf, nagt an seinen Fingernägeln und zu guter Letzt muss er lachen.

Ich bin plötzlich todmüde und gehe zu Bett. Ich muss vorschlafen, denn abends um sechs beginnt meine Schicht. Einmal Fehlen reicht. Aber, anstatt mich auszuruhen, schleppe ich mich zur Elberfelder Straße, an der Heilandskirche vorbei, die Putlitzer Straße entlang, bis zum Güterbahnhof. Es ist ein Elendszug mit mehr als siebenhundert Juden, der sich die Straße entlang wälzt. Auf dem Bahnhof Putlitzer Straße wartet ein Güterzug. Vor den offenen Türen stehen behelfsmäßige Treppenstufen. Alles steigt ein. Langsam. Niemand schimpft. Niemand schreit. Nur vorne, hinter der schnaufenden Lokomotive, diskutiert ein Jude mit einem SS-Arzt. «Hören Sie. Ich war Weltkriegsoffizier. Ich weiß, wie Soldaten in Güterwagen transportiert werden. Das, was hier geschieht, können Sie doch nicht machen.» Der SS-Arzt lässt sich nicht aus der Ruhe bringen. «Mein Lieber, ich kann noch ganz andere Sachen machen.» Er zieht die Pistole. Zielt auf den Kopf des Weltkriegsoffiziers. Ein Schuss fällt. Der Kopf des Mannes knallt aufs Pflaster wie ein Tontopf. Nach dem Schuss steigen alle schneller ein. Dann ertönt eine Trillerpfeife. Endlos und ohne aufzuhören.

… bis ich merke, dass es mein Wecker ist, der auf den beiden Suppentellern steht. Ich ziehe mich schnell an. Aus der Küche höre ich Det. Er hat Inventur gemacht und diskutiert. Am Küchentisch sitzt die schöne Nachbarin und schreibt. Sie erstellt die Liste der Gegenstände, die wir verkaufen wollen. Alles, was sie selber gebrauchen kann, bekommt sie kostenlos. Viel mehr, als nur den Schreibtisch des Cousins. Unser Auszug ist also wenigstens hausintern so gut wie möglich gesichert.

Dr. Franz Kaufmann

Im Treptower Park läuft Heyman neben mir her und greift sich an den Stern. «Schönhaus, dass man Ihnen den Schwindel mit der Blinddarmoperation geglaubt hat, grenzt ja auch an ein Wunder.» «Warum, Herr Heyman? Der Meister Schwarz hat mir ja gar nicht geglaubt. Als ich ihm das Attest zeigte, sagte er nur: ‹Das ist für mich erst dann gültig, wenn es unser Vertrauensarzt beglaubigt hat.› Und der hat es beglaubigt.»

«Sehen Sie, Schönhaus, also doch ein Wunder. Dafür ist das, was Sie mir von Hochhäuser erzählt haben, eher das Gegenteil. Eine Chimäre. Ich würde dem armen Görner nichts davon erzählen. Solange er an die Möglichkeit einer Arisierung glaubt, erlebt er wenigstens noch ein paar glückliche Tage. Wissen Sie, Schönhaus, man soll die Möglichkeit eines Wunders nie ausschließen, aber man darf nicht damit rechnen. Noch besser ist es, sich selbst zu helfen. Und Sie haben ja darüber hinaus noch das Glück, anderen helfen zu können. Sie haben Heinz Schwersenz mit einem perfekten Ausweis ausgestattet. Edith Wolff ist begeistert und meint, Sie sollten mit Ihrem Talent noch andere Juden retten. Bei Dr. Kaufmann[27] haben Sie die Gelegenheit dazu.»

«Was wissen Sie über Dr. Kaufmann?» «Dr. Franz Kaufmann ist ein außergewöhnlicher Mensch. Als Oberregierungsrat am Rechnungshof des Deutschen Reichs war er im Ersten Weltkrieg Hauptmann. Er ist jüdischer Abstammung, wurde aber schon als Kind getauft. Er ist mit einer deutschen Adligen verheiratet. Als aktiver Christ in der Bekennenden Kirche[28] hilft er, Juden zu verstecken, die deportiert werden sollen. Weil er mit einer ‹Arierin› verheiratet ist und sein Töchterchen christlich erzogen wird, gilt er als privilegiert. Er muss keinen Stern tragen, bekommt Lebensmittelkarten ohne ‹J›. Er darf also faktisch das normale Leben eines Deutschen führen. Trotzdem setzt er sich der enormen Gefahr aus, die denen droht, die Juden helfen. Er führt den Kampf für die Verfolgten und Entrechteten mit dem

Heldenmut eines Offiziers. Vorsicht ist für ihn eine Form der Feigheit. ‹Wenn man einen gegnerischen Schützengraben erobern will, kann man auch nicht vorsichtig sein. Dann muss man den Mut haben, der Gefahr ins Auge zu sehen.› So argumentiert er.

Gehen Sie zu ihm. Machen Sie mit. Aber versuchen Sie, ihm klarzumachen, dass Konspiration ein ebenso wichtiges Kampfmittel ist wie Heldenmut. Sonst ist Ihnen als Passfälscher ein kurzes Leben beschieden. Denken Sie daran: Jeder, den die Polizei mit einem Ausweis verhaftet, den Sie gefälscht haben, wird gefragt, woher er den Ausweis hat, wer das Bild ausgewechselt und den Stempel nachgemacht hat. Und es gibt nur wenige, die schweigen können, wenn man ihnen die Finger zwischen den Türspalt klemmt und die Türe zuschlägt. Es sei denn, sie wissen nichts. Dann können sie auch nichts verraten. Darum darf niemand Ihren Namen und Ihre Adresse kennen. Das gleiche gilt auch für Dr. Kaufmann. Er ist immer noch ein korrekter deutscher Beamter, dem alles Illegale zuwider ist. Er ist immer noch in bestem Sinne deutsch. Trotz seiner illegalen Tätigkeit ist er moralisch absolut integer. Als einer seiner Mitarbeiter bekämen Sie, beispielsweise, monatlich nur einen Satz gestohlener Lebensmittelkarten. Gott gnade Ihnen, Sie verlangten mehr. Sie hätten es schnell mit ihm verdorben. Wenn Hitler die deutschen Juden nicht verfolgen und ausrotten würde, wären viele der national gesinnten Juden treue Bundesgenossen. Und er ist im Begriff, seine eigene Niederlage mit paranoider Konsequenz selbst herbeizuführen. Wir müssen nur schauen, dass er uns nicht mitreißt in seinen Untergang.» Diese Ausführungen Heymans stimmen mich nachdenklich.

Sonntagnachmittag drei Uhr. Im Treppenhaus von Frau Goldschmidt riecht es nach Parfum, Kaffee und Bohnerwachs. Ich bin zum Kaffee eingeladen. Sie weiß nicht so recht, wie sie sich verhalten soll. «Sage einfach Schwester Thesi zu mir.» Dann bittet sie mich in ihre Wohnung und legt ihren Arm um meine Schulter.

Es sind noch zwei Freundinnen da: Tatjana Kober. Eine schwarzhaarige, temperamentvolle Russin. Sie arbeitete während des Ersten Weltkriegs als Krankenschwester in einem Lazarett, das unter dem Patronat der Zarentochter Olga stand. Und Marie von Bredow. Eine Dame. Sie ist dienstverpflichtete Sekretärin in der Militärverwaltung in Warschau. Vorher arbeitete sie in der Adjudantur des Generals Johannes Blaskowitz[29], aber nachdem er sich in einer Denkschrift darüber beklagte, die Behandlung der Juden gefährde die Manneszucht seiner Truppe, wurde er zur Strafe in die Niederlande versetzt.

Marie von Bredow ist auf Urlaub in Berlin. Sie hat echten Bohnenkaffee und polnischen Mohnstrudel mitgebracht. Wir sitzen zu viert an einem runden Salontisch. Der Kaffee duftet friedensmäßig. Der Zuckerguss des Mohnstrudels blättert auf den dunkelblauen Teppich. Frau von Bredow erzählt mit vollem Mund. «Also, Kinder, was die in Polen mit den Juden machen. Ich darf ja nicht darüber sprechen, aber eins sag ich euch: Passt ja auf, dass ihr da nicht hinkommt.» «Wir passen schon auf. So gut es geht. Hier, unser junger Freund, er ist im Begriff, sich in Berlin zu verstecken. Seine Eltern sind evakuiert. Vorläufig wohnt er noch mit einem Freund in der elterlichen Wohnung. Sie sind gerade dabei, den Haushalt aufzulösen, damit sie zu Geld kommen.» «Lasst euch bloß nicht erwischen. Habt ihr wenigstens ordentliche Papiere?» «Ja, ich bin Grafiker und kann mir selber helfen.» «Sie heißen Cioma?», fragt Tatjana. «Das ist ein russischer Name.» «Ja, meine Eltern stammen aus Weißrussland, aus Minsk.» «Dann sind wir ja Landsleute. Sie sagten, dass Sie den elterlichen Haushalt auflösen? Ich suche ein elektrisches Bügeleisen. Haben Sie eines zu verkaufen? Ja? Dann kommen Sie doch mal bei mir vorbei. Hier ist meine Karte.»

Der Besuch ist gegangen. Ich trage das Geschirr in die Küche. Dort steht ein Herr und kocht Teewasser. Er sieht aus, wie ein Verwaltungspräsident oder so, als wäre das Teekochen bis jetzt immer Sache seines Dienstpersonals gewesen.

Später erklärt mir Thesi: «Das war Dr. Meier. Ein steinreicher Mühlenbesitzer. Er hat in Ostpreußen so viele Güter, dass er sicher ist, die Enteignung der Güter dauere länger als der Krieg, den die Nazis am Ende sicher verlieren werden. Es sind gebildete und kultivierte Leute. Ich habe von dir erzählt und auch, dass du Grafiker bist. Du sollst nachher zu ihm kommen. Er hat einen Auftrag für dich.» Dr. Meier braucht eine spezielle Bescheinigung von einem Kreisleiter der NSDAP. Das Schreiben konnte er selber aufsetzen. Nur der amtliche Stempel fehlt.

In der Münzstraße 11 rührt Det in einer Erbsensuppe mit Speck. Ich sitze daneben am Küchentisch und zeichne unter einer Lupe den Stempel mit dem Hoheitsadler. Zuerst richtig herum, dann spiegelverkehrt. Zum Schluss mit Spucke die Rückseite des Zeitungspapiers nass machen und abdrucken. Der Stempel ist perfekt und muss nur ein wenig verstärkt werden. Aber das ist keine Kunst. Det blickt mir über die Schulter und sagt nur: «Doch, doch.»

«Sagen Sie einfach, ich heiße Rogoff»

Als ich die Bescheinigung mit dem Stempel bringe, ruft Dr. Meier seine Frau. «Sieh dir das mal an. Hättest du so etwas für möglich gehalten?» Während Frau Meier mein Werk in den Händen hält und es mit einem Lorgnon betrachtet, klingelt es.

«Herr Schönhaus, ich bekomme Besuch von einem alten Russen. Wie soll ich Sie vorstellen?» «Sagen Sie einfach, ich heiße Rogoff.» Der Besucher ist ein ziemlich alter Jahrgang. Dr. Meier macht die Tür hinter ihm zu. «Darf ich vorstellen: Herr Rogoff.» Der Alte sieht mich an: «Rogoff? Sagten Sie Rogoff? Stammen Sie aus Russland?» «Ja.» «Aus Minsk?» «Ja. Eigentlich heißen wir Rogowin. Aber mein Großvater nannte sich Rogoff.» «Unglaublich! Wissen Sie, dass ich Ihren Großvater kannte?»

Herrn Dr. Meier fallen fast die Brillengläser aus der Fassung. Er glaubt, ich hätte mir den Namen Rogoff einfach so schnell ausgedacht. Und dann entsteht eine angeregte Unterhaltung über den Holzhandel meines Großvaters. Mein wirklicher Großvater hatte mir das Spiel mit der Namensänderung seines Holzhändlers früher einmal erzählt. Einst hatte er in Minsk einen eigenen Wald mit einer eigenen Eisenbahn. Und der Holzhändler Rogoff war sein Geschäftspartner. Ursprünglich hieß er Rogowin.

Nachher, als der Alte gegangen ist, fragt mich Dr. Meier, was der Stempel kostet. Er bemerkt meine Verlegenheit. «Wissen Sie was, ich mache Sie mit einem Mann bekannt, der Ihnen sehr nützlich sein wird. Diese Bekanntschaft wird Ihnen mehr bringen, als ich Ihnen zahlen könnte. Kommen Sie am nächsten Sonntagnachmittag. Der Mann heißt Ludwig Lichtwitz. Ihr werdet einander hervorragend ergänzen.»

Ludwig Lichtwitz ist ein vierschrötiger Mann. Wenn er spricht, lächelt er, aber seine Worte verhaspeln sich gerne, weil er schneller denken als reden kann. Er kommt sofort zur Sache: «Hier zeige ich Ihnen etwas unglaublich Wertvolles. Das ist ein echter deutscher Wehrpass. Blanko, also unausgefüllt. Ich habe zwei. Wenn Sie mir einen mit allen Stempeln ausfüllen, bekommen Sie den anderen. Können Sie das machen?» Dr. Meier sieht uns beiden gespannt zu. «Machen kann ich das wahrscheinlich schon. Aber ich brauche eine Vorlage. Erfinden kann ich die Stempel nicht.» «Über jemanden, der uns seinen Wehrpass als Vorlage gibt, reden wir später. Zuerst will ich Ihnen erklären, welche Möglichkeiten wir haben. Ich bin mit dem Chauffeur der afghanischen Botschaft befreundet. Er hat von seinem Chef die Erlaubnis, Räumlichkeiten zu mieten, um dort Juden zu verstecken. In der Waldstraße habe ich im Auftrag der afghanischen Botschaft einen ehemaligen Gemüseladen gemietet. Wir haben die Schaufensterscheiben von innen weiß angemalt. Jetzt gilt der Raum als Werkstatt und Lagerraum für Elektromaterial, das in der Botschaft benötigt wird.»

«Herr Lichtwitz, wie kommen Sie auf Elektromaterial?» «Ja, mein Lieber, wir haben noch einen Dritten im Bunde: Werner Scharff[30]. Aber was der zu bieten hat, erzähle ich Ihnen das nächste Mal. Ich schlage vor, wir treffen uns übermorgen um zwölf Uhr in der Waldstraße 54. Geht das? Es gibt noch viel zu besprechen.»

Die Möbel der Wohnung in der Münzstraße 11 sind bis auf einen Küchentisch und zwei Matratzen verkauft. Det hat seine Marktfrauen mit ihren Freundinnen eingeladen. Und gemeinsam mit der schönen Nachbarin wird genau notiert, was wohin zu liefern ist. Am nächsten Tag hat der Fuhrunternehmer Herbert Richard mit seinem Schwager alles ausgeliefert. Und doch lebe ich immer noch legal in der alten Wohnung und gehe pünktlich zur Schicht zu Gustav Genschow.

Allerdings brauchen wir Lebensmittelkarten, wenn wir untertauchen wollen. Und die bekommen wir, wenn alles gut geht, nur von Dr. Kaufmann. Darum sitze ich jetzt in der Straßenbahn und fahre nach Halensee. Dort, in der Hobrechtstraße wohnt er. Ihn will ich jetzt besuchen.

Seine vornehme Villa steht in einem großen Garten mit alten Bäumen. Ich klingele. Eine große blonde Frau öffnet: «Schönhaus. Ich möchte bitte zu Dr. Kaufmann.» «Was wollen Sie?» «Ich komme auf Empfehlung von Edith Wolff.» «Mein Mann ist nicht zu Hause. Machen Sie, dass Sie fortkommen.» In diesem Augenblick steht Dr. Kaufmann hinter ihr. «Ich höre, Sie kommen von Ewo? Kommen Sie herein. Ich erwarte Sie», sagt er freundlich. Und jetzt tönt er ganz wie ein Oberregierungsrat. Und er sagt mit befehlsgewohnter Stimme: «Lass uns bitte allein.»

Er führt mich in sein altväterliches Herrenzimmer mit schweren Lederpolstersesseln. Es riecht nach kaltem Zigarrenrauch. Schweigend geht er an ein Bücherregal und holt ein Nähkörbchen mit verschiedenfarbigen Wollknäueln hervor. Darunter liegt eine Anzahl Kennkarten. Die offiziellen deutschen Personalausweise. «Wissen Sie, diese Ausweise sammeln wir in der

Kirche im Opferstock. Anstatt Geld. Die Leute gehen praktisch kein Risiko ein, denn der Verlust von Ausweispapieren ist nicht strafbar. Das kann jedem passieren. Sehen Sie, hier habe ich die Passbilder von Juden, denen das Schicksal bevorsteht, in den Osten deportiert zu werden. Mit einem solchen deutschen Ausweis sind sie bei der Kontrolle auf der Straße geschützt. Wenn Geschlecht, Alter und das Passbild dem Inhaber des Ausweises entsprechen, wird ihm auch bei der strengsten Razzia kein Haar gekrümmt. Schönhaus: Ich gebe Ihnen hier eine Kennkarte mit. Machen Sie mir ein Muster. Wenn es gut ist, bekommen Sie eine Menge Arbeit, denn die Not ist groß. Und sagen Sie mir noch, was verlangen Sie für einen Ausweis?» «Vorläufig nichts. Wir haben durch den Verkauf unserer Wohnungseinrichtungen genügend Geld. Aber Lebensmittelkarten brauchen wir. Ewo sagte mir, ich könne monatlich einen Satz bei Ihnen in Empfang nehmen.» «Das stimmt. Aber Sie sagen ‹wir›?» «Ja, ich gehe mit einem Freund gemeinsam in die Illegalität.» «Gut, dann bekommen Sie monatlich zwei Sätze. Und wann sehe ich den Ausweis mit dem neuen Bild wieder?» «Übermorgen um die gleiche Zeit.»

Ich fahre mit Det in die Taunusstraße, um ihm die Mädchenkammer zu zeigen. Das Haus ist riesig. Fünfstöckig und auf jeder Etage drei Wohnungen. Über den Hof geht es ins Hinterhaus. Das ist ebenso groß. Dort, im ersten Stock rechts, steht auf dem Glockenschild «Mathilde Lange». Frau Lange ist ein weißhaariges Mütterlein. Sehr deutsch. Als sie uns die Tür zur Mädchenkammer aufschließt und uns den Raum zeigt, bin ich froh, dass wir den großen Kleiderschrank der Omama Alte im Mode-Atelier der Frau Zukale deponiert haben. Die Kammer ist winzig.

Det ist Feuer und Flamme. Das Zimmer ist gut. Er beschließt, dass wir von Frau Zukale kein Geld für den Schrank verlangen, denn diese Ausweichmöglichkeit hier ist Gold wert. Jetzt gibt es keine Hinderungsgründe mehr. Die drei Haushalte sind aufgelöst. Wir haben das Geld brüderlich geteilt und wir haben eine illegale Bleibe. Die Lebensmittelkarten sind uns versprochen.

Det verlangt, ich solle jetzt die Brücken hinter mir abbrechen und nicht mehr zur Arbeit gehen. «Glaube mir, eines Tages werden auch bei Gustav Genschow alle Juden ohne Vorwarnung abgeholt und evakuiert werden. Dann ist es zu spät! Hast du mir nicht selbst erzählt, dass sie dort mehr und mehr Holländer und Franzosen anlernen? Was meinst du wohl, warum?»

Dennoch habe ich gute Gründe zu zögern. Auch für einen Juden ist es ein Unterschied, ob man legal und polizeilich gemeldet ist, offiziell in einer Wohnung mit einer Adresse wohnt, in der die Post ankommt – oder ob man unangemeldet, quasi vogelfrei, im gesetzlosen Raum auf sich selbst gestellt, das Leben nach eigenen Grundsätzen lebt. Die ordnungsgewohnte Bürgerlichkeit sitzt doch tiefer in den Knochen als es einem bewusst ist.

Hinzu kommt ein weiterer Grund für mein Zögern: Bei der Vorstellung, mit Det in einem Bett schlafen zu müssen, läuft es mir kalt den Rücken hinunter. Doch jetzt kommt uns der Zufall zu Hilfe. Ich verliere meinen Pass, den ich alle drei Monate auf dem Polizeirevier verlängern lassen muss. Ich hatte ihn vor kurzem schon einmal verloren. So kurz darauf noch einmal den Verlust anzumelden, würde bedeuten, Gott zu versuchen. Wir stöbern überall. Er bleibt unauffindbar. In keiner Tasche, in keiner Mappe, in keiner Schublade. Er ist einfach weg. Die Würfel sind gefallen – ich muss endgültig illegal in Berlin untertauchen.

Immer wenn ich in Not bin, suche ich die Nähe meines Vaters. Werner Schlesinger war mit ihm zusammen im Gefängnis. Mit ihm hat er sein letztes Brot geteilt. Werner Schlesinger symbolisiert für mich den Vater. Er wohnt noch legal in seiner Wohnung. Zu ihm gehe ich. Er öffnet die Tür und bittet, einen Augenblick im Korridor zu warten. Es vergehen keine fünf Minuten. Eine junge Frau läuft durch den Flur. Sie ist auffallend geschminkt und an ihrem Morgenrock zeichnet sich eine blendende Figur ab. Nonchalant fragt sie mich, ob ich ihr vielleicht mit einem Taschentuch aushelfen könne, sie habe schrecklichen Schnupfen. Ich gebe ihr mein Taschentuch und verspreche, ihr morgen ein gutes Mittel gegen den Schnupfen aus der Apotheke zu besorgen.

Werner Schlesinger kommt heraus. Sie ist verschwunden. «Eine tolle Frau wohnt hier bei Ihnen!» «Cioma, ich spreche zu Ihnen wie ein Vater: Lassen Sie die Finger von diesem Mädel. Sie ist zwar meine Cousine, aber charakterlich ist sie das Allerletzte. Sie ist erst zweiundzwanzig Jahre und lebt mit einem deutschen Feldwebel illegal zusammen. Ohne Papiere. Und doch sucht sie sich immer wieder neue Männerbekanntschaften, während ihr Lebenspartner an der Front ist. Die Sache wird kein gutes Ende nehmen.»

Neben mir feilt Friedrich Görner an seinem Werkstück. «Schönhaus», flüstert er und sieht sich um, ob auch niemand zuhört, «meine einzige Freude ist jetzt nur noch Ihr Trick mit dem Hammer. Ausschuss nach Belieben.» Und von Zeit zu Zeit zuckt seine linke Gesichtshälfte. Zwischendurch lacht er, spricht mit sich selbst und schüttelt seinen Kopf. «Ja, dort steht er. Dieser Manfred Hochhäuser. Er steht an der Werkbank und feilt, als wäre nichts gewesen. Dabei sollte man ihn totschlagen, dieses Lügenmaul. Aber das erledigen dann schon die anderen für uns. Alles erledigen die anderen für uns. Alles!»

Görner weiß nicht, dass ich heute das letzte Mal hier bin. Von Heyman nehme ich Abschied. «Herr Heyman, unsere gemeinsamen Wege durch den Treptower Park werden mir fehlen. Geben Sie mir doch bitte Ihre Adresse.» Dann erzähle ich ihm, was ich inzwischen alles vorbereitet habe. Auch von meinem gestrigen Besuch bei Werner Schlesinger und der Begegnung mit seiner verführerischen unmoralischen Cousine, vor der er mich gewarnt hat.

«Schönhaus, der Freund Ihres Vaters hat recht und doch nicht recht. Moral ist etwas für Leute in geordneten Verhältnissen. Dort, wo die Zukunft nicht mehr geplant werden kann, so wie heute bei uns, dort zählt nur der Augenblick. Natürlich gibt es auch Menschen, die selbst in der Hölle sittenstreng und gradlinig

108

ihren Weg gehen. Aber das sind Ausnahmen. Und ob man selbst zu diesen Ausnahmen zählt, weiß man erst hinterher. Was diesem jungen Mädchen bevorsteht, was uns allen bevorsteht, wissen wir nicht. Der Sinn des Lebens ist leben. Irgendein Philosoph hat einmal den Spruch geprägt: Hic et nunc. Hier und jetzt. Wie Sie sittlich beurteilt werden, darf Ihnen egal sein. Die sittlichen Normen wandeln sich immer wieder im Laufe der Zeit. Hingegen müssen Sie sich ethisch einwandfrei verhalten. Das heißt, Sie dürfen niemandem schaden. ‹Was du nicht willst, was man dir tu›, das füg auch keinem anderen zu.› Sie sehen, das sind ganz einfache Regeln. Nach denen können Sie sich richten.»

Gerda

Werners schöne Cousine heißt Gerda. Schon am übernächsten Tag sitze ich neben ihr auf den weißlackierten Stühlen vor dem Café Kranzler am Kurfürstendamm. Wir warten auf unseren Bananenfrappé. Dabei könnte jeden Augenblick eine Wehrmachtsstreife an den Tisch treten und fragen: «Junger Mann, dürfen wir mal Ihren Wehrpass sehen. Warum sind Sie denn nicht bei den Soldaten?» Der Berliner sagt frivol: «Wenn einem der Schwanz steht, ist der Verstand im Arsch.» Wie hübsch die Gerda bei Tageslicht aussieht, merke ich auch an den Blicken der Männer, die sich alle nach ihr umdrehen.

Ich erzähle ihr alles über meine Vorbereitungen und auch, wie ungern ich mein Bett mit Det teile. «Du kannst bei mir schlafen», sagt sie, «aber erst ab Freitag. Bis Donnerstag hat mein Mann noch Heimaturlaub. Dann muss er zurück an die Front. Also, am Freitag kannst du kommen. Ich wohne in Steglitz. Wir müssen natürlich sehr aufpassen, denn dort kennen mich viele. Mein Mann ist Feldwebel und trägt immer seine Dienstpistole am Koppel.» Wir schlürfen unseren Bananenfrappé.

«Vielleicht ist es vorsichtiger, wenn ich erst am Samstagabend komme?» «Einverstanden. Ich stehe dann um acht Uhr an der Ecke Steglitzer Straße. Dann ist es ja auch schon dunkel.» Ich gebe ihr meinen Arm. Sie hängt sich ein und wir schlendern den Kurfürstendamm entlang bis zur U-Bahnstation.

In der Wohnung Münzstraße 11 hallt es wie in einer Kirche. Alle Zimmer sind leer. Auch die Seelen der Bewohner sind weit weg. Vielleicht sogar schon im Himmel. Nur der Küchentisch steht noch da. Und das für die Schwester Tatjana reservierte elektrische Bügeleisen. Daneben liegt ein Brief der Jüdischen Kultusvereinigung zu Berlin. Ich öffne den Umschlag: «Sie sind unserer Aufforderung, in der Angelegenheit Ihrer Wohnungs-räumung uns aufzusuchen, nicht gefolgt. Wir machen Sie darauf aufmerksam, dass Sie unbedingt verpflichtet sind, zu dem Ihnen von uns bestimmten Termin zu erscheinen. Wir ersuchen Sie nunmehr letztmalig, am 30.9.1942 um 10 Uhr zu uns zu kom-men. Sollten Sie abermals nicht erscheinen, so haben Sie mit schärfsten Maßnahmen zu rechnen». Ich nehme auch dieses Schreiben nicht ernst.

Det kommt in die Küche und schmunzelt: «Na, Cioma, über-leg mal, welches Datum wir heute haben.» «Mensch, Det, heute ist ja der 28. September 1942. Du, das ist das erste Mal, dass ich meinen Geburtstag vergessen habe.» «Siehst du, Cioma, aber ich habe ihn nicht vergessen und unsere schöne Nachbarin auch nicht. Wir sind nebenan eingeladen. Sie hat extra einen Kuchen für dich gebacken. Du wirst heute zwanzig.»

Det hat zwei Flaschen Wein der Marke Liebfrauenmilch in den Kühlschrank der Nachbarin gestellt. Sie erwartet uns in ihrem Wohnzimmer. Die Möbel kommen mir alle sehr bekannt vor. «So, jetzt können wir endlich anstoßen,» prostet sie mir zu, «ich heiße Ilse. Und ich finde es richtig schade, dass ihr nicht für immer hier bleiben könnt. Aber ich hoffe, wenigstens Det be-sucht mich ab und zu.»

Am nächsten Morgen darf es spät werden. Ich kann endlich

ausschlafen, denn ich gehe ja nicht mehr zur Arbeit. Es ist der erste Tag meiner Illegalität. Ich komme mir vor, als würde ich die Schule schwänzen.

Dann ziehen wir zur Frau Lange. Nur Pyjama und Waschzeug nehmen wir in einem kleinen Koffer mit. Anzüge, Mäntel, Hemden, Unterwäsche und Socken sowie alles andere, was noch in den Schubladen lag, ist jetzt bei Frau Zukale deponiert. In einer Ledermappe nehme ich noch mein Fälscherwerkzeug mit. Dazu die Kennkarte, die mein Gesellenstück werden soll, und das neu zu montierende Foto.

Frau Lange empfängt uns wie eine liebe Großmutter. Nachdem wir ihr sogleich die mit Edith Wolff vereinbarte Miete zahlen, wird sie noch ein wenig freundlicher. Und als Det fragt, ob er in der Küche Kaffee kochen dürfe, und dass er echten Bohnenkaffee mitgebracht habe, da kennt Frau Langes Begeisterung kaum noch Grenzen. Wir trinken den Kaffee zu dritt in der Küche. Nachher darf ich auf dem großen Esszimmertisch die Kennkarte bearbeiten. Meine Arbeit muss überzeugen und zwar nicht nur Dr. Kaufmann, sondern auch die Polizisten, die den Besitzer der Kennkarte später kontrollieren werden.

Frau Lange hat nur eine Sorge: «Was sage ich meinem Sohn, wenn der von der Front auf Urlaub kommt? Er ist vielleicht gar nicht damit einverstanden, dass ich Juden beherberge. Und ich erwarte ihn in den nächsten Tagen.» «Frau Lange, wenn es Ihr Sohn ist und Sie ihn erzogen haben, dann ist er sicher ein ähnlicher Mensch wie Sie. Wir finden bestimmt einen Weg, wie wir das Platzproblem beim Schlafen lösen. Was auch auf uns zukommen mag, Angst ist immer ein schlechter Bundesgenosse.»

Um sechs Uhr werde ich von Dr. Kaufmann erwartet. Jetzt ist es fünf. Ich möchte vorher noch etwas essen. An der Ecke Kurfürstendamm und Karlsruher Straße liegt ein gepflegtes Restaurant. Ein Mann, der davor steht, dreht sich um, zuckt mit den Schultern und geht. «Geschlossen» steht auf einem weißen Plakat an der Tür. Darunter: «Ich habe Wucherpreise verlangt und

darum befinde ich mich jetzt in einem Konzentrationslager.»
Unterschrift: Geheime Staatspolizei Berlin.

Na ja, denke ich, die Nazis sorgen dafür, dass mein Geld und der Hass gegen sie nicht endet. Die Kneipe an der nächsten Straßenecke ist bescheidener. Im Menu-Kästchen neben dem Eingang lese ich unter anderem: Bauernomelette: Rührei und Bratkartoffeln mit Schinken. Mein Leibgericht! Dazu bestelle ich ein Glas Helles. Was kostet die Welt? Mir schmeckts! Und beim Essen sage ich mir: «Sollte ich je zum Tod verurteilt werden und fragte man mich, was ich mir als Henkersmahlzeit wünsche, ich würde Bauernomelette wählen und dazu ein helles Bier. Danach wäre mir alles egal.»

Die Villa von Dr. Kaufmann, im hochherrschaftlichen Park, könnte gut die Praxis eines Professors sein. Im Herrenzimmer warten fünf Juden, die sich in Berlin verstecken wollen. Auf dem Rauchertisch liegen Zeitschriften. Dr. Kaufmann empfängt mich in seinem Büro hinter dem Schreibtisch. Ich habe die gefälschte Kennkarte in eine zusammengelegte Zeitung geklemmt. Bei einer Leibesvisitation hätte man sie dort nicht sofort gefunden. Dr. Kaufmann klopft nach Studentenart mit den Knöcheln der Faust auf das Tischblatt. «Gute Idee, das mit der Zeitung. Sie haben recht: Konspiration ist wichtig.»

Er nimmt die Kennkarte, geht ans Fenster, sagt kein Wort und verlässt das Büro. Ich höre, wie sich nebenan jemand bedankt. Dann sehe ich einen Mann durch den Garten auf die Straße gehen. «Sehen Sie, Schönhaus, ihr habt euch nicht kennen gelernt. Das ist mein Prinzip. Sie sollen denen, die Ihren Ausweis bekommen, unbekannt bleiben. Dann werden Sie auch im schlimmsten Fall nicht verraten.»

Alle Besucher sind gegangen. Jetzt holt er sein Nähkörbchen unter dem Bücherschrank hervor und gibt mir fünf Kennkarten mit den entsprechenden Passfotos. Dazu zwei neue Sätze Reise-Lebensmittelkarten und er erklärt: «Schönhaus, ich bin mit Ihrer Arbeit zufrieden. Ich ernenne Sie zu meinem Helfer. Also, am nächsten Freitag um die gleiche Zeit.» Und, als hätte er meine Bedenken gefühlt, fährt er fort: «Wissen Sie, unser System ist durchdacht. Was geschieht bei einer Polizeikontrolle? Auf der Straße wird jemand aufgefordert, sich auszuweisen. Im schlimmsten Fall wird er aufs Polizeirevier mitgenommen. Dort prüfen sie, ob der Inhaber des Ausweises polizeilich gemeldet ist. Wenn ja, wird noch festgestellt, ob strafrechtlich etwas gegen ihn vorliegt. Ist das nicht der Fall, lässt man ihn laufen. Schönhaus, vielleicht ist meine Villa und die scheinbare Normalität, in der meine Hilfsaktion abläuft, viel konspirativer, als wenn ich mich mit jedem meiner Schützlinge nachts in einer dunklen Ecke träfe. Die kriminalistisch ungeschulte Gestapo stellt sich illegale Handlungen so vor, wie der kleine Moritz: Alles fände im Schutze der Nacht statt und die Kontrahenten liefen scheu um sich blickend, mit hochgestelltem Kragen, herum. Ich verhalte mich genau umgekehrt und lasse mich darum nicht in das konventionelle Schema der Gestapo einordnen. Das ist unser Schutz!»

Trotzdem weiß ich: Jedesmal, wenn ich zu Dr. Kaufmann komme, könnte mir ein Gestapobeamter die Tür öffnen. Bei jedem Besuch komme ich mir so vor, als spiele ich russisches Roulette.

Dr. Kaufmann war mit meiner ersten Kennkarte zufrieden. Ich aber nicht. Die mit einer Zange geöffneten Ösen, mit denen das Passbild befestigt ist, sehen nach dem Schließen nicht mehr perfekt aus. Mir fehlt ein Werkzeug, wie es Schuhmacher brauchen, um Ösen für Schnürsenkel anzubringen.

Unser ehemaliger Schuhmacher, Hans Marotke, hat bestimmt solch ein Stanzwerkzeug. Seine Kellerwerkstatt in der Dragonerstraße ist mir vertraut, weil er nebenbei auch Fahrräder verkauft und repariert. Das meines Cousins, auf dem ich jetzt fahre, stammt auch von ihm.

Marotke ist ein alter Kommunist. Mit ihm kann man Pferde stehlen. Als ich ihn frage, ob ich von Zeit zu Zeit seine Ösenstanzmaschine benutzen darf, antwortet er: «Ich kann mir schon denken, wozu du die Maschine brauchst. Aber bitte nicht hier. Mach deine Ausweise bei dir zu Hause. Ich will nichts damit zu tun zu haben. Lieber verkaufe ich dir meine alte Stanzmaschine. Aber, auch hier kein Wort, woher du das Werkzeug hast. Wenn es wirklich mal schief läuft und sie wollen es unbedingt wissen, dann sagst du einfach, du hättest das Ding bei der Alteisensammlung vom Wagen geklaut. Mir gibst du dafür fünfzig Mark.»

In Packpapier eingewickelt und mit einer Schnur um den Bauch ist die Maschine ein handliches Werkzeug. Gerade richtig, um unter den Arm geklemmt zu werden. Und so fahre ich in die Waldstraße, um Ludwig Lichtwitz in seinem Laden zu besuchen.

Sieben mal klopfen haben wir vereinbart. Die Waldstraße ist eigentlich eher eine Allee. In der Mitte auf der Promenade wachsen Ahornbäume. Bestimmt gehen hier die Bürger am Sonntagvormittag, mit oder ohne Hund, in der frischen Luft spazieren. Auf der einen Straßenseite ist die Endstation vom Autobus Nummer 11. Der fährt nach Friedenau, was später mal aktuell wird. Jetzt stehen die Doppeldeckerbusse leer und warten schlafend auf Passagiere. Keine zwanzig Schritte von der Stelle, wo sich die Busfahrer die Füße vertreten, liegt der illegale Laden, mit den von innen weiß gestrichenen Schaufensterscheiben. Links im Torweg lagern Hunderte von Elektrokabelrollen. Daneben stehen mannshohe Kartonschachteln mit Glühbirnen und unendlich viel Telefondraht.

Ich klopfe siebenmal. Ludwig macht auf. Er sieht ausgeschlafen aus und so, als würde er ein Lächeln unterdrücken. Nachdem er die Tür zweimal abgeschlossen hat, zeigt er mir sein illegales Reich. Rechts an der Wand hängt ein riesiger Werkzeugschrank mit allen möglichen Zangen, Schraubenschlüsseln, Feilen, Sägen, Nägeln, Schrauben. «Alles Dekoration», sagt Ludwig.

Hochgeklappt an der Wand lehnen zwei Sofas. «Sie sehen, ich habe schon eine Schlafgelegenheit für Sie vorbereitet.» «Wunderbar, dann brauche ich ja nicht mehr bei Frau Lange das Bett mit meinem Kollegen zu teilen.» «Halt, Schönhaus, freuen Sie sich nicht zu früh. Unsere Unterkunft hier hat weder fließendes Wasser noch eine Toilette. Beides befindet sich im Hof. Dauerhaft hier zu schlafen ist nicht möglich. Höchstens mal eine Nacht oder zwei. Aber dafür wird Sie etwas anderes freuen: Ich habe hier einen kleinen Schreibtisch aus meiner Druckerei für Sie mitgebracht. Für Ihre Arbeit und für unsere Wehrpässe – wenn ich die richtigen Vorlagen gefunden habe.»

«Herr Lichtwitz, auch ich habe etwas für die Schreibtischschublade dabei. Eine Ösenstanzmaschine.» «Gut, Schönhaus, aber die übrigen Schubladen sind für meine Briefmarkensammlung reserviert. Wissen Sie, das ist mein Steckenpferd und auch meine Investition für die Zukunft. Sehen Sie sich mal diese polnischen Marken an. Alle jetzt mit dem Überdruck ‹Deutsches Generalgouvernement›. Nach dem Krieg werden diese Marken wertvoll sein. Tagsüber streife ich durch die Briefmarkenläden und kaufe für einen Pappenstiel solche Erobererbriefmarken. Es gibt nur eine beschränkte Anzahl.»

«Und was ist mit dem Elektromaterial im Hauseingang?» «Das dient zu unserer Tarnung. Die Leute im Haus sagen sich, wenn diese kleine Werkstatt so viel Elektromaterial bekommt, heute, wo doch alles so streng rationiert ist, dann muss das auch eine ordentliche Bude sein. Als mich neulich eine Nachbarin fragte, was wir hier eigentlich machen, sagte ich: ‹Kriegsgeheimnis, gute Frau› – und schon war sie zufrieden.» «Aber wo kommt denn dieses Elektromaterial wirklich her?» «Von meinem Freund Werner Scharff. Er ist jetzt mit Ihnen der Dritte bei uns im Bunde.» «Was ist denn das für einer?»

«Werner Scharff ist der Elektriker, der in den Gebäuden der jüdischen Gemeinde Berlin die Installationen in Ordnung hielt. Jetzt hat die Gestapo alle Räume für sich reklamiert. Und weil der jüdische Elektriker Werner Scharff sich gut mit den Beamten der Gestapo versteht, haben sie ihn gleich mit übernommen. Er kennt natürlich alle elektrischen Verbindungen im Haus. In seiner Funktion als Hauselektriker einer deutschen Behörde hat er nun praktisch unbeschränkten Zugang zu Elektromaterial. Für uns ist das eine ideale Tarnung und für ihn ist es eine Sparbüchse für die Zeit nach dem Krieg.»

«Herr Lichtwitz, ich bin der jüngste in unserem Dreigespann und ich werde mir Mühe geben, mich Eurer würdig zu erweisen. Ich werde täglich, wenn es geht, pünktlich um acht hier erscheinen. Ich ziehe mir dann einen weißen Kittel an. Ich habe noch einen. Dann sehe ich wie ein technischer Zeichner aus. Das wird einen seriösen Eindruck auf die Hausbewohner machen und mithelfen, die Tarnung unseres Ladens zu perfektionieren.»

«Gut, Schönhaus, aber einen Schlüssel gebe ich Ihnen nicht. Aus Gründen der Sicherheit liegt er immer in der Mauernische unter diesem Stein. Sie müssen nur aufpassen, dass niemand zusieht, wenn Sie ihn dort hinterlegen. Also, bis morgen früh um acht.»

Und dann kommt die erste Nacht in der Mädchenkammer von Frau Lange. Det und ich in einem Bett. Um ihn nicht zu berühren, mache ich mich so dünn, wie es geht. Ohne schlafen zu können, liege ich mit offenen Augen da und träume vom Samstagabend um acht. Hoffentlich steht sie an der verabredeten Ecke. Hoffentlich ist nichts dazwischengekommen. Und so schlafe ich doch endlich ein.

Der Samstag kommt. Und sie steht tatsächlich da. Dass mich so etwas Hübsches haben will?! Ich finde es unglaublich. Sie tut so, als kenne sie mich nicht. Dann winkt sie nur unmerklich mit dem Kopf. Ich folge ihr. Vor einem fünfstöckigen Mietshaus bleibt sie stehen. Von der Straße aus führen ein paar Stufen nach unten. Sie sieht sich um und macht die Tür zu einer gepflegten Einzimmerwohnung auf.

Es ist schon geheizt. An der Garderobe hängt ein etwas durchschwitzter Filzhut, eine Wehrmachtsmütze, ein Wintermantel und ein dicker Pullover. Am Boden stehen ausgetretene Hausschuhe. Links im Zimmer das Doppelbett, rechts in der Ecke ein Waschtisch, darüber ein Spiegel und eine Ablage mit Parfumfläschchen. Es riecht nach ‹Soir de Paris›. Nebenan ist eine Koch-nische. «So, ich mach uns was zu essen.» Sie setzt Wasser auf und sucht nach Makkaroni. «Ja, die esse ich auch gern», sage ich, ob-wohl ich einen ganz trockenen Mund habe und kaum etwas runterbringen werde. Sie isst mit großem Appetit. Mir steht der Sinn nach etwas ganz anderem.

Nachdem sie in aller Ruhe das Geschirr abgewaschen hat, zieht sie sich aus. So, als ob das gar nichts Besonderes wäre. Dann legt sie sich mit dem Rücken aufs Bett, lässt die Beine baumeln und wartet. Ich habe noch nie eine so schöne Frau nackt ge-sehen. Mein Herz schlägt bis in den Kopf. «Zieh dich aus und komm!» Jetzt kam das, wovon Stendhal einmal schrieb, es sei schon jedem Mann passiert. «Also, komm doch!», wiederholt sie.

Ich habe vor ihr so erfahren getan, so selbstsicher, so weltmän-nisch. Und jetzt? «Du langweilst mich», meint sie nur. Sie sucht ihr Nachthemd und schlüpft unter die Decke. «Lass uns schla-fen.» Ich liege neben ihr. Wieder mit offenen Augen, aber der Wunschtraum von gestern liegt hinter mir.

Als die ersten Sonnenstrahlen neben den zugezogenen Vor-hängen ins Zimmer scheinen, nimmt sie mich in den Arm. «Du bist mir ja ein kleiner Angeber. Sonst hast du ja auch keine Angst. Warum hier? Ich zeige dir schon, wie es geht.»

Und dann folgt eine zeitlose Zeit. Ich habe Lebensmittelkar-ten. Ich habe Geld. Ich kaufe ein. Sie räumt auf. Sie kocht. Sie wäscht sich die Haare. Sie lackiert sich die Fingernägel. Und alles immer nackt. Dabei summt sie von früh bis spät den Schlager ‹Du sollst der Kaiser meiner Seele sein›. Im Bett spüre ich ihre Formen und lasse in Gedanken die Blicke der Männer, die sich nach ihr umdrehen, an mir abprallen. Und dies alles im Bett eines deutschen Feldwebels, der an die Front fährt, während Güter-züge voller Juden in den Tod rollen. Was um mich herum ge-schieht, lässt mein Leben doppelt spürbar durch die Adern pul-sieren.

«Du sollst leben, Junge. Uns zuliebe.» Und: «Wie wird es

weitergehn… denk nicht daran… denk nicht daran…» «Warum hast du Herzklopfen?», fragt Gerda.

Das Papier auf dem ich jetzt schreibe, riecht plötzlich nach ‹Soir de Paris›.

Ich habe eine Nacht Urlaub von Gerda und finde das halbe Bett bei Frau Lange halb so schlimm. Außerdem muss ich ja Det seinen neuen Satz Lebensmittelkarten bringen. Bereits unten an der Treppe höre ich ein Grammophon und die Arie ‹Singe Bajazzo›. Vor der Tür stehen ein paar dreckige Soldatenstiefel. So, der Augenblick, den Frau Lange befürchtet hat, ist also gekommen. Aber ich höre Det lachen. Also kann es nicht so schlimm sein.

Frau Langes Sohn ist ein breitschultriger Bursche mit einem Kindergesicht. Er sitzt ohne Uniformjacke da. Die Hosenträger über dem kragenlosen Hemd. Die Füße in den grauen Socken von sich gestreckt. Mit einem breiten Grinsen gibt er mir die Hand. «So, du bist also der Dritte im Bunde. Kinder, ihr wißt ja gar nicht, wie ich euch beneide. Ich, da draußen im Scheißdreck, träume immer mal wieder davon, abzuhauen. Und ihr? Ihr habt es geschafft und wohnt in meinem Kinderzimmer. Ob ich je wieder zurückkomme? Und wenn, ob dann noch alles an mir dran ist? Ich wollte mal Sänger werden und aufs Konservatorium gehen. Aber das einzige, was davon geblieben ist, sind meine Schallplatten. Ich freue mich, dass ihr so was gerne hört. Mensch, Jungens, dass ich euch hier kennen gelernt habe, das muss gefeiert werden. Wir gehen nachher in die Stadt und trinken einen.» Frau Lange strahlt. So hatte sie sich den Urlaub ihres Sohnes doch nicht vorstellen können. Ihre ganze Angst ist weg.

Im Dunkeln ziehen wir von Kneipe zu Kneipe. Zuerst singen wir zweistimmig Soldatenlieder. Welcher Polizist hätte hinter den grölenden Jungs illegal lebende Juden vermutet? Nach dem dritten Bier beginnt er zu erzählen. «Ihr könnt Euch ja gar nicht vorstellen, was draußen alles passiert. Vor allem mit den Juden.» Und dann holt er Fotos aus dem Geheimfach seiner Brieftasche, die einem das illegale Leben in Berlin harmlos erscheinen lassen. «Ich sage euch nur: Lasst euch nicht erwischen! Habt ihr wenigstens anständige Ausweise?» «Ja, hier mein Postausweis. Da heiße ich Peter Schönhausen. Det hat auch einen.» «Aber noch besser, man nimmt euch nicht unter die Lupe.»

Die Nächte bei Gerda machen mich immer selbstsicherer. Aber in meinen Träumen verfolgt mich doch das, was ich auf den Fotos vom jungen Lange gesehen habe. Und ich sehe, wie die Juden reihenweise erschossen werden. Ich höre die Schüsse: Einen, zwei, drei, vier. Dann wieder zwei. Gerda weckt mich. «Du, es klopft. Hörst du es nicht? Wach auf. Das ist meine Schwägerin. Die kommt immer wieder mal vorbei und will Kaffee trinken. Den Kaffee bringt sie selber mit. Roll dich zusammen und kriech unters Deckbett. Dann merkt sie nicht, dass noch jemand hier ist. Du darfst dich aber nicht bewegen. Deine Kleider schiebe ich unters Bett. Gott gnade dir, wenn sie ihrem Bruder verrät, dass ich Besuch habe.» Es klopft immer wieder. «Ich muss jetzt aufmachen.»

In meinem ganzen Leben habe ich noch nie so geschwitzt. Und was noch schlimmer ist, ich bekomme fast keine Luft. Bruchstückhaft höre ich, was draußen gesprochen wird. Was über Stalingrad erzählt wird. Und was heute ein Pfund echter Bohnenkaffee kostet. Beide Frauen unterhalten sich gemütlich. Ich finde, Gerda etwas zu gemütlich. Ich liege zusammengerollt da, wie ein Kater. Eine Fliege hat sich mit mir unter das Deckbett geflüchtet und läuft auf mir spazieren. Ich rühre mich nicht. Wie lange dauert eine solche Ewigkeit? Endlich höre ich, wie die Tür zur Straße geöffnet wird. Dann fällt sie ins Schloss und ich kann endlich aufatmen.

Die bürgerliche Ordnung

Immer Freitags um achtzehn Uhr ist Ablieferung bei Dr. Kaufmann. Inzwischen sind es jeweils zehn bis zwölf Ausweise, die ich in meiner zusammengefalteten Zeitung mitbringe. Ich verfeinere meine Technik. Der Bedarf ist groß.

Ich entwickle meinen Rhythmus. Gegen fünf sitze ich in meiner Kneipe in Halensee. Der Wirt fragt nur: «Wieder Bauernomelette?» Ich brauche nur zu nicken und mein Lieblingsessen wird serviert. Mit einem Glas Bier, versteht sich. Pünktlich um sechs Uhr klingele ich bei Dr. Kaufmann. Der Garten ist so groß, dass die Nachbarn kaum beobachten können, wer hier ein und ausgeht. So denke ich jedenfalls. Der Herr Oberregierungsrat a.D. erwartet militärische Pünktlichkeit. Ich komme mir wichtig vor, wenn ich nebenan, bei halboffener Türe, seine befehlsgewohnte Stimme höre. «Meine gute Frau Kommerzienrat. Das kann ich von mir aus nicht entscheiden. Das muss ich meinem Experten überlassen.» Dann zeigt er mir eine Kennkarte. «Sehen Sie, die gehört einer Frau mittleren Alters. Alles würde passen. Nur von Beruf ist sie Hilfszimmermädchen.» Jetzt betritt Frau Kommerzienrat gegen alle Regeln das Zimmer. «Herr Doktor, das sieht man mir doch an, dass ich kein Hilfszimmermädchen bin. Den Beruf muss man ändern.»

Sie macht tatsächlich den Eindruck einer vornehmen Dame mit schneeweißem Haar. Der Titel Kommerzienrat wurde ihrem Mann wahrscheinlich noch von Kaiser Wilhelm verliehen. Und jetzt fragt mich der Herr Oberregierungsrat a.D.: «Können Sie auf dieser Kennkarte den Beruf ändern?» «Nein, eine gefälschte Schrift ist sehr leicht zu erkennen. Damit ist der Ausweis wertlos.» «Frau Kommerzienrat, Sie haben selbst gehört, was mein Experte sagt. Es ist nichts zu machen.»

Die Frau Kommerzienrat geht trotzdem auf die Reise mit der Kennkarte und versucht, illegal die Schweizer Grenze zu passieren. Bestimmt habe ich richtig entschieden. Aber schwingt in meinem Verhalten nicht ein Stück Mitleidslosigkeit mit? Eine Mentalität, mit der die Nazis alle Zeitgenossen imprägnieren, auch uns Juden.

Zwei Wochen später erfahre ich, was sich begeben hat. In einem Wald bei Ramsen, unweit der Schweizer Grenze, wurde Frau Kommerzienrat von zwei deutschen Grenzsoldaten verhaftet. Während sie zu dritt auf dem Weg zur Dienststelle sind, sagt der eine Soldat zum anderen: «Du, was ist das eigentlich für eine?» «Ach, die ist nur ein Hilfszimmermädchen.» «Mensch, weißte was? Lass doch die arme Henne laufen.» Und so kam Frau Kommerzienrat wieder nach Berlin zurück und sagte: «Herr Doktor, das Hilfszimmermädchen hat mir das Leben gerettet.»

Bevor ich gehe, bekomme ich meinen Satz Lebensmittelkarten. Dann darf ich noch dabei sein, wie Dr. Kaufmann sein Töchterchen Angelika zu Bett bringt. Sie ist etwa drei Jahre alt. Abend für Abend muss er ein ganz bestimmtes Ritual durchführen. Da gibt es einen Teddy, einen kleinen Esel, ein Pferdchen und ein Hündchen. Und der strenge Dr. Kaufmann lässt die Spielzeugtiere auf der Seitenstange des Kinderbettchens tanzen. Erst kommt der Bär, dann der Esel hinterher. Das Pferdchen reitet auf dem Esel und das Hündchen oben drauf. Schließlich fallen alle ins Bettchen der kleinen Angelika. Vorher kann sie nicht einschlafen. Frau Kaufmann sieht der Zeremonie wohlwollend zu. Und ich werde langsam in das Leben der Familie miteinbezogen.

Die Nächte bei Gerda sind schon fast selbstverständlich. Mein Leben ist nahezu geordnet. Morgens fahre ich zu Ludwig Lichtwitz in unseren Laden. Dort erledige ich an meinem kleinen Schreibtisch mein Pensum an Ausweisen. Ich erfinde eines Tages sogar eine Methode, wie sich mit ‹Pelikan-Radierwasser-Tintentod› die gesamte Schrift von einem Postausweis entfernen lässt. Das eröffnet ganz neue Möglichkeiten, denn nun können die Ausweise von A bis Z neu ausgefüllt werden.

Mittags essen Gerda und ich in einem Restaurant, in dem es

ohne Marken exzellente Spezialitäten gibt. Oft riesige holländische Austern. Dazu trinken wir Gewürztraminer aus dem Elsass. Das kostet zwar viel Geld, aber ich habe ja eine dicke Brieftasche. Nachdem wir wie die Fürsten gegessen haben, will ich zahlen. Wo ist meine Brieftasche? In der Jacke? Im Mantel? In der Mappe? Ich fröstle. Mir wird heiß. Mir wird kalt. Und während ich überlege, was ich tun soll, trifft mich Gerdas eiskalter Blick, der sagt: «Man trägt auch nicht sein ganzes Vermögen in der Brieftasche mit sich herum. Mach dir nur keine Hoffnungen. Von mir bekommst du nichts». Ich überlege. Wo habe ich die Brieftasche zuletzt in der Hand gehabt? In der Straßenbahn? Beim Bezahlen? Vielleicht hat man sie ja im Fundbüro abgegeben. Da war ja nicht nur meine ganze Barschaft drin, sondern auch der gefälschte Postausweis.

Im Straßenbahndepot greift der Beamte in eine Schublade, holt meine Brieftasche hervor und fragt: «Ist das Ihre?» «Ja!» «Das kann jeder sagen.» «Aber mein Postausweis mit meinem Bild ist ja auch drin.» Er sieht nach. «Na, da haben Sie aber Glück gehabt.» «Danke. Ich gebe Ihnen fünfzig Mark Finderlohn.» «Mann, das ist ja viel zu viel.» «Nein, nein. Das ist schon gut.»

Ich komme ins Restaurant zurück. Gerda sitzt immer noch am gleichen Tisch. Aber auf meinem Stuhl sitzt ein Mann von der Waffen-SS. Als er mich sieht, steht er auf und verabschiedet sich. «Also, auf nächsten Montag, abends um acht.» Dann geht er. Mich beachtet er nicht.

Gerda ist der Ansicht, eine Freundschaft mit einem SS-Mann würde uns beiden mehr Sicherheit geben. Von diesem Tag an schlafe ich in der Mädchenkammer. Werner Schlesinger hat doch recht gehabt. Äußerlich bewundere ich mich selbst, wie schnell ich mit Gerda Schluss machen konnte, aber innerlich weiß ich nicht, wie ich mit dem Loch im Magen fertig werden soll. Das abrupte Ende dieser ersten Liebe ist für mich schwer zu ertragen, obwohl mir klar ist, wie unvernünftig diese Beziehung war.

Immanuel Kant hatte einen Diener namens Lampe. Während

vieler Jahre versah er seinen Dienst zur vollen Zufriedenheit seines Herren. Eines Tages entdeckt Kant, dass er von seinem Diener bestohlen wird. Unverzüglich entlässt er ihn. Aber kaum war Lampe weg, fehlte er ihm an allen Ecken und Enden. Schließlich verteilte Kant im ganzen Haus kleine Zettel, auf denen geschrieben stand: Lampe muss vergessen werden. Und so befestige auch ich in meinem Seelenhaushalt überall Zettel: Gerda muss vergessen werden.

Die Zimmersuche

Es ist dunkel. Die Uhr im Esszimmer von Frau Lange schlägt elf. Seit langem liege ich wieder in unserem Einerdoppelbett. Ich mache mich schmal und träume. Plötzlich knarrt die Tür zu unserer Mädchenkammer. Det schleicht sich rein. «Du schläfst ja gar nicht. Du, mir ist gestern Abend etwas ganz Dummes passiert.»

Um unser Versteck nicht zu gefährden, gehen wir immer nur spät abends zu Frau Lange nach Hause. Dann, wenn niemand mehr auf der Straße ist, dann kann niemand gleichzeitig mit uns ins Haus kommen. Det beichtet: «Gestern Abend betritt ein Mann gleichzeitig mit mir den Hausflur. Gott weiß, wo der plötzlich her kam. Plötzlich ist er da. Er geht neben mir her über den Hof ins Hinterhaus. Ich steige die erste Etage hinauf. Er geht hinter mir her. Selbstverständlich bleibe ich an der Tür von Frau Lange nicht stehen, sondern gehe immer weiter die Treppe hoch, hoffend, dass der Mann in der nächsten Etage wohnt. Aber nein, auch er geht weiter. Ich komme in die dritte Etage, er auch. Ich hoffe, er wird doch endlich eine Tür aufmachen und hinein gehen. Dann kann ich so tun, als wohne ich eine oder zwei Etagen über ihm. Aber es ist hoffnungslos, denn er geht immer weiter. Ich bin schon in der fünften Etage. Der andere auch. Dann gehe ich noch weiter. Da bleibt der andere stehen und fragt laut: ‹He›, wo wollen Sie denn hin?› Ich antworte: ‹Zur Frau Lange.› ‹Die wohnt doch nicht auf dem Dachboden! Die wohnt doch auf der ersten Etage.› ‹Ach, da muss ich mich wohl geirrt haben.› Der andere schüttelt den Kopf und sieht mir nach, wie ich runtergehe. Cioma, ich glaube, ich habe unser Quartier verraten.»

«Det, so schlimm wird es schon nicht sein. Aber wir müssen uns etwas anderes suchen.» Det denkt an Frau Zukale. Dort steht unser Kleiderschrank. Da wird sich für ihn eine Möglichkeit finden. Schon deswegen, weil er sich sehr gut mit Frau Zukale versteht und auch, weil er für sie nähen kann.

Für mein Unterkommen muss ich mir etwas anderes überlegen. Ich erinnere mich, dass mir am Bahnhof Zoo in einer Passage ein Laden aufgefallen ist, an der Schaufensterscheibe steht: ‹Wohnungs- und Zimmervermittlung›. Schon am nächsten Tag suche ich den Laden auf. Vor dem Schalter stehen viele Menschen. Endlich komme ich dran und erzähle eine erfundene Geschichte: «Beim vorletzten Fliegerangriff auf Köln ist der ältere Bruder meines Vaters ausgebombt worden. Ich muss nächsten Freitag zum Militär einrücken. Jetzt suche ich für vier Tage ein Zimmer, damit ich meinem alten Onkel mein Bett abtreten kann.» Noch während ich spreche, frage ich mich, wie die Frau hinter dem Schalter wohl reagieren wird. Sie reagiert überhaupt nicht. Routinegemäß gibt sie mir eine Liste mit zwanzig Adressen und sagt kühl: «der Nächste, bitte».

Ob sich meine Geschichte in der Praxis bewährt, muss ich jetzt ausprobieren. Ich gehe über den Nollendorfplatz in die Motzstraße. Dort klingele ich an einer Glocke in der ersten Etage eines großen Miethauses bei Eberhardt. Es ist abends um sieben. Ein sportlich aussehendes Fräulein öffnet. «Ich komme wegen des Zimmers.» Und dann erzähle ich die Geschichte meines Onkels, und dass ich am Freitag einrücken muss. Sie sieht mich traurig an. «Mein Freund ist auch an der Front. Na, ich wünsche Ihnen jedenfalls jetzt schon alles Gute. Das Zimmer können Sie inzwischen haben. Polizeilich anmelden müssen Sie sich aber trotz der kurzen Zeit. Am besten morgen früh, denn jetzt ist es ja wohl schon zu spät.»

Ich schlafe herrlich in dem kühlen, frisch bezogenen Bett. Am nächsten Nachmittag klopfe ich an die Tür meiner Wirtin. «Ich muss Sie leider schon wieder verlassen, denn zu Hause lag heute früh mein Marschbefehl. Morgen muss ich in die Kaserne Lichterfelde einrücken.» Sie beißt sich auf die Lippen: «Ja, so ist das heute. Meinem Freund ging es genauso, damals. Dann schlafen Sie also heute Nacht gar nicht mehr hier?» «Nein, die letzte Nacht verbringe ich noch daheim. Das will Mutter so haben.» «Kann ich verstehen. Also, Hals- und Beinbruch.»

Mein Tagesablauf ist geregelt. Morgens um acht Uhr sitze ich an meinem Fälscherschreibtisch. Der weiße Kittel macht mich zu einem technischen Zeichner. Und das bin ich auch, denn meine Stempel sind kleine technische Zeichnungen. Am späten Vormittag sind die Ausweise fertig. Dann fahre ich in die Fasanenstraße und besuche den Modesalon von Frau Zukale. Dort kann ich duschen, die Wäsche wechseln, ein frisch gebügeltes Hemd und einen anderen Anzug anziehen. Ganz so, wie es sich für einen preußischen Prinzen gehört.

In einer Drogerie habe ich mir einen kleinen Flakon Parfum gekauft: Marke «N» für Napoleon. Frau Zukale stellt schnuppernd fest: «Wenn bereits Napoleon dieses Parfum verwendet hat, dann riechen Sie jetzt richtig.» Ich bin in bester Laune und beschließe, mein Mittagessen im Hotel Esplanade einzunehmen. Das ist heute der richtige Rahmen für mich. Überhaupt, wenn es den preußischen Adel mal in die Reichshauptstadt verschlägt, dann diniert er nicht etwa im ‹Adlon›, das ist etwas für Neureiche, dann geht er ins Esplanade. Ich also auch.

Der Salon von Frau Zukale liegt im so genannten Gartenhaus. Der Weg zur Straße führt durch einen Hauseingang mit großen

Spiegeln an den Wänden. Rechts führt eine Treppe zum Vorderhaus. Neben der Treppe hängt eine Messingtafel: ‹Schwester Maria von Breitenstein, Physiotherapie›. So etwas habe ich noch nie ausprobiert. Also, warum nicht jetzt? Das scheint mir vor einem Diner im Esplanade angemessen zu sein. Schwester Maria stelle ich mir als eine ältliche Krankenschwester vor. Aber die Tür wird von einer jungen attraktiven Frau geöffnet. Einzig die weiße Haube erinnert an eine Krankenschwester. «Sie haben Glück, dass ich gerade frei bin. Künftig müssen Sie sich mindestens eine Woche vorher anmelden. Also gut. Machen Sie sich mal frei. So. Und jetzt schließen Sie die Augen und lassen Sie ihr Kinn fallen. Gut. Spüren Sie, wie das entspannt?» Kaum habe ich die Augen zu, steht an der Wand in Geisterschrift: ‹Gerda muß vergessen werden›. Nun ja.

Nachher schwebe ich hungrig aber zufrieden die Straße entlang. Schritt für Schritt wie auf luftgefederten Pflastersteinen. Der Portier vom Hotel Esplanade öffnet das Portal. Kronleuchter, weiß gedeckte Tische, Liftboys, Piccolos, Kellner und Oberkellner stehen da. Funkelnde Gläser, dicke rote Teppiche. Der Kellner, der mir einen Tisch empfiehlt, schiebt mir den Stuhl unter meinen Hintern.

All das passt zu meiner Hochstapelei. Nur etwas gefällt mir gar nicht: Ich muss meinen Tisch mit einem seltsamen Gast teilen. Vielleicht ein Illegaler wie ich? Mir ist er unheimlich. Er schlürft seine Suppe. Dazu liest er die Berliner Morgenpost. Währenddessen bricht er immer mal ein Stück Knäckebrot aus einer Packung ab, die in seiner Tasche steckt. Die Krümel lässt er unbekümmert auf den roten Teppich fallen. Endlich geht er. Ich atme auf. Dann fragt der Oberkellner: «Ist der Herr Generalkonsul fertig oder kommt er noch einmal zurück?» «Aha», denke ich, «das war also ein Generalkonsul.»

Erst am späten Nachmittag gehe ich zu meiner nächsten Zimmeradresse. Dort öffnet ein alter Mann. Nachdem er sich meine Geschichte aufmerksam angehört hat, geht er wortlos an einen

Biedermeierschreibtisch und holt mit zittriger Hand ein polizei-
liches Anmeldeformular heraus. «So, das müssen Sie jetzt ausfüllen und auf dem Polizeirevier beglaubigen lassen. Nachher
zeige ich Ihnen das Zimmer.» «Gut», sage ich, «aber jetzt haben
sie auf dem Polizeirevier ja schon Feierabend. Morgen früh gehe
ich gleich hin.» Und wieder schlafe ich eine Nacht in einem
frischgemachten Bett.

So geht es weiter. Von Adresse zu Adresse. Und weil ich immer am späten Nachmittag komme, klappt es, wenn ich sage:
«Das Polizeirevier ist ja jetzt schon geschlossen. Ich gehe sofort
morgen früh hin.»

Nach dem Klingeln an der nächsten Tür öffnet eine große
Frau, die ihre blonden Haare zu einem strengem Knoten gebun-
den hat. Sie sieht mich mit ihren wasserblauen Augen prüfend an
und hört meiner Geschichte ungläubig zu. An der Garderobe
hängt eine Jacke der Nationalsozialistischen Volkswohlfahrt. Die
Hakenkreuzbinde am Ärmel. Dann ruft sie ins Wohnzimmer:
«Horst, komm mal her. Hier ist einer, der das Zimmer will.» Ein
dunkelhaariger Mann mit einem kleinen Schnurrbart unter der
Nase kommt heraus. Er trägt schwarze Reithosen und Schaft-
stiefel. Auf der Stirne ist noch der Abdruck vom Rand seiner
Uniformmütze zu sehen. Offenbar ist er gerade von Dienst nach
Hause gekommen.

Ich wiederhole meine Geschichte vom bombengeschädig-
ten Onkel. Und je länger ich spreche, desto mehr hellt sich sein
Gesicht auf. «Siehst du», sagt er, «wenn alle Volksgenossen so
vernünftig wären, wie dieser Mann, dann hätten wir weniger
Probleme nach den Fliegerangriffen. Geh! Zeig ihm sein
Zimmer.» Und zu mir: «Anmelden können Sie sich ja morgen
früh.»

So geht er weiter. Von Zimmer zu Zimmer. Die Liste der
zwanzig Adressen ist schon fast abgehakt. Zwischendurch besuche ich wieder mal Dr. Meier. Er findet meine Methode mit
der Zimmersuche viel zu gefährlich. Von Schwester Tatjana habe

er gehört, sie hätte etwas für mich. Es sei ein gutes Quartier. Ich solle mich mal bei ihr melden. Tatjana empfängt mich enthusiastisch. Eine ihrer Patientinnen, so eröffnet sie mir, sei bereit, mich aufzunehmen. Sie wohne in einer einsamen Villa im Grunewald. Hochfeudal. Dort könne ich gratis bis Kriegsende wohnen. Sie gibt mir eine Adresse in der Hubertusallee. Morgen Abend um sieben Uhr werde ich dort erwartet. Es sei eine junge, sympathische Frau. Sie lebe ganz zurückgezogen mit ihrer Mutter.

Ich packe Pyjama, Zahnbürste und mein Mundwasser ein. Dann fahre ich mit der Stadtbahn zum Bahnhof Grunewald, an die «Goldküste» Berlins. Es ist in der Tat eine Traumvilla. Gleich dahinter beginnt der Wald. Ein besseres illegales Quartier kann ich mir nicht vorstellen.

Das Kies auf dem Gartenweg knirscht unter meinen Schritten. Ich werde von der jungen Frau wie ein Freund des Hauses empfangen. «Legen Sie ab. Ich stelle Sie gleich meiner Mutter vor.» Dann kommt die Mutter. Ohne mich eines Blickes zu würdigen, hört sie ihrer Tochter zu. «Siehst du, Mutti, das ist der junge Mann, den ich beherbergen möchte. Er ist Jude und ihm droht die Evakuierung nach Polen in ein Lager. Wir haben ja neulich im englischen Sender gehört, was dort geschieht.» Darauf die Mutter: «Sag mal, bist du wahnsinnig? Wir haben doch Nachbarn. Du weißt, was denen blüht, die Juden verstecken. Das kommt überhaupt nicht in Frage!» und zu mir: «Machen Sie, dass Sie rauskommen. Aber schnell!» Die Tochter tat mir Leid.

Am nächsten Vormittag bin ich wieder der technische Zeichner am Passfälscherschreibtisch. Mittags esse ich dort, wo illegal lebende Juden nicht vermutet werden und am späteren Nachmittag hole ich mir wieder die Liste des Zimmervermittlungsbüros hervor. Aber jetzt tritt endlich das ein, was ich mir jedes Mal gewünscht hatte.

Die Vermieterin, eine bäuerliche Frau mit gutmütigem Gesicht, hört mir aufmerksam zu. «Ja», sagt sie, «wenn ich Sie richtig verstehe, sind Sie ordnungsgemäß bei Ihren Eltern zu Hause angemeldet.» «Ja, bei meinen Eltern bin ich gemeldet.» «Und bekommen Sie auch dorthin Ihre Lebensmittelkarten?» «Ja, natürlich.» «Na, dann sagen Sie mal, wozu muss ich Sie denn hier noch zum zweiten Mal anmelden? Das ist doch gar nicht notwendig.» «Wie Sie wollen.» «Ja, denn so spare ich mir doch die Steuern.» «Wie Sie wollen. Ich habe nichts dagegen.» «Gut, junger Mann, hier ist der Schlüssel.» Seit langem schlief ich wieder so gut wie einst zu Hause in meinem geliebten Bett.

Als ich aufwache, scheint die Sonne. Das Fenster steht offen, und der Tüllvorhang weht ins Zimmer. Mein Bett mache ich selbst. Überhaupt benehme ich mich wie ein gut erzogener Sohn. Auch im Bad hinterlasse ich keine Kalkflecken auf dem Fußboden. Tante Sophie hätte sich gefreut. Ich bin der ideale Untermieter. Beim Frühstück erzähle ich von meiner Arbeit als technischer Zeichner und von meinen Kollegen. Aber meine Tätigkeit sei Kriegsgeheimnis. Nur hoffe ich, ich würde als kriegswichtiger Arbeiter unabkömmlich reklamiert und müsse vorläufig überhaupt nicht einrücken.

Am folgenden Dienstag weiß ich dann genauer Bescheid. Ich berichte Ludwig Lichtwitz im Laden von beidem; vom Misserfolg im Grunewald und vom Erfolg in der Kleiststraße. «Ja, Schönhaus, wie viele Zimmeradressen haben Sie nach Ihrer Methode ausprobiert?» «Die Kleiststraße 7 war die achtzehnte Adresse.» «Cioma, Ihre Geduld bewundere ich.» «Nein, Ludwig, es ist nicht meine Geduld. Indirekt steckt wieder mein Vater dahinter. Seine Erzählungen und seine Beispiele sind heute noch wegweisend für mich.» «Warum?» «Als junger Rotarmist stand Vater 1917 am Bahnhof in Petersburg. Dort sah er eine Menschenansammlung. Alles brüllte Hurra und die Soldaten trugen eine Greisin auf einem rotem Sessel durch die Bahnhofshalle. ‹Was geschieht hier›, fragte er die Umstehenden. ‹Wissen Sie nicht, wer hier empfangen wird? Das ist die Breschko-Breschkowskaja. Die adlige Russin. Zwanzig Jahre war sie in Sibirien verbannt. Zwanzig Jahre lang fragte sie ihre Wärter: ‹Sewodnje Revalutija?› (Ist heute Revolution?) Und zwanzig Jahre lang hieß es: Njet. Daraufhin wiederholte sie täglich: Sewodjne njet, tak saftra budjet! (Wenn heute nicht, dann wird es morgen sein!) Und jetzt ist sie da, die Revolution. Sehen Sie diesen Zug mit der roten Fahne von der Lokomotive bis zum letzten Wagen? Dieser Zug hat die Breschko-Breschkowskaja aus Sibirien nach Petersburg gebracht.› Sehen Sie, Ludwig, dem Vorbild der Breschko-Breschkowskaja verdanke ich mein Wissen um die Kraft der Geduld.»

Am Dienstagabend berichte ich meiner Wirtin: «Was sagen Sie nun? Meine Arbeit ist kriegswichtig. Sie finden keinen Ersatz für mich. Ich darf in Berlin bleiben. Der Betrieb will mich unbedingt reklamieren.» Aber meine Wirtin sieht mich traurig an. «Ich habe Ihr Zimmer doch schon vor einem Monat an einen kroatischen Botschaftsangehörigen vermietet. Der kommt morgen. Ich kann Sie leider nicht behalten.»

Als ich am Mittwochabend in die Wohnung komme, sieht die Situation schon besser aus. «Hören Sie, ich habe mit meiner Nachbarin über Sie gesprochen. Wenn Sie wollen, können Sie heute noch bei Frau Schirrmacher einziehen. Ihre Wohnung liegt hier, auf der gleichen Etage. Sie ist ausgesprochen interessiert daran, Sie als Untermieter zu bekommen. Sie werden sich fragen, warum? Ich habe von Ihnen geschwärmt, dass Sie täglich das Bett selber machen, dass Sie das Bad stets blitzblank hinterlassen. Ganz einfach, dass man mit Ihnen überhaupt keine Arbeit hat. Und dann noch, dass Sie bei Ihren Eltern gemeldet sind und auch dort die Lebensmittelkarten bekommen, so dass man keinen Pfennig Steuern für Sie bezahlen muss. Das hat sie am meisten beeindruckt. Jedenfalls war sie schon mal beim Blockwart und hat sein Einverständnis eingeholt. Also, gehen Sie mal rüber.»

Frau Schirrmacher ist Offizierswitwe. Ihre Haare sind streng nach oben in einem Knoten zusammengefasst. «Sie sind also der

nette Untermieter von nebenan.» Sie mustert mich. «Ich nehme
Sie gern. Aber nur unter einer Bedingung: Sie dürfen sich bei
mir nicht polizeilich anmelden. Sie sind doch bei Ihren Eltern
gemeldet, nicht wahr?» «Ja.» «Wissen Sie, warum ich Sie nicht
offiziell als Untermieter anmelden will? Sehen Sie, denn dann
wird der von mir gemeldete Wohnraum behördlich erfasst. Und
wenn Sie eines Tages doch einrücken und Soldat werden müssen, dann setzen mir die Behörden einen anderen rein. Egal, ob
er mir gefällt oder nicht. Wissen Sie, solche Untermieter wie Sie,
gibt es nicht alle Tage. Ich habe auch schon alles mit dem Blockwart besprochen. Der ist ein alter Parteigenosse meines seligen
Mannes. Von seiner Seite aus ist alles bestens geregelt.»

Ich bin über ihre Freundlichkeit überrascht. «Herr Schönhausen, Sie bekommen mein Schlafzimmer. Und ich schlafe im
Berliner Zimmer. Vorne, das große Zimmer, bewohnt ein hoher
Hitlerjugendführer, und im Raum daneben wohnt eine Sekretärin des Auswärtigen Amtes. Sie heißen wirklich Peter Schönhausen, nicht von Schönhausen, wie unser Fürst Bismarck?»
«Nein, nur Schönhausen, ohne von.» «Solch einen Sohn wie Sie
habe ich mir immer gewünscht. Leider habe ich keine Kinder. Ich
hoffe, wir kommen gut miteinander aus. Vielen Dank auch, dass
Sie die Miete schon im Voraus bezahlen. Ich hole Ihnen gleich
den Block für die Quittung. Aber am liebsten wäre es mir, wir
machen das mit der Bezahlung nicht schriftlich, wenn Sie damit
einverstanden sind. Wissen Sie, wegen der Steuern.»

Für nächsten Sonntag möchte mich Frau Schirrmacher zum
Mittagessen einladen. Ich lehne höflich ab. «Wissen Sie, seit mein
älterer Bruder vor Stalingrad gefallen ist, hängt meine Mutter
sehr an mir. Wenn ich am Sonntag eingeladen bin, muss ich mich
lange vorher bei ihr abmelden.» «Das kann ich gut verstehen. Ich
lasse Ihre Frau Mutter herzlich grüßen.»

Bei allem, was ich ihr erzähle und wie ich reagiere, versuche
ich ein Bild von mir darzustellen, das für meine Umgebung
glaubhaft ist. Ich muss ja damit rechnen, dass in meiner Abwe-

131

senheit über mich gesprochen wird. Die kleinste Ungereimtheit, der kleinste Versprecher, kann zu Fragen Anlass geben, die in Nachforschungen münden. Dem muss ich vorbeugen.

Pünktlich um halb acht gehe ich morgens zur Arbeit. Das macht sich auch gut für die Nachbarschaft unserer illegalen Werkstatt in der Waldstraße. Ordnung gilt ja, besonders in Deutschland, als ein Merkmal für Seriosität. Etwa um zehn Uhr habe ich die Postausweise und Kennkarten kontrollgerecht auf den Stand der mir möglichen Technik gebracht. Jetzt bin ich frei, um ins Grüne zu fahren. Mit der Stadtbahn bin ich in zwanzig Minuten in Pichelsberg an der Havel.

Ich sitze im gepolsterten Coupé der zweiten Klasse und sehe auf dem Parallelgleis einen Güterzug fahren. Langsam zieht die Dampflokomotive unzählige Wagen hinter sich her. Was wird hier transportiert? Sind es Juden, die nach Majdanek fahren, um dort ermordet zu werden? Was mag der Einzelne fühlen? Hat er sich morgens noch die Zähne putzen können? Was, wenn sich einer in die Hosen machen musste? Wenn unten alles klebt und stinkt? Oder, wenn sich jemand übergeben hat? Alle stehen in den Wagen wie Ölsardinen in einer Dose. Aneinandergepresst. Drei Tage und drei Nächte dauert die Bahnreise. Wer kann sich vorstellen, wie lange da eine einzige Stunde ist? Glücklich diejenigen, denen der Tod zu Hilfe kommt.

«Bahnhof Pichelsberg, aussteigen!» Ich verlasse den Zug und lege mich in einer Waldlichtung ins Gras. In meiner Brust sind Güterzüge und Coupés der zweiten Klasse unvereinbar. Wie weit reicht die Spannweite bei einem Spagat? Kann man sich mit einem Bein in einem Zug mit Deportierten und mit dem anderen in einem Segelboot befinden, ohne sich zu zerreißen?

Der Himmel ist blau bis hoch zum lieben Gott. Ganz weit hinten spiegeln sich weiße Segel im Wasser der Havel. Die Boote stehen still und warten. Mein Ohr liegt auf dem Waldboden und hört seine Stimme. Ja, die Erde kann reden. Ich umarme den Boden und küsse ihn. Die Gräser kitzeln mir die Lippen. Aber es sind keine Gräser, es ist der Schnurrbart meines Vaters. «Cioma, hörst du mich? Mama und ich haben hier im Himmel gute Beziehungen. Wir beschützen dich. Und du lebst unser ungelebtes Leben. Trotz der Güterzüge musst du ‹Ja› sagen zum Leben. Als unser Stellvertreter bist du dazu verpflichtet, alle Freuden zu fühlen, die uns nicht vergönnt waren. Tue alles, was dir Genuss bereitet, ohne jemandem zu schaden. Siehst du die Segelboote in der Ferne? Lass dich vom Wind über die Wellen tragen, so lange dir Gott glückliche Tage schenkt. Kaufe dir solch ein Boot, statt nur davon zu träumen und dein Geld in der Brieftasche mit dir herumzutragen! Ein Segelboot ist ein sicherer Zufluchtsort und ein gutes Sonntagsalibi für Frau Schirrmacher. Sammle auf dem Wasser Kraft und Zufriedenheit, um anderen mit deinem grafischen Talent zum Überleben zu verhelfen! Dazu bist du da. Du bist unser Chronist. Schreibe alles auf. Deine Erinnerungen machen uns unsterblich.»

Das Segelboot

Mit dem Vater träumend verbunden, gehe ich den Waldweg hinab ans Ufer. ‹Paul Böhm› steht auf einem großen Schild neben einem kleinen Jachthafen. «So, so, ein Segelboot wollen Sie kaufen. Das ist gar nicht so einfach. Die einen haben eines und brauchen keines, weil sie an der Front sind. Die anderen sind hier und arbeiten dienstverpflichtet. Die wollen sonntags selber segeln. Aber warten Sie mal. Lassen Sie mich nachdenken. Ich glaube, ich könnte Paul Vogt mal fragen. Kommen Sie am Sonnabend. Nachmittags ist er immer da. Und nun aber das Wichtigste: Was springt dabei für mich raus?» «Na, was wollen Sie denn haben?» «Ich würde sagen, eine Flasche Cognac oder einen Koffer.» «Einen Koffer kann ich Ihnen besorgen.»

Ludwig Lichtwitz war schließlich Inhaber einer renommierten Druckerei. Und wenn ein Drucker Firmenbriefbögen druckt, behält er immer eine Portion Bögen als Belegexemplare für sein Archiv. Ludwig hat noch einen Stoß Bögen der AEG und auch von den Temmler Werken in Tempelhof, einem Chemieunternehmen. Ludwig kommt aus dem Staunen nicht heraus. Erst der Glücksfall mit meiner Frau Schirrmacher und jetzt will sich der verrückte Hund auch noch ein Segelboot kaufen. Aber er gratuliert mir und gibt mir einen Briefbogen der AEG. Mit einer alten Schreibmaschine tippe ich darauf: ‹Peter Schönhausen ist bei uns als technischer Zeichner beschäftigt und benötigt für seine Dienstreisen einen Koffer. AEG, Technische Abteilung, gez. Adolf Faber.›

Im Lederwarengeschäft an der Kaiser-Wilhelm-Gedächtniskirche besorge ich einen passenden Koffer. Mit einer Bescheinigung der AEG gibt es an der Kasse keine Probleme. Ich zahle, und am Sonnabendnachmittag macht mich Paul Böhm mit dem Mann bekannt, der sein Boot verkaufen will.

Paul Vogt ist ein sportlicher Typ mit einem offenen Gesicht. Er streckt mir seine kräftige Hand entgegen und stellt sich vor. «Paul.» «Und ich bin der Peter.» «Gut, also, schauen wir uns mal das Boot an.» Es liegt im Hafen. Das ganze Deck aus Mahagoni. Es ist eines der kleinsten Boote, die an den Bojen festgemacht liegen. Es hat einen Peitschenmast. «Der ist oben gebogen», erklärt Paul. «Zeig mal deine Schuhe. Na, wenigstens Kreppgummisohlen. Richtiger wären Turnschuhe. Kennst du dich überhaupt aus? Hast du schon mal gesegelt?» «Ja», sage ich. Das ist mächtig geflunkert, denn ich habe ja nur einmal mit Anton Erdmann mitsegeln dürfen. Aber immerhin.

«Und wie sieht es mit dem Finanziellen aus? Billig kann ich den Kahn nicht hergeben. Zweieinhalb muss ich schon haben. Geht das?» «Ich glaube schon.» «Hast du das Geld dabei?» «Ja», sage ich. «Also gut, dann machen wir mal eine kleine Probefahrt.»

Zuerst geht es durch einen kleinen Kanal. Dann kommt ein

kleiner Leuchtturm und dahinter öffnet sich der Stößensee. Als hätte der Wettergott mit beiden Backen zu blasen angefangen, bläht sich plötzlich das Segel. Das Boot bekommt Fahrt und der Draht, an dem das metallene Steuerblatt im Wasser hängt, beginnt tief zu vibrieren. Je schneller das Boot fährt, desto höher wird der Ton. Mir kann es nicht schnell genug gehen. Paul kreuzt das Boot gegen den Wind. Ich finde es wunderbar. «Mensch, pass auf! Geh wenigstens auf die andere Seite, sonst kentern wir noch!» Aber wir kentern nicht und ich rede mir ein, Segeln sei ein Kinderspiel.

«Sie sind ein Clown», findet Ludwig, als ich ihm mein Segelabenteuer schildere. «Und wenn ihr wirklich gekentert wäret, was dann?» «Aber Ludwig, eine Jolle kann doch gar nicht sinken. Da sind doch immer Luftkanister drin, damit sie oben bleibt.» «Ja, aber die Wasserpolizei wäre in jedem Fall gekommen. Und ausweisen hätten Sie sich auch müssen. Sind die Aquarellstempel auf Ihrem Postausweis etwa wasserfest?»

«Gut, Ludwig, in Zukunft lasse ich den Ausweis im Bootshaus in meinem Schrank. Kommen Sie auch mal mit mir segeln?» «Nein, ohne mich. Mir ist das Leben auf dem Land schon gefähr-

lich genug. Die Freuden des Wassersports habe ich zur Genüge ausgekostet. Ich hatte selbst mal ein Motorboot. Aber, wenn Sie wollen, gebe ich Ihnen meine weißen Hosen und einen weißen Rollkragenpullover. Die Sachen kann ich abends bei meiner Frau holen. Sie hat mich zwar bei der Polizei als vermisst gemeldet, aber ab und zu besuche ich sie doch. Wissen Sie, sie ist «arisch». Nur weil wir leider keine Kinder haben, ist unsere Mischehe nicht privilegiert.[31] Deswegen können sie mich jederzeit abholen und deportieren. Deswegen bin ich ja jetzt auch hier.»

Paul Böhm sieht mir zum Glück bei meinem ersten Segelversuch nicht zu. Er beobachtet nicht, wie dilettantisch ich das Boot losmache. Aber ich werde mich mit dem Boot schon anfreunden. Sein Name ist in Messingbuchstaben am Heck montiert: KAMERAD. Nomen est omen, sage ich mir und rudere aus dem Hafen. Zuerst ist das Wasser im Kanal ganz ruhig. Am Ausgang zum See, wo ein kleiner Leuchtturm steht, bläst der Wind allerdings viel stärker. Ich will das Segel aufziehen. Aber kaum ist es zur Hälfte oben, verfängt sich der Wind, und das Schiff bekommt Fahrt. Der Großbaum liegt auf meinem Knie. Ich muss ihn mit beiden Händen festhalten. Zum Vertauen ist keine Zeit mehr. Das Boot beginnt zu rasen. An Land habe ich gar nicht bemerkt, wie stark es bläst. Der Draht am Steuerblatt summt immer heller. Links und rechts spritzt mir die Gischt ins Gesicht. Wie, um Gottes Willen, soll das enden? Ist die Havel wirklich so breit? Die Fahrt nimmt kein Ende. Mit aller Kraft steuere ich das gegenüberliegende Ufer an. Endlich knirscht der Grund unter dem Kiel. Ich strande im Schilf.

Inzwischen ist es dunkel, und der Wind ist weg. Da höre ich das An- und Abschwellen der Sirenen. Fliegeralarm. Das kann ja lustig werden. Und dann bellen auch schon die Fliegerabwehrgeschütze. Weiße Leuchtfinger suchen so lange am Himmel nach Flugzeugen, bis sich endlich eines in der Überschneidung zweier Scheinwerfer verfängt. Jetzt geht die Knallerei erst richtig los.

Dabei bleibt die in den Himmel geschossene Munition nicht oben. Nachdem sie explodiert ist, kommt sie stückweise wieder herunter und klatscht aufs Wasser. Aber bitte nicht auf meinen Kopf. Ob ich hier im Schilf liege oder ob ich zurückrudere, das ist egal. Es klatscht überall. Also zurück. Langsam wird es hell. Nassgeschwitzt komme ich am Bootshafen an, vertäue das Boot und fahre mit der ersten Bahn nach Hause. Frau Schirrmacher hat nichts gemerkt. Ich dusche kalt und bin pünktlich bei Ludwig. Von meinem Erlebnis erzähle ich ihm nichts. Vorläufig jedenfalls. Aber nachdem ich meine Ausweis-Hausaufgaben gemacht habe, kaufe ich mir im KdW ein Buch: Segeln für Anfänger.

Tatjana

In Sibirien, genauer in Tomsk, wurde Tatjana 1889 geboren. Sie ist Russin und sieht auch so aus, wie man sich eine Russin vorstellt. Schwarze Haare, breite Wangenknochen, mongolische Augen, kräftige Zähne und leicht rundlich. Wenn sie spricht, gestikulieren die Hände, blitzen die Augen und beim Sprechen rollt sie das R.

Sie ist entsetzt über meine frustrierende Abfuhr in der noblen Grunewald-Villa. Dabei wollte doch ihre Patientin ausdrücklich einen versteckt lebenden Juden bei sich beherbergen. Und jetzt dieser Affront. «Tatjana, verzeihen Sie ihrer Patientin. Die Mutter ist schuld.» «Gut, Cioma, dafür sind Sie jetzt bei mir zu einem russischen Nachtessen eingeladen. Sie sollen sich fühlen wie zu Hause.»

Der Tisch ist mit wunderbaren Leckereien gedeckt. Roter Kaviar, Stör, Oliven, Lachs, Butter und warmer Toast lachen mich an. Daneben steht die mit einer Eiskruste bedeckte Wodkaflasche. Nach der Vorspeise gibt es Borschtsch und echte russische Blinis, in Butter gebratene Crêpes, gefüllt mit gekochtem, gehacktem Suppenfleisch, vermischt mit hartem Ei, Hühnerschmalz, Grieben und etwas Reis zum Auflockern. Sie entkorkt eine Flasche ‹Moet & Chandon›. «Und jetzt trinken wir zuerst mal Brüderschaft, damit wir uns küssen können.» Ich bin nicht besonders trinkfest und hatte noch nie einen richtigen Rausch. Aber nach dem Champagner und dem dritten Wodka löst sich meine Zunge. Und ich spreche und spreche. Sie auch.

Sie behauptet, Jüdin zu sein. Aber ich vermute, sie ist getauft und jetzt griechisch-orthodox. Das beweisen auch die Orden und Ehrenzeichen in dem kleinen Silberrahmen an der Wand. Sie muss als Krankenschwester sehr tapfer gewesen sein. Tatjana will mich unbedingt in die Gesellschaft der adligen russischen Emigranten einführen. Sie findet aber mein Russisch noch mangelhaft und beginnt, mich bereits am Tisch zu unterrichten. Sie denkt auch schon an einen Lehrer, einen gewissen Herrn von Breschko-Breschkowski. Ich frage, ob er etwas mit der berühmten Großmutter der Revolution zu tun hat. «Um Gottes Willen, erwähne das nicht. Für ihn ist sie gestorben. Er ist Großfürst und war Page am Zarenhof. Er schämt sich seiner Mutter.» Das Nachtessen zieht sich in die Länge. Zum Schluss gibt es Charlotte Russe, eine mit Wodka getränkte Bisquitrolle. Eigentlich will ich früh ins Bett. Es kommt zwar auch dazu, aber nicht in meinem Zimmer bei Frau Schirrmacher. Das Frühstück bei Tatjana ist ebenso üppig wie das Nachtessen.

Am nächsten Abend will sie unbedingt mit mir ins Schauspielhaus am Gendarmenmarkt. Es wird Hamlet gespielt. Mit Gustav Gründgens und Käthe Gold.[32] Die Eintrittskarten besorgt ihr noch am gleichen Tag die Aufwartefrau in ihrem Haus, deren Mann als Bühnenarbeiter im Schauspielhaus angestellt ist.

Wegen der befürchteten Luftangriffe sind die Straßen total verdunkelt. Wenn versehentlich ein Fenster leuchtet, brüllt es sofort mit vielen Stimmen von unten: «Licht aus!» Damit die Fußgänger in der Finsternis nicht versehentlich zusammenprallen, tragen sie Phosphorleuchtknöpfe am Revers. Aber im Schauspielhaus, im festlich erleuchteten Theater, kann man sich kaum vorstellen, dass Krieg herrscht. Lediglich die vielen Männer in Uniform erinnern daran. Während der Pause führt mich Tatjana im Foyer ans Buffet und bittet um ein Glas Sekt. Ich warte und höre sie hinter meinem Rücken russisch reden. Als ich mich umdrehe, sind es zwei Offiziere in deutscher Uniform, die sie offenbar kennt. Nachher flüstert sie mir zu: «Es sind adlige Russen. Im eroberten Russland hoffen sie, ihre Güter wieder zurückzuerhalten.»

Die Vorstellung hat Weltklasseniveau. Selbstverständlich begleite ich Tatjana nach Hause. Ich frage mich nebenbei, wozu ich eigentlich das Luxusquartier bei Frau Schirrmacher habe.

Als ich am nächsten Morgen übermüdet in die Kleiststraße zurückkomme, bin ich meiner liebenswürdigen Wirtin eine Erklärung schuldig. Ich ziehe sie ins Vertrauen und gestehe ihr, dass ich eine vierundzwanzig Jahre ältere Freundin habe. Ich bitte sie aber, wenn sich Vater oder Mutter nach mir erkundigen, zu sagen, ich gehe abends immer pünktlich zu Bett. Wenn sie bei mir zu Hause erfahren, dass ich eine so viel ältere Freundin habe, gibt es Ärger. Frau Schirrmacher schmunzelt und verspricht, für mich zu lügen. Jetzt sind wir so etwas wie Komplizen.

«Aber wissen Sie, Herr Schönhausen. Jetzt muss ich Ihnen etwas gestehen. Als Sie so lange weg waren, und auch der junge Mann von der Hitlerjugend vorne im rechten Zimmer eine Tagung besuchte, war ich mutterseelenallein in der großen Wohnung. Der ungarische Militärattaché war auch nicht da. Da habe ich so schlecht geschlafen. Ich habe ganz schrecklich geträumt: Ich habe geträumt, dass die Russen kommen und die Juden. Es war schrecklich. Ein Glück, sind Sie wenigstens wieder da.» Während sie spricht, beginnen die Sirenen zu heulen. Fliegeralarm. «Kommen Sie, Frau Schirrmacher, geben Sie mir Ihren Arm. Die dunkle Treppe in den Luftschutzkeller ist steil. Ich trage Ihren Koffer.» Im Luftschutzkeller erzähle ich ihr mein

Abenteuer mit dem Segelboot. Wie ich da allein über die Havel getrieben wurde und bei Fliegeralarm in der Nacht zurückrudern musste, während die Flakgeschosse neben mir ins Wasser klatschten. «Schönhausen, Schönhausen, Sie machen Sachen. Aber es ist gut, dass Ihnen nichts passiert ist.»

Nach der Entwarnung – es war wieder einmal blinder Alarm, um die Berliner beim Schlafen zu stören – liege ich im Bett und lese aufmerksam, wie ein Segelboot gestartet wird. Ganz einfach: Man legt das Boot in den Wind. Wenn das Segel aufgezogen wird, flattert es wie eine Fahne. Erst wenn es los gehen soll, legt man das Steuer etwas herum und wartet, bis sich der Wind im Segel verfängt und das Boot zu fahren beginnt. Jetzt lässt sich mit dem Steuer die gewünschte Richtung bestimmen. Ich lerne, wie gefährlich das Halsen für Anfänger ist. Wie ein Palstek geknotet wird, damit sich das Boot nicht selbständig machen kann, wenn es festgemacht ist. Theoretisch kann ich jetzt segeln. Ich weiß auch, was ich beim letzten Mal falsch gemacht habe. Aber segeln darf ich nur sonntags, sonst falle ich auf.

Morgens gehe ich, wie immer, zu Ludwig. Mittags esse ich jetzt meist bei Kempinski am Kurfürstendamm. Ein arisierter Betrieb. Aber der Nimbus des erstklassigen Restaurants, wo sich die bessere jüdische Gesellschaft des Berliner Westens traf, ist ihm geblieben. Jetzt nur ohne Juden. Oder mit solchen, wie mir. An einem Nebentisch sitzt ein junger Leutnant mit seiner Mutter. Er erzählt ihr seine Erlebnisse von der Front. Wie sich der Kommandeur, auf einem Panzer liegend, mitten in eine russische Kolonne hineinfahren ließ. Und wie er von oben mit seinem Maschinengewehr den feindlichen Vorstoß zum Stehen brachte. Dafür bekommt er sicher das Ritterkreuz. «Aber Junge, das ist doch gefährlich. Du machst doch hoffentlich nicht auch solche Dinge.» «Aber Mutter, wir sind doch Soldaten.»

Sonntag ist hervorragendes Segelwetter. Meine Jolle zieht auf der Havel Richtung Wannsee. Ich segle mit Hanni Hollerbusch, einer halb-jüdischen Freundin von Dorothee. Dann ist noch ein ebenso «halb-arisches» Mädchen dabei, das ich aus der Schule kenne. Wir haben Rückenwind. Das Großsegel ist steuerbord ausgefahren. Die Fock steht links. Im Boot liegen wir bequem auf den Sofakissen, die Mama bestickt hat. Bunte Vögel, paradiesische Blumen und Ornamente voller Phantasie. Wenn sie wüßte, wo heute ihre Kissen liegen, wer sich auf ihnen weich an den Bootsrand lehnt…

Hanni Hollerbusch zeigt hinüber nach Nikolassee. Dort wohnte unsere Freundin Renate Klepper.[33] Alle sehen rüber. «Wusstet ihr, dass Renate sich das Leben genommen hat?» Und dabei beginnt sie zu lachen. Sie lacht und lacht und lacht. Sie kann nicht aufhören, bis ihr die Tränen kommen.

Der Wind hat gedreht. «Alle auf die andere Seite. Ich muss dem Dampfer ausweichen.» Noch immer lacht Hanni und stammelt: «Ihr Vater, ihre Mutter und Renate, alle haben sich umgebracht. Gemeinsam. Durch Gas. In der Küche.» «Hanni, warum lachst du eigentlich?» «Ich weiß nicht. Wenn ich die Kissen sehe und daran denke, wie sorgsam deine Mama sie hütete. Und jetzt liegen sie hier im Boot und werden nass. Und Renate. Sie war so fröhlich. Sie bewegte sich wie eine Tänzerin. Und wir hier auf der Havel.»

Hanni war einmal mit Dorothee bei uns zu Besuch. Sie kennt Mama und Papa und die Sofakissen. Es wird still auf dem Boot. Niemand spricht. Hanni kannte Renate bis zuletzt. Ihre Einreise in die Schweiz wurde abgelehnt. Ihre Ausreise aus Deutschland auch. Durch den Innenminister Wilhelm Frick. Obwohl er ihren Vater, Jochen Klepper, gut kannte. Jetzt befindet sich Renate dort, wo man kein Visum braucht. Der Himmel ist kalt und hört zu. Eine Möwe sitzt auf der Spitze des Peitschenmastes und fährt mit. Ist es Renate Klepper?

Der Fluchtkönig

Dr. Kaufmann lacht und klopft mir auf die Schulter. «Schönhaus, wissen Sie, wie ich Sie von jetzt an nenne? Für mich sind Sie der Fluchtkönig. Zuerst das Zimmer bei der Frau Schirrmacher, wo er sich nicht mal anmelden darf. Und jetzt die Sache mit dem Segelboot. Wissen Sie was? Sie sollten eine Schule der Illegalität gründen und dort Unterricht erteilen. Im Grunde ist ja das, was wir hier tun, kriminell. Aber unter einem kriminellen Regime ist das, was wir machen, die einzig angemessene Verhaltensform. Nun, Sie sind jung, abenteuerlustig und zu allen Dingen im Leben positiv eingestellt. Darum sind Sie auch erfolgreich. Ich aber, als ehemaliger Oberregierungsrat, muss doch sehr umdenken. Doch das erhält jung. Na ja, nun aber zurück zum Alltag. Hier sind achtzehn Kennkarten und drei Postausweise. Was meinen Sie, schaffen Sie das bis zum nächsten Freitag?»

Am frühen Morgen fahre ich pünktlich zu Ludwig in unseren Laden. Es ist etwas kühl. Noch im Mantel gehe ich die ‹Thurgauer Zeitung› holen. Die einzige Schweizer Zeitung, die während des Krieges in Deutschland regelmäßig erhältlich ist. Als ich zurückkomme, hat Ludwig den kleinen Kanonenofen angezündet. Er knistert vor sich hin und sprüht Funken. Nun will ich an die Arbeit und suche die Zeitung, in der ich, wie immer, die Ausweise unauffällig transportiere. Aber die Zeitung ist weg. «Ludwig, haben Sie hier meine Zeitung gesehen?» «Ja, warum? Die war doch von vorgestern.» «Ja, aber da waren einundzwanzig Ausweise drin, die ich gestern von Dr. Kaufmann bekommen habe!» «Was? Um Gottes Willen! Mit der Zeitung habe ich gerade den Ofen angefeuert.» Mir wird heiß und kalt. «Ludwig, wie bringe ich das Dr. Kaufmann bei? Und dabei hat er mir gerade gestern so etwas wie einen Titel verliehen. Er will mich von jetzt an den Fluchtkönig nennen.»

Ich fahre sofort nach Halensee. Dr. Kaufmann sieht mich durchdringend an. Sein kalter Blick tut mir weh. Aber ich kann nichts dagegen tun. Je mehr ich versuche ihm zu erklären, wie das geschehen ist, desto weniger scheint er mir zu glauben. Und da ich ihn so sehr respektiere, trifft mich sein Misstrauen tief. «Wissen Sie, was für eine Kennkarte auf dem schwarzen Markt bezahlt wird? Bis zu dreitausend Reichsmark! Es sei denn, Mitglieder der Bekennenden Kirche deponieren ihren Ausweis im Opferstock. Sie hoffen, damit jemandem zu helfen. Und Sie versuchen mir einzureden, Ihr Freund hätte die Ausweise versehentlich verbrannt?» Trotzdem geht er wieder an seinen Bücherschrank, holt unter dem untersten Regal das Nähkörbchen hervor und gibt mir wieder ein paar Ausweise. Aber jetzt sind es nur noch fünf. Er will das Risiko verkleinern.

Schwester Tatjana hat sich aufs Injizieren von Bienengift gegen Rheumatismus spezialisiert. Ein Herr Jankowski kommt regelmäßig und lässt sich von ihr behandeln. Ich sehe ihn oft, denn ich gehöre schon irgendwie zum Inventar von Tatjanas Wohnung. Jankowski ist kaum vierzig Jahre alt. Er sieht sportlich aus. Leidet er wirklich unter Rheuma oder ist es etwas anderes, was ihn zu Tatjana zieht? Was es auch sei, er hat Vertrauen zu ihr. Eines Abends sprudelt es aus ihm heraus: «Tatjana, ich leide. Ich leide unter meiner Arbeit.»

Ich sitze verkehrt herum und breitbeinig auf einem Stuhl, die Arme auf der Lehne, den Kopf auf den Armen. Jankowski öffnet sein Herz. «Wissen Sie, Tatjana, ich arbeite in der einzigen Behörde Deutschlands, die für Russen zuständig ist. Dort bin ich der erste Sekretär im Büro von General Biskupski. Als Hitler nach seinem Putsch in München polizeilich gesucht wurde, hat ihn ein weißrussischer Emigrant bei sich aufgenommen. Nur für ein paar Tage. Es war dieser zaristische General Biskupski. Hitler hat ihm das nicht vergessen. Und nach 1933 bekam Biskupski das Privileg, ein Amt für zaristische Russen zu eröffnen. Eine Art Behörde[34], aber nur für Russen, die garantiert keine Bolschewiken und selbstverständlich auch keine Juden sind. Jetzt, wo die Deutschen in Russland kämpfen, hat dieses Büro plötzlich eine

Bedeutung. Alle ehemaligen Barone, Grafen und Großfürsten – viele davon sind heute hohe Offiziere in der Wehrmacht – sie alle hoffen, bald die neuen Herren Russlands zu sein. Und ich bin Sekretär vom Chef dieser Behörde. Es ist jetzt ein Herr von Taboritzki, nachdem General Biskupski vor fünf Jahren starb. Täglich bekommen wir Briefe ins Amt. Dabei zieht sich mir das Herz zusammen.» Herrn Jankowski kommen die Tränen. «Da schreiben russische Frauen, die man nach Deutschland verschleppt hat, sie seien schwanger. Dabei müssen sie Kohlenwagen ausschaufeln. Sie bitten um leichtere Arbeit. Und wissen Sie, was ich machen kann? Die Briefe abstempeln und ablegen. Das ist alles. Die Deutschen sind grausam. Ich möchte helfen. Aber wie?»

Ich frage Herrn Jankowski: «Welche Funktion hat denn Ihr Büro?» «Eine sehr Wichtige. Wir stellen Ausweise aus. Dazu wird vorher sorgfältig recherchiert: Ist der Bewerber «arisch»? Wo genau wurde er geboren? Welchen Beruf hat er? Sein Vater? Sein militärischer Status in Russland? Wann hat er das Land verlassen? Über welche Grenze ist er ausgereist? Wo wohnt er heute? Hat er inzwischen die deutsche Staatsbürgerschaft? Sein deutscher militärischer Dienstgrad? Wo arbeitet er gegenwärtig? Zu welcher russischen Kirche Berlins oder anderswo gehört er? Hat er eine ausreichende Referenz vorgelegt? Zivilstand? Und so weiter. Es ist ein großer Fragebogen. Herr von Taboritzki stellt die Fragen, und ich setze die Antworten ein. Der Bewerber und Herr von Taboritzki unterschreiben. Nachher wird ein Ausweis mit Passfoto und Fingerabdrücken ausgefertigt. Mit einer genauen Personenbeschreibung. Eine Kopie bleibt im Amt, für den Fall, dass Rückfragen kommen.»

Je länger Herr Jankowski seine Tätigkeit ausführt, desto mehr wünsche ich mir einen solchen Ausweis. Vollkommen unvernünftig höre ich mich plötzlich sagen: «Herr Jankowski, Sie wollen doch helfen. Helfen Sie mir? Ja, Sie haben mich richtig verstanden. Ich bin auch russischer Abstammung. Aber ich bin Jude.

Meine Eltern stammen aus Minsk. Sie wurden im Juni 1942 deportiert. Ich lebe jetzt versteckt in Berlin. So ein Ausweis, wie er bei euch ausgestellt wird, könnte mir das Leben retten!» Tatjana ist entsetzt. «Cioma» – als er mich mit meinem Vornamen anspricht, fällt mir ein Stein vom Herzen – «Cioma, ich will Ihnen helfen. Lassen Sie mich nur nachdenken, wie.»

In dieser Nacht kann ich nicht gut schlafen. Und Tatjana meint, das sei sehr unvernünftig von mir gewesen. Trotzdem finde ich es gut, ihn gefragt zu haben. Ich fühle, er meint es ehrlich. Am nächsten Abend kommt er wieder: «Cioma, ich glaube, ich weiß jetzt, wie es gehen wird. Können Sie einige Papiere von sich beschaffen? Eine Bescheinigung von der Fabrik, in der Sie arbeiten?» «Ja, ich bringe Ihnen ein Schreiben auf einem Originalbriefbogen der AEG. Ist das gut?» «Sehr gut sogar. Dann brauche ich eine polizeiliche Anmeldung.» «Auch das können Sie von mir haben. Das Formular kauft man in jedem Schreibwarengeschäft. Und die Stempel kann ich selber machen. Ich bin Grafiker.» Ich zeige ihm den Stempel auf meinem Postausweis. «Cioma, dann haben Sie ja schon einen Ausweis!» «Herr Jankowski, aber Ihrer ist echt. Bei meinem löst jeder Regentropfen die Aquarellfarbe des Stempels auf. Und mit Ihrem Ausweis darf von der Polizei bei einer Kontrolle dort nachgefragt werden, wo der Ausweis ausgestellt worden ist. Bis heute wäre jede Rückfrage bei der Post tödlich für mich.» «Cioma, wir werden es schaffen. In mir reift ein Plan. Ich brauche vier Passbilder von Ihnen. Ich komme morgen wieder und sage Ihnen dann genau, wie wir es machen werden.»

Langsam fasst Tatjana Vertrauen zu ihm. Bei einem kleinen Nachtessen erläutert er uns, wie das Procedere ablaufen soll: «Beim Verhör des Bewerbers für einen zaristischen Ausweis sitzt Taboritzki an einem großen Schreibtisch. Meistens in SS-Uniform. Er ist Obersturmführer. Der Bewerber muss stehen. Ich sitze seitlich an einem kleinen Tisch und schreibe jedes Wort mit.» «In Russisch?» «Ja, natürlich!» «Aber, Herr Jankowski, mein

Russisch ist doch miserabel. «Warten Sie, Ciomka.» Er benutzt die verschiedensten Koseformen meines Vornamens. «Ciomtschka, Sie werden Taboritzki nicht zu sehen bekommen, wenn alles gut geht. Das Verhör ist militärisch und Taboritzki ist ein Pedant. In allen Belangen, auch beim Essen. Das ist sein schwacher Punkt. Er geht täglich genau zehn Minuten vor zwölf ins Restaurant nebenan. Dort ist für ihn stets gedeckt. Das ist unsere Chance! Bei Bewerbern, die um viertel vor zwölf noch im Wartezimmer sitzen, fragt er mich gewöhnlich, ob es etwas Verdächtiges gibt. Und wenn ich verneine, gibt er mir die von ihm unterschriebenen Dokumente mit den Worten ‹machen Sie die Sache alleine fertig›. Dann geht er pünktlich zu Tisch. Cioma, wenn ich von Ihnen alle Unterlagen habe, vereinbaren wir einen Tag. Den großen Fragebogen fülle ich schon selbst aus und Sie warten dann im Wartezimmer. Wenn ich sehe, er will ausnahmsweise nicht pünktlich zu Tisch gehen, komme ich raus und sage, ‹heute ist es schon zu spät. Kommen Sie morgen wieder›. Wenn es aber so wie immer abläuft, haben Sie in zehn Minuten Ihren neuen Ausweis.»

Einige Tage später sitze ich im Wartezimmer des Büros von Taboritzki. Außer mir ist keiner da. Die Passbilder hat Herr Jankowski schon am Abend zuvor von mir bekommen. Die zehn Minuten kommen mir endlos lang vor. Doch dann geht die Tür auf. Jankowski kommt heraus. Hinter seiner Amtsmiene verbirgt sich ein Lächeln. Er gibt mir den Ausweis. «Kommen Sie, wir machen noch schnell die Fingerabdrücke.» Ich bedanke mich und fühle mich wie neu geboren. Ich habe mir einen neuen russischen Namen zugelegt: Jetzt heiße ich Peter Petrov. Bei einer Polizei- oder Wehrmachtskontrolle kann im Amt Taboritzki nachgefragt werden. Und die Antwort wird immer lauten: «Jawohl, alles in Ordnung. Peter Petrov ist bei uns ordnungsgemäß registriert. Gegen ihn liegt nichts vor.»

Fortune oblige

Stella Goldschlag war eine meiner jüdischen Mitschülerinnen an der Kunstgewerbeschule in der Nürnberger Straße. Sie war die Marilyn Monroe unter den Mädchen. Und ich wäre gerne ihr Arthur Miller gewesen. Aber sie übersah mich. Später gehörte sie zu den gefürchteten Spitzeln, die illegal lebende Juden der Gestapo ans Messer lieferten. Offenbar wurde sie, wie viele Spione, «umgedreht». Nachdem sie in den Fängen des Gegners war, hat sie ihre eigenen Leute verraten. Durch Drohungen und Versprechungen gelingt es, viele Menschen zu pervertieren. Nur wenige können ihre Todesangst überspielen und durch Geist, List und Schlagfertigkeit den Gegner auf eine falsche Fährte führen, um niemanden verraten zu müssen. Außer ihrer Schönheit hatte Stella keine besonderen Qualitäten. Und vermutlich genügte schon die Drohung, ihr die schönen Zähne zu zertrümmern, um sie für polizeiliche Aufgaben gefügig zu machen.

Als ich sie in der Ansbacher Straße von weitem kommen sehe, klopft mir das Herz etwas schneller. Jetzt kann ich ihr mehr bieten, als damals in der Schule. Ich habe einen hieb- und stichfesten Ausweis, eine perfekte Bleibe, ein Segelboot sowie Geld. Und nun kommt mir auch noch mein Schwarm von damals entgegen. Sie lächelt. Sie kommt mit mir ins Café, um einen Tee zu trinken. Sie schaut an mir herauf. Als ich neben dem Teeglas meine Hand auf die ihre lege, nimmt sie sie nicht weg.

Sie sagt nicht nein, als ich sie frage: «Hast du Lust, mein illegales Zimmer zu sehen?» Der Tee ist ungetrunken kalt geworden. Und wir beide stehen auf der hinteren Plattform der Straßenbahn, die zur Kleiststraße fährt. Vorne steigen viele Fahrgäste ein. Die Bahn muss warten. Unvermittelt fragt mich Stella: «Machst du auch keinen Fehler?» «Doch. Du hast recht, komm, wir steigen wieder aus.»

Später wurde sie von der Gestapo darauf angesetzt, mich, den Passfälscher Günther Rogoff, alias Cioma Schönhaus, zu fangen.

Ihre fünf Worte waren eine Liebeserklärung. Aber welche innere Stimme hat mir den Satz in den Mund gelegt «Du hast Recht, komm, wir steigen wieder aus.» Die Erbse hat Glück gehabt.

Ich gehe ins Kaufhaus KaDeWe und kaufe mir eine weitere Segelschule für Fortgeschrittene. Und für Frau Dr. Meier ein Fläschchen Parfüm. Dann schlendere ich die Tauentzienstraße entlang bis zur Bleibtreustraße. Meine Schritte sind federleicht. Was so ein neuer Ausweis alles bewirkt.

Dr. Meier gratuliert mir zum Dokument meiner weißrussischen Staatsbürgerschaft. Aber ich bin noch nicht ganz zufrieden und bitte ihn um eine Gefälligkeit: «Sie leben ja noch in Ihrer Wohnung und können auch noch ganz normal Post empfangen. Ich möchte Ihnen einen mit Bleistift adressierten Brief senden. Bewahren Sie den Umschlag bitte auf. Wenn ich komme, radiere ich die Bleistiftadresse weg und setze dafür meine fingierte Anschrift ein: Berlin, Meinekestraße 10. So, wie ich es im Formular der weißrussischen Behörde angegeben habe. Dann wird jeder, der den Umschlag in meiner Brieftasche findet, glauben, ich wohne wirklich dort, wo die abgestempelte Post für mich ankommt. Mit einem solchen Briefumschlag ist meine Brieftasche noch um einen Glaubwürdigkeitsbeweis reicher.»

In Berlin gibt es überdies Tabakgeschäfte, die nebenbei eine Leihbibliothek betreiben. So etwas befindet sich in der Turmstraße. Ich gehe hin, zahle eine kleine Gebühr, hole zwei Bücher und bekomme einen Ausweis, der mich berechtigt, ein halbes Jahr lang Bücher auszuleihen. Dieser Ausweis ist auf den Namen Peter Petrov, geboren am 7. 7. 1922, ausgestellt. Also eine weitere Bestätigung der Legitimation.

Als ich Dr. Kaufmann meine Brieftasche vorführe, meint er, nun könne mir also wirklich nichts mehr passieren. «Das ist gut so, Schönhaus. Wir brauchen Sie. Fortune oblige. Auf uns warten große Herausforderungen. Der Bedarf nach Ausweisen steigt in Berlin und im gesamten Reichsgebiet. Ich mache Sie nun mit meiner wichtigsten Helferin bekannt. Auch jemand aus der Bekennenden Kirche. Sie braucht Ihre Dienste. Ich habe ein Treffen vereinbart. Kommen Sie morgen früh um zehn Uhr an den U-Bahnhof Breitenbachplatz. Dort erwartet Sie am großen Stadtplan eine junge Frau. Fragen Sie nach der Gefkenstraße. Das ist das Kennwort. Alles weitere können Sie dann selbst mit ihr vereinbaren. Sie heißt Helene Jacobs.»

Am nächsten Morgen bin ich pünktlich am Breitenbachplatz. Die U-Bahn-Station ist menschenleer. Am Stadtplan steht eine junge Frau, ich gehe auf sie zu. «Können Sie mir sagen, wo die Gefkenstraße ist?» Sie ist zierlich. Beim Gehen zeigen ihre Fuß-spitzen wie bei einer Balletttänzerin nach außen. Ihre Gesichts-haut ist unrein. Ihre blonden Haare sind strähnig. Ihre Kleidung ist vollkommen unmodisch. Aber ihre klugen Augen blicken mich groß und vertrauensvoll an. Selbstbewusst beginnt sie, mir Fragen zu stellen. Dann nimmt sie aus ihrer Handtasche ein Bündel Ausweise. Es sind sieben Kennkarten und ein Postaus-weis. Mit einer Klammer ist das jeweils passende Bild angeheftet. Sie bewegt sich so unbefangen und selbstverständlich, dass sogar Passanten nicht auf die Idee kämen, hier geschähe etwas Verbote-nes. «Wann kann ich die Papiere wiederhaben?» «Morgen.» «Gut, dann bringen Sie alles zu mir. Ich wohne in der Bonner Straße 2, im fünften Stock. Wenn Sie am Nachmittag um zwei Uhr kom-men, lernen Sie den Pfarrer Kurt Müller aus Stuttgart kennen. Der nimmt die Ausweise dann mit.»

So beginnt die Freundschaft mit Helene Jacobs.

Der Pfarrer Kurt Müller ist alles andere, als das, was man sich unter einem Pfarrer vorstellt. Groß, kräftig, mit einem See-mannsgesicht und einer Tabakspfeife im Mundwinkel. Er be-grüßt mich mit seinem Bass, gibt mir seine Pranke und benimmt sich so, als kenne er mich schon Gott weiß wie lange. Dann geht er mit den Ausweisen ans Fenster, sieht sich jeden einzeln durch seine auf die Nasenspitze geschobene Brille an, schlägt sanft mit der Faust auf den Tisch, gibt die Ausweise an Helene Jacobs wei-ter und sagt nur: «Ich komme bald wieder. Es gibt noch so viele, die so etwas brauchen.» Als er geht und seinen breitkrempigen Hut aufsetzt, sieht er doch aus wie ein Pfarrer. Aber ein richtiger.

Zufrieden fahre ich mit der Straßenbahn zurück in die Wald-straße in unseren Laden. Ludwig ist wieder auf philatelistischer Jagd. Ich bin allein.

Der Brief mit der mit Bleistift geschriebenen Adresse ist prompt bei Dr. Meier angekommen. Ich habe ihn zu meinem neuen Ausweis in die Brieftasche gelegt. Bei einer polizeilichen Kontrolle wird es jetzt wenigstens nicht mehr in mir tönen: «Den Ausweis hast du selber gemacht... selber gemacht... selber ge-macht...» Jetzt ist alles echt!

Es ist fast ein körperlicher Genuss. Ich will mir den Ausweis noch einmal ansehen. Wo ist er? Ich suche. Ich durchwühle alle Taschen. Die Brieftasche ist weg! Wie konnte das bloß passieren? Wahrscheinlich habe ich in der Straßenbahn, nach dem Bezahlen, die Innentasche meines Sakkos verfehlt. Und beim Aussteigen ist dann die Brieftasche zwischen Hemd und Hose rausgefallen. Noch in der Straßenbahn? Oder auf der Straße? Wer weiß.

Aber der Ausweis muss ja nicht direkt bei der Polizei gelandet sein. Vielleicht hat ihn jemand gefunden, der selbst einen braucht. Vielleicht spielt jetzt ein Kind mit meiner Brieftasche. Ich schlage am helllichten Tag das Bett auf, lege mich angezogen hin und ziehe das Deckbett über den Kopf. Lieber Gott, hilf mir! Was soll ich jetzt tun? «Nichts sollst du tun. Abwarten sollst du.»

Angenommen, sie finden den an mich adressierten Umschlag und sie wollen meine Brieftasche dort abgeben. Dann kennt mich dort keiner. Dann werden sie in der AEG nach mir suchen, aber auch dort bin ich unbekannt. Dann wird die Polizei in der Leihbücherei in der Turmstraße nach mir fragen. Und überall werden sie hören: «Wenn Peter Petrov auftaucht, sofort die Poli-zei verständigen!»

Aber ich warte noch ab und rede auf mich ein: «Beruhige dich. Gegen abend kannst du doch mal in der Leihbücherei an-rufen. An der Reaktion merkst du ja, ob man dich dort schon gesucht hat.» Das ist zwar höchst unwahrscheinlich, aber kurz vor sechs gehe ich doch in eine Telefonzelle und wähle mit angehaltenem Atem die Nummer. Es meldet sich die Bücherei in der Turmstraße: «Entschuldigen Sie, hier spricht Peter Petrov. Ich vermisse meine Brieftasche. Möglicherweise habe ich sie bei Ihnen liegen lassen. Haben Sie sie gefunden?» Ich denke, ich höre nicht recht. Am anderen Ende sagt der Besitzer der Leihbücherei: «Ja, Herr Petrov, Ihre Brieftasche ist hier. Wann kommen Sie sie holen?» Ich habe ein Gefühl, als schnüre mir jemand den Hals zu. Ich bringe kein Wort heraus und lege stumm den Hörer auf. Das Schlimmste, was geschehen konnte, ist geschehen.

Ich war schon seit Wochen nicht mehr in dieser Leihbücherei.

Wie ein Affe im Käfig gehe ich in unserem Laden hin und her, hin und her. Das Schlimmste ist, dass ich selbst an meinem Absturz schuld bin. Mama hat immer gesagt: «Er wäre ja so ein netter Junge, wenn er nur ordentlicher sein könnte.» Nun ist sie nicht mehr da. Und Papa auch nicht. Er fehlt mir. Denn sonntags kamen immer Nachbarn, um sich von ihm in allen möglichen Fragen beraten zu lassen. Wo ist er jetzt?

Es gibt nur noch eine indirekte Verbindung zu ihm. Hier unten. Sein letzter Freund. Der, dem er im Gefängnis zum Abschied seine Brotreserve mit auf den Weg gegeben hat. Werner Schlesinger. Ihn gibt es noch! Und ich weiß auch, wo ich ihn finden kann. In Steglitz. In der Schlossstraße, Ecke Markelstraße. Dort ist ein Restaurant, in dem es Wildbret gibt. Markenfrei. Dort habe ich ihn abends schon getroffen. Ich hoffe, er isst dort. Ich will ihm erzählen, was mir passiert ist. Vielleicht weiß er, was ich tun soll.

Da sie jetzt schon in der Leihbücherei nach mir gefragt haben, nehmen sie die Fahndung nach Peter Petrov offenbar ernst. Und weil ich die Brieftasche vermutlich auf dem Weg zwischen der Straßenbahnhaltestelle und unserem Laden verloren habe, werden sie mich hier im Stadtviertel suchen. Ich muss aufpassen. Um mich ein wenig unkenntlich zu machen, leihe ich mir den Hut von Ludwig. Ohne zu fragen. Ich ziehe ihn mir tief ins Gesicht. Ein Blick in den Spiegel und dann ab nach Steglitz.

Das Restaurant in Steglitz besteht aus zwei großen, langgezogenen Gaststuben. Wenn man reinkommt, steht rechts die vernickelte Theke für den Bierausschank. Links stehen etwa vierzig Stühle an kleinen Tischen mit runden Marmorplatten und gusseisernen Füßen. Daran folgen zwei große Flügeltüren zum hinteren Teil des Restaurants. Dort sind weitere fünfzig Plätze, alle mit den gleichen Marmortischen.

Hinter der rechten Flügeltür sitzt Ruth Schlesinger, Werners Ehefrau. Mit ihr am Tisch sitzt noch ein Fremder. Er isst Fleisch und Spinat. Ich setzte mich dazu, gebe Ruth die Hand, bestelle ein Glas Bier. Ich sage aber vorläufig nichts, damit ich meine Geschichte nicht zwei Mal erzählen muss. Ich warte lieber auf Werner. Ludwigs Hut hänge ich an einen Garderobenhaken direkt über meinen Kopf. Meine Mappe mit den Schlüsseln zur Wohnung von Frau Schirrmacher hänge ich darunter. Dann zünde ich mir eine Zigarette an.

Ruth bittet mich aufzustehen, um sie hinauszulassen. Sie möchte auf die Toilette. Während sie sich an mir vorbeidrückt, sehe ich Werner Schlesinger kommen. «Da kommt ja der Werner», sage ich. Ruth prescht vor und keift: «Warum kommst du immer so spät, wo du doch weißt, wie sehr ich mich ängstige.» Werner hält seinen Zeigefinger vor den Mund, blinzelt und zischt: «Kriminalpolizei!»

Das Lokal ist fast bis auf den letzten Platz besetzt. Ich stehe noch immer und gehe nun einen Schritt nach rechts zum Nachbartisch. So gelassen wie möglich, frage ich: «Darf ich bitte Ihre Speisekarte sehen?» Gläser klirren. Leute lachen. Hinter mir höre ich: «Aber da steht doch noch das Bier; hier liegt doch noch die Zigarette.»

Ich gehe an den nächsten Tisch: «Darf ich bitte Ihre Speisekarte sehen?» Ich sehe die zwei Gestalten von hinten. In meinen

Ohren dröhnt es: «Aber hier liegt doch noch die Zigarette. Da steht doch noch das Bier.» Ganz langsam gehe ich zum nächsten Tisch: «Darf ich bitte Ihre Speisekarte sehen?» Dann bleibe ich stehen. Jetzt wieder drei weitere Schritte vorwärts: «Darf ich bitte Ihre Speisekarte sehen?» Der hohe Geräuschpegel schützt mich wie eine Wand. «Darf ich bitte Ihre Speisekarte sehen?» Und wieder stehenbleiben und so tun, als ob ich lese. Ich bewege mich ganz langsam. Es sind noch drei Schritte bis zur Flügeltür. Am nächsten Tisch: «Darf ich bitte Ihre Speisekarte sehen?»

Schon ist der Straßenlärm hörbar. Vorsichtshalber bleibe ich noch einmal stehen. «Darf ich bitte Ihre Speisekarte sehen?» Und dann, wie in Zeitlupe zum Ausgang. Nun bedächtig die drei Stufen herunter bis zum Trottoir. Selbst auf der Straße schlendere ich noch wie ein gelangweilter Spaziergänger. Gemächlich gehe ich um die Ecke. Aber dann jage ich los wie ein Stier, der seinem Schlachter entkommen ist, auf und davon. Ich renne die Markelstraße entlang bis zum Südwestkorso. Meine Schritte hallen auf den Pflastersteinen. Am Hohenzollerndamm werden sie langsamer. Schließlich die Auguste-Viktoria-Straße hinauf. Endlich stehe ich vor dem Haus Paulsborner Straße 92. Hier wohnt Tatjana.

Jankowski öffnet die Tür: «Tatjana, komm. Cioma lebt!» Und Jankowski küsst mich, wie einen Bruder. Auf russische Art. Ich trockne mein Gesicht von seinen Tränen ab. «Cioma, ich hatte solche Angst um Sie. Sie können sich gar nicht vorstellen, was sich heute in unserem Büro abgespielt hat. Ein Kriminalkommissar Wulkow leitet die Untersuchung. Sie nehmen an, ein russischer Spion – vielleicht sogar ein Fallschirmspringer – versuche sich unter die akkreditierten Weißrussen zu mischen. Der Taboritzki läuft mit hochrotem Kopf herum und murmelt ständig: ‹Ich kann es mir nicht erklären.› Der Kriminalkommissar ist aber zuversichtlich, dass man den Spion bald haben wird, denn ab morgen hängt in jedem Polizeirevier des Reichsgebiets ein Steckbrief mit Ihrem Foto. Das Bild wird auch in der nächsten

‹Sonderausgabe zum Deutschen Kriminalpolizeiblatt› veröffentlicht. Cioma, Sie dürfen jetzt keinen Fuß mehr auf die Straße setzen.»

«Aber Herr Jankowski, wenn sie heute damit anfangen, mein Foto in den Polizeirevieren aufzuhängen, habe ich sicher noch drei Tage Zeit, bis mich alle Kriminalbeamten auf der Straße wiedererkennen. Ich werde heute nacht noch in meinem Zimmer bei Frau Schirrmacher schlafen. Dort fühle ich mich am sichersten. Morgen werde ich mit Dr. Kaufmann telefonieren und dann sehe ich schon, wie es weitergeht.» Tatjana ist nicht einverstanden.

Weil meine Schlüssel in der Mappe sind und die Mappe am Garderobehaken unter Ludwigs Hut im Restaurant in der Markelstraße hängt, muss ich klingeln. «Nanu, Herr Schönhausen, wo haben Sie denn Ihre Schlüssel gelassen?» «Ach, Frau Schirrmacher, mir ist was Dummes passiert. Ich habe meine Mappe mitsamt den Schlüsseln in der Stadtbahn verloren.» Frau Schirrmacher lächelt. «Schönhausen, Schönhausen. Sie sind mir einer. Aber, dass Sie die Schlüssel nicht mehr haben, macht gar nichts. Sie müssen nicht einmal ins Fundbüro.» Sie geht in ihr Zimmer, öffnet eine Schublade und gibt mir einen Ersatzschlüssel. «Sehen Sie die kleine Nummer hier oben? Das haben wir noch meinem seligen Mann zu verdanken. Diese Nummer ist nämlich polizeilich registriert. Und wenn die Schlüssel im Fundbüro abgegeben werden, bringt die Polizei sie automatisch wieder zu mir zurück. Sehen Sie, das Malheur ist also gar nicht groß.»

«Doch, Frau Schirrmacher. Ich konnte es Ihnen noch gar nicht sagen. Als ich heute zu Hause war, lag dort ein eingeschriebener Brief vom Wehrbezirkskommando. Ich muss morgen früh in der Kaserne Lichterfelde antreten. Die letzte Nacht will ich darum noch zu Hause schlafen. Ich muss mich deshalb schon heute Abend von Ihnen verabschieden.» «Schönhausen, ich habe das schon immer befürchtet. Aber das ist ja nun das Schicksal aller jungen deutschen Männer, wenn das Vaterland in Gefahr ist.»

Mit meinem Koffer ziehe ich durch die stockfinsteren Straßen. Den Weg in die Waldstraße finde ich mühelos. Die Dunkelheit ist mir angenehm, obwohl ich einmal fast mit meinem Kopf gegen einen Briefkasten stoße. Aber die Verdunkelung bietet mir Schutz, denn ein junger Mann, der spät nachts mit einem Koffer durch die Straßen zieht, kann kontrolliert werden. Und jetzt habe ich überhaupt keinen Ausweis mehr.

Ich klopfe, mitten in der Nacht, wie vereinbart sieben Mal an die Tür unseres Ladens in der Waldstraße. «Schönhaus? Was ist los? Sind Sie verrückt geworden? Wissen Sie, wie spät es ist?» «Ja, Ludwig, lassen Sie mich zuerst erzählen.» Und nachdem ich über meine glückliche Rettung berichtet habe, fragt Ludwig nur: «Und wo ist mein Hut?»

Am nächsten Morgen fahre ich zu Dr. Kaufmann. «Schönhaus», sagt er, nachdem ich ihm mein Desaster geschildert habe, «jetzt muss ich Ihnen etwas gestehen: So ganz habe ich Ihnen damals die Sache mit den verbrannten Ausweisen doch nicht geglaubt. Aber wenn ich jetzt sehe, wie liederlich Sie mit ihrem eigenen Ausweis umgehen, glaube ich Ihnen.» «Danke, Herr Doktor. Alles hat doch, selbst wenn es noch so schlimm ist, immer auch eine positive Seite.» «Ja, Schönhaus. Jetzt will ich sofort zwei Dinge tun. Ich habe ja noch meine alten Verbindungen zum Minister Popitz.[35] Der wird für mich bei den Polizeidienststellen feststellen, ob Sie tatsächlich so intensiv gesucht werden, wie das Herr Jankowski behauptet.»

Ich stehe daneben als er telefoniert. Es dauert fast eine halbe Stunde bis die Verbindung klappt. Und dann noch einmal so lange, bis zurückgerufen wird. «Ein Peter Petrov wird steckbrieflich gesucht? Ja? Tatsächlich? Dringlichkeitsstufe eins, wirklich? Und im gesamten Reichsgebiet? Danke, Herr Popitz.» Kaufmann legt den Hörer auf und sieht mich traurig an. «Ja, mein Lieber. Es sieht böse aus. Sie dürfen wirklich keinen Schritt mehr auf die Straße gehen. So, und jetzt das Nächste, wir brauchen eine Bleibe für Sie.» Er telefoniert erneut. Aber niemand ist bereit, einen jungen Mann aufzunehmen, der steckbrieflich gesucht wird.

«Jetzt versuchen wir es noch bei Helene Jacobs. Die kennen Sie ja bereits.» «Ja», sagt sie am Telefon, «den nehme ich. Den brauchen wir ja für unsere Arbeit». Dr. Kaufmann ist erleichtert: «Auf diese Frau ist Verlass. Jetzt müssen wir nur sehen, wie Sie dort hinkommen.» «Ich muss allerdings noch einmal in die Waldstraße. Im Laden steht noch das Ösenstanzgerät, mit dem ich die Passbilder in die Kennkarten hefte. Das Gerät brauchen wir. Außerdem hole ich dann noch meinen Aquarellkasten mit den Japanpinseln. Es ist jetzt kurz vor Mittag, so gefährlich wird es schon nicht sein.»

Helene Jacobs

Schräg gegenüber des Ladens ist die Endstation der Buslinie 11. Es sind etwa dreißig Meter bis dorthin. Der Bus ist leer. Die Fahrer und Schaffner stehen davor und unterhalten sich. Sonst gibt es keinen Menschen weit und breit. Auf der Straße sind nur wenige Fußgänger zu sehen. Niemand steigt ein. Ludwig will zum Olivaer Platz. Der liegt auf halbem Weg zur Bonner Straße, in der Helene wohnt. Alles sieht friedlich aus. Also kommt er mit. Allerdings immer zehn Schritte hinter mir. Der Bus ist zweistöckig. Wir steigen die Treppe zur oberen Etage hoch. Zuerst ich. Kurze Zeit später folgt Ludwig. Auch oben ist alles leer. Ich setze mich auf die vorderste Bank, ganz nach rechts außen. Die Bank ist breit. Dort ist Platz für acht Personen. Ludwig sitzt links außen. Langsam füllt sich der Bus. Nach etwa zehn Minuten fährt er los.

Meine braune Ledertasche hat einen Schulterriemen. Ich nehme ihn in die Hand, damit die Tasche in den Kurven nicht wegrutscht. Nach der fünften Haltestelle habe ich den Eindruck,

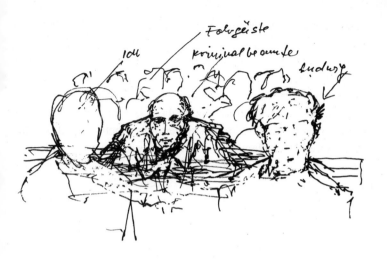

hinten glänze etwas. Ich drehe mich um. Drei Bänke hinter mir sitzt ein Mann. Etwa fünfzig Jahre alt. Braungebrannter Glatzkopf. Er trägt einen dunkelblauen Anzug mit Weste. Die Jacke ist offen. Aus der Westentasche hängt eine goldenen Uhrenkette heraus. Die glänzt. Während ich mir den Mann ansehe, steht er auf und wechselt die Bank. Jetzt sitzt er direkt hinter mir. Er legt beide Unterarme auf meine Lehne und fragt: «Ist das Ihre Tasche da?» So unbefangen wie möglich, presse ich heraus: «Ja, warum? Was geht Sie das an?» Er erwidert: «Sachte, sachte, mein Lieber. Sie sind mal ganz ruhig.» Ich frage ihn entrüstet: «Was wollen Sie eigentlich?» Aber der Glatzkopf lässt sich nicht einschüchtern. Er scheint intensiv zu überlegen. Dann dreht er sich nach links und fragt Ludwig: «Gehört ihr beiden zusammen?» Ludwig, weiß wie ein Handtuch, verneint. «Und wohin fahren Sie?» «Zum Olivaer Platz.»

Und wieder sehe ich den Mann an, wie er überlegt und überlegt und überlegt. Ich versuche noch einmal, den entrüsteten Fahrgast zu spielen. Aber es funktioniert immer schlechter. Der andere wiederholt nur: «Sie, bleiben Sie mal ganz ruhig.

Immer sachte, immer sachte.» In meinem Kopf rotieren die Gedanken. «Jetzt ist es aus. Hier kommst du nie mehr weg.» Der einzige Trost, den ich habe, ist eine schwarze Seidenkrawatte. Ich trage sie vorsichtshalber zusammengelegt in der rechten Gesäßtasche. Bevor sie mich zu quälen beginnen, kann ich mich erhängen – wenn ich Glück habe. Der Glatzkopf sitzt unbeweglich hinter uns. Der Bus fährt von Haltestelle zu Haltestelle. Der Schaffner ruft «Olivaer Platz». Ludwig steht auf und geht zur Treppe. Der Mann folgt ihm, bleibt noch einen Augenblick stehen, sieht mich durchdringend an, dann geht auch er die Treppe hinunter.

Ich versuche zu verstehen, was hier geschieht. Der Glatzkopf ist sicher ein gestandener Kriminalbeamter kurz vor seiner Pensionierung. Nun hat er auf seine alten Tage das Glück, einem steckbrieflich gesuchten Verbrecher zu begegnen. Er überlegt, was er jetzt tun soll. Nach seinen Vorschriften müsste er mich verhaften. Aber nicht, ohne mir vorher zu folgen, um festzustellen, mit welchen Personen ich sonst noch in Verbindung stehe.

Vor lauter Aufregung hat er sich bereits ein wenig verraten. Er kann mir trotzdem noch immer hinterhergehen. Irgendwann werde ich aussteigen und dann kann er mir folgen. Also stellt er sich auf die untere Plattform hinter die Treppe. Dort kann er unbeachtet warten, um mir zu folgen. Wenn meine Vermutung zutrifft, gibt es nur eins: Die Ledertasche umbinden, mit beiden Armen am Geländer ganz leise die Treppe herunterrutschen und während der Fahrt abspringen. In der Schule war ich im Tausendmeterlauf immer gut. Ich habe den Vorteil der Jugend. Und aus einem fahrenden Bus springen hat mir immer schon Spaß gemacht.

Wir kommen in die Nähe der Bonner Straße. In einer Kurve biegt der Bus in den Südwestkorso. Der Fahrer verlangsamt das Tempo. Ich gleite, die Ellenbogen auf dem Handlauf, langsam die Treppe herunter. Ganz leise. So, dass man es von unten nicht hört. Dann springe ich. Zum Glück falle ich nicht hin. Zum

Glück hält der Bus nicht an. Zum Glück rennt kein Kriminalbeamter hinter mir her.

Ich aber renne eine Straße nach links, eine nach rechts, dann wieder einen Haken und rein in einen Hausflur. Dort lasse ich das schwarze Verdunkelungsrollo aus Papier herunter und reiße mit einem Finger ein kleines Loch hinein. Ich gucke raus, ob jemand kommt. Nein, niemand. Ich warte eine Weile. Dann gehe ich langsam zur Bonner Straße 2. An der Tür im fünften Stock steht ‹Helene Jacobs› auf einem goldenen Schild. Für mich wie echtes Gold. Helene öffnet. Wir setzen uns in ihre Küche. Ich merke plötzlich, das Leben kann doch reizvoll sein. Manchmal sogar etwas zu reizvoll.

Ich bin mit dem Erzählen noch nicht fertig – wie ich zu meinem echten weißrussischen Ausweis gekommen bin – da klingelt es schon. Ludwig steht vor der Tür. «Was hat der Glatzkopf gemacht? Blieb er auf der Plattform unten im Bus stehen? Ist er Ihnen an den Olivaer Platz gefolgt.» «Nein, nein. Er blieb im Bus. Wahrscheinlich hat er auf Peter Petrov gewartet…»

Helene kocht Tee und schneidet die letzten Scheiben von ihrem selbstgebackenen Strudel auf. Dann sitzen wir alle drei auf Küchenschemeln. «Schönhaus, Sie brauchen jetzt keine Angst mehr zu haben. Hier holt Sie niemand. Hier können Sie bleiben bis nach dem Krieg. Und da Sie ihr Passfälscherwerkzeug mit dabei haben, können wir ja bald wieder an die Arbeit gehen. Wir teilen uns die Arbeit. Ich hole die Ausweise von Kaufmann, Sie bearbeiten sie und ich verteile sie dann wieder.» Ludwig wird unruhig. Er will zu seinen Briefmarkenhändlern. Er beschließt, das mit dem Bus sei ganz normal gewesen. Er ist ein liebenswürdiger, aber spröder Geselle. Obwohl wir so viel miteinander erlebt haben, kommt er als der Ältere nicht auf den Gedanken, mir das Du anzubieten. Dabei ist er herzlich gut und zuverlässig. Bei Helene ist das anders. Kaum ist Ludwig gegangen, gibt sie mir die Hand und sagt: «Ich bin die Helene.»

Sie arbeitet bei einem Patentanwalt. Als Werkstudentin hat sie das Abitur im Rahmen einer Begabtenprüfung gemacht. Der Vater war Gymnasialdirektor in Schneidemühl. Er verlor aber seine Stelle unter ähnlichen Umständen wie Professor Unrath im Film ‹Der blaue Engel›. Helene musste früh für sich und ihre Familie sorgen. Sie arbeitete bei einem jüdischen Patentanwalt, der aber sehr patriotisch eingestellt war. Einer, der gar nicht daran dachte, sein Heimatland zu verlassen. Helene überzeugte ihn schließlich, nach Amerika auszuwandern. Wahrscheinlich war er der erste, dem sie das Leben rettete.

Ihr Äußeres entsprach einer Tarnkappe. Sie wirkte auf den ersten Blick wie die Unschuld vom Lande. Aber sie wusste sich dieser Tarnkappe hervorragend zu bedienen.

Als die ersten Juden aus Berlin in die Vernichtungslager deportiert wurden und von einigen Postkarten kamen, in denen sie um Lebensmittel baten, verschickte Helene Pakete mit Esswaren. Daraufhin wurde sie von der Gestapo vorgeladen. Der Beamte sah sie staunend an: «Sagen Sie mal, sind Sie eigentlich von allen guten Geistern verlassen? Da schicken Sie den Juden Lebensmittelpakete in den Osten? Und noch dazu mit Ihrem vollen Absender? Was haben Sie sich eigentlich dabei gedacht?» Helene erwiderte: «Moment mal. Denken Sie doch mal mit. Sie sind ein deutscher Mann und ich bin eine deutsche Frau. Und da sind Menschen, die hungern. Und ich schicke den Hungernden etwas zu essen. Finden Sie das vom menschlichen Standpunkt aus verwerflich?» Der Beamte wurde nachdenklich: «Na, vom menschlichen Standpunkt aus kann ich das ja verstehen. Aber nicht vom nationalsozialistischen!» «Augenblick mal», fragte Helene, «dann machen Sie also einen Unterschied zwischen dem menschlichen Standpunkt und dem nationalsozialistischen Standpunkt?» Darauf brüllte er: «Machen Sie, dass Sie rauskommen.»

Und ihr ist nichts geschehen. Das ist Helene Jacobs.

Helenes Wohnung ist eine einzige Bibliothek. Während sie tagsüber arbeitet, habe ich Zeit, zu lesen und mir Gedanken zu machen. Zwischendurch besucht mich Ludwig. Verkleidet als Klempner. Immer mit einer großen umgehängten Werkzeugtasche. Mit Schiebermütze und in einem blauen Arbeitsanzug. Dann spielen wir Schach oder hören den englischen Sender. Für Deutsche streng verboten. Wer dabei erwischt wird, riskiert das Konzentrationslager. Und dabei ist das englische Pausenzeichen besonders verräterisch: bum-bum-bum-buuum, bum-bum-bum-buuum. Man muss den Sender also ganz leise einstellen, denn das Pausenzeichen dringt durch alle Türen und Wände. Wir hören Berichte über das, was mit den Juden in Polen geschieht. Und das Grauen zieht wie ein Nebel in die friedliche Bonner Straße 2.

Regelmäßig vormittags kommt Tante Lieschen und bringt Lebensmittel. Sie ist die Schwester von Helenes Mutter und achtzig Jahre alt. Meine Aufgabe ist es, abends etwas Leckeres zu kochen. Danach diskutieren Helene und ich bei einem Glas Wein. Wir beide wollen die Situation, in der wir leben, nicht einfach so hinnehmen. In einer Idee sind wir uns einig: In unserer immer kleiner werdenden Welt sollte das Urchristentum, wie es Leo Tolstoi in seinen Schriften formuliert hat, für alle Menschen verbindlich werden. Und wenn es keinen Unterschied mehr zwischen Juden und Christen gibt, verschwindet der Antisemitismus ganz von selbst. Wir entwickeln eine Weltanschauung, die uns eint. So entstand eine unerschütterliche Freundschaft.

Wir schreiben das Kriegsjahr 1943. Es wird langsam Sommer. Der Alltag zieht in die Wohnung von Helene ein. Morgens kommt Tante Lieschen und bringt frisches Brot. Ich koche Tee. Helene nimmt ein paar Butterbrote mit und fährt zur Arbeit. Tante Lieschen räumt auf. Dann wird es still. Ich bin allein.

Vor mir liegen dreiundzwanzig Postausweise und vierzehn Kennkarten. Ich ergänze die Stempel und montiere die Passbilder der neuen Inhaber. Es macht Spaß, dem Hoheitsadler mit dem Hakenkreuz seine Hoheit zu nehmen. Jetzt hilft er, gegen seinen Willen, versteckt lebende Juden vor der Verhaftung zu schützen. Beim Fälschen der Stempel wächst meine Übung von Ausweis zu Ausweis. Durch die Nachrichten des englischen Radiosenders sickert immer klarer durch, was mit den Juden in Polen geschieht. Dort diese Gräueltaten – hier scheint die Sonne ins Zimmer. Und das einzige Geräusch ist das Ticken der Wanduhr.

Ich bin mit meinen Gedanken in Polen. Wie lebt man in einem solchen Lager? Hat man dort eine Zahnbürste? Gibt es Toilettenpapier? Wie schläft man nachts? Sind es Holzpritschen? Und hat man Strohsäcke? Meine Traumvorstellung von weißen Baracken ist sicher falsch. Wo ist Mama jetzt? Was musste sie alles mit ansehen? Was hat man ihr angetan? Wo war Papa, als er die Postkarte schrieb? Die Postkarte auf der stand: ‹Ich suche Mama überall. Cioma hat in allem recht gehabt. Ich bin glücklich, dass er nicht bei uns ist. Lebt wohl.› Diese Postkarte hatte ich wie eine Reliquie gehütet. Vertrauensvoll habe ich sie Tatjana gegeben. Zur Aufbewahrung. Sie hatte die Karte unter ihren Schrank geklebt. Doch als sie hörte, ich werde gesucht, bekam sie Angst und verbrannte sie. Das habe ich ihr übel genommen. Es war eine gewaltige Tat von Papa, in Majdanek eine Postkarte zu schreiben, eine Briefmarke zu organisieren und dafür zu sorgen, dass die Karte wirklich ankommt. Nun ist die Karte weg und überhaupt – alles ist weg.

Nur die Wohnung von Helene in der Bonner Straße 2, fünfter Stock, die ist da. Das ist Wirklichkeit. Ich liege auf der Terrasse auf einem Liegestuhl in der Sonne und träume in den blauen Himmel hinauf. Spatzen zwitschern, Tauben gurren. Der Straßenlärm tönt ganz leise. Es fahren nur wenige Autos und die fahren mit Holzvergaser. Benzin gibt es nur für die Wehrmacht.

Unter den vielen Büchern entdecke ich Heinrich Heines ‹Disputation›. Abends deklamiere ich Helene das vierzehnseitige Gedicht. Es ist ein Wortgefecht zwischen einem Rabbi und einem Kapuzinermönch vor dem versammelten spanischen Hof. Am Schluss fragt der König seine Königin: «Sagt mir, was ist

Eure Meinung? Wer hat recht von diesen beiden? Wollt Ihr für den Rabbi Euch oder für den Mönch entscheiden?» Donna Blanka schaut ihn an, lange nachdenkend drückt sie ihre Hände mit verschränkten Fingern an die Stirn und spricht am Ende: «Welcher recht hat, weiß ich nicht. Doch es will mich schier bedünken, dass der Rabbi und der Mönch, dass sie alle beide stinken.» Wir lachen. Dieser Heine ist doch ein frecher Bursche. Aber irgendwie hat er eben doch Recht. Darin sind wir uns einig. Die an- und abschwellenden Fliegeralarmsirenen holen uns in die Wirklichkeit zurück.

«Was machen wir jetzt? Cioma, du darfst nicht mit in den Luftschutzkeller, denn du existierst ja offiziell gar nicht in meiner Wohnung. Darum bleibe ich auch oben. Und wenn eine Bombe einschlägt, sterben wir eben gemeinsam.» Aber nach zehn Minuten klingelt es an der Tür. Es ist der Luftschutzwart: «Fräulein Jacobs, warum sind Sie nicht im Luftschutzkeller?» Helene antwortet schlagfertig: «Ach was, die Engländer treffen ja doch nicht.» Doch er kontert: «Hier wird nicht diskutiert, hier wird pariert.» Und dann gehen beide runter.

Als Ludwig am nächsten Morgen kommt, vereinbaren wir, dass er die zusätzlichen Taue aus meinem Schrank im Bootshaus holen wird. Ludwig, ein Mann der Tat, erscheint noch am gleichen Nachmittag schwer beladen. Wir befestigen das eine Ende des Seils am Zentralheizungsradiator und legen die zusammengeknüpften Teile unter die Heizung. Sollte tatsächlich mal eine Bombe einschlagen und nur das Treppenhaus zerstören, könnte ich mich außen an der Fassade am Tau herunterhangeln. Glücklicherweise muss ich diese Form der Rettung nie ausprobieren.

Gerettet wird in der Bonner Straße 2 ununterbrochen. Ohne Seil und Netz. Helenes Wohnung ist ein Treffpunkt für Mitglieder der Bekennenden Kirche, die ihr Leben zur Rettung von Juden riskieren.

Der Freitagstermin, der Ausweisablieferungtermin, gilt auch in der Bonner Straße. Nur mit dem Unterschied, dass Dr. Kaufmann zu mir kommt, anstatt ich zu ihm. Um meine Wochenproduktion von siebenunddreißig Ausweisen zu transportieren, ist die monumentale Zeitung ‹Das Reich› wie geschaffen. Und auch er bringt wieder eine Zeitung voller Ausweise mit. Plötzlich hält er inne. Er sieht Helene an. Dann wieder mich und wieder Helene. Jetzt droht er mir mit dem Zeigefinger: «Schönhaus, Schönhaus. Was haben Sie bloß mit unserem Helenchen gemacht? Sie ist ja nicht wiederzuerkennen. Dieser makellose Teint, diese luftigen Haare und diese strahlenden Augen. Hier hat offenbar der Prinz einen Frosch geküsst und ihn in eine Prinzessin verwandelt.»

Helene wendet sich ab. Sie geht in den Flur und öffnet die Tür. Ludwig kommt. Ohne Gruß geht er flugs an den Radioapparat und stellt den Sender ein. «Hört euch das mal an!» Der Führer spricht: «Der Ausfall Italiens bedeutet nur wenig, denn der Kampf in diesem Land wurde seit Monaten in erster Linie durch deutsche Kräfte gestützt und getragen. Nun sind wir frei von belastenden Hemmungen.» Ludwig ist begeistert: «Habt ihr das mitbekommen? Italien hat kapituliert.» Dr. Kaufmann schmunzelt: «Ich weiß es bereits seit gestern. Und noch viel mehr. Kinder, ihr könnt euch ja gar nicht vorstellen, was sich hinter den Kulissen in den höchsten Kreisen der Wehrmacht anbahnt. Ich glaube, wir können noch in diesem Jahr das Kriegsende feiern. Ganz oben ist ein Umschwung im Gange, den der Führer nicht überleben wird. Ich, als ehemaliger Offizier und Oberregierungsrat, hätte mir nie träumen lassen, dass es in unserem Vaterland einmal so weit kommt. Aber trotzdem. Sie, Schönhaus, müssen sich ungeachtet dessen, was kommt, weiterhin still verhalten. Ihr Steckbrief hängt immer noch auf jeder Dienststelle. Also: Keinen Schritt auf die Straße, bevor alles vorbei ist.»

Helene lässt sich auch indirekt nicht belehren als sie sagt: «Dass der Schönhaus hier bleibt, dafür sorge ich. Wer aber sorgt für Ihr Notizbuch mit allen Adressen und Telefonnummern der versteckt lebenden Juden? Was, wenn Sie verhaftet werden? Sie

bringen doch alle, die sich Ihnen anvertraut haben, in Gefahr.»
«Helene, Sie haben Recht. Aber ich bringe mein Notizbuch rechtzeitig in Sicherheit, wenn ich von Minister Popitz erfahre, dass etwas gegen mich vorliegt und ich gesucht werde. Vorläufig ist das ja, Gott sei Dank, nicht der Fall.»

Frechheit siegt nicht immer

Hagelkörner prasseln gegen die Fensterscheiben. Der Himmel ist dunkel. Eine Balkontüre schlägt zu. Ein Blitz erhellt das Wohnzimmer, gefolgt von Donnergrollen wie ein Bombeneinschlag. Ludwig kommt gerade rechtzeitig mit Helene ins Haus. Er nimmt die Schiebermütze ab und schwingt sie durch die Luft. Dabei bespritzt er den Spiegel von oben bis unten. «Hallo, Sie sind hier nicht allein in ihrem Werkstattladen!» «Entschuldigen Sie, Fräulein Jacobs. Ich putze den Spiegel sofort. Und allein bin ich in der Werkstatt übrigens auch nicht mehr. Der Dritte in unserem Bunde, Werner Scharff, ist heute früh bei mir eingezogen. Ich sage Ihnen, der hat was zu erzählen. Er war doch Chefelektriker für die Gebäude bei der jüdischen Gemeinde, die jetzt von der Gestapo übernommen worden sind. Dort kennen ihn fast alle Beamten. Obwohl sie ihm versprachen, ihm geschähe nichts, hatte er doch einen «arischen» Elektriker anzulernen. Und dann musste er eines Tages, noch in Arbeitskleidern, Hals über Kopf, mit auf den nächsten Transport. Erst im Güterwagen kam er wieder richtig zu sich. Zuerst betastete er seine Hosennaht. Ein Glück: Die Metallsägeblätter waren noch da.

Kaum setzte sich der Zug in Bewegung, rutschte er in die Ecke des Güterwagens an die Luftklappe. Er stellte sich mit beiden Beinen auf den Rand des Eimers für die Notdurft und begann an den Scharnieren zu sägen. In weiser Voraussicht hatte er das eine Ende des Sägeblatts mit Isolierband umwickelt. So konnte er, ohne Ermüdung und ohne sich zu verletzen, an den Scharnieren sägen. Nur wenn jemand auf den Topf musste, unterbrach er. Manche taten es auch nur, um ihn zu behindern. Die meisten forderten ihn auf aufzuhören, denn sie befürchteten, wenn er flüchtet, würden sie alle erschossen werden.

Zwischendurch stand der Zug ewig in der Sonne. Nach unermüdlichem Sägen ging die Klappe endlich auf. Der Zug fuhr langsam an und hielt im Spreewald erneut für längere Zeit. Als es langsam dunkel wurde, ließ sich Werner Scharff aus der Luke fallen. Er fiel hart, brach sich aber nichts. Die Wachmannschaft hatte offenbar geschlafen. Er ließ sich den Bahndamm herunterrollen, landete auf der Chaussee nach Berlin und machte sich auf den Weg. Am Abend ging er in ein Dorfgasthaus und bestellte sich ein komplettes Menü. Aber mitten im letzten Gang ging er auf die Toilette und verschwand in der Dunkelheit. Heute morgen klopfte er sieben Mal bei mir am Laden. Ich dachte schon, es sei der Schönhaus, aber es war der Werner Scharff.»

Helene und ich hören fasziniert zu und laden Ludwig ein, zum Abendessen zu bleiben. Trotz Verdunkelung will er aber noch in die Stadt. Dort ist er mit einem Schulfreund verabredet, der im Wehrbezirksamt arbeitet. Von ihm stammen die beiden unausgefüllten Wehrpässe.

Schon damals, als ich Ludwig bei Dr. Meier kennenlernte, versprach ich, beide auszufüllen. Damals wäre es fast ein Luxus gewesen, aber jetzt ist es lebenswichtig. Besonders für mich. Es geht jetzt nur noch darum, jemanden zu finden, der mir seinen Wehrpass als Muster zur Verfügung stellt. Ohne Vorlage kann ich die richtigen Stempel nicht herstellen.

Das Leben bei Helene hat etwas Friedensmäßiges. Alles läuft ganz regelmäßig ab. Einmal kommt Gertrud Staewen, dann wohnt Etta von Oertzen[36] einige Tage hier. Von Zeit zu Zeit kommt Pfarrer Müller aus Stuttgart. Er ist ein Schüler von Karl Barth.[37] Dabei finden interessante Gespräche statt. Er erzählt, wie Pfarrer Martin Niemöller[38] jeweils am Sonntag den Gottesdienst mit den Worten begann: «So, nachdem die Herren von der Geheimen Staatspolizei auch schon da sind, lasst uns in Gottes Namen beten.» Pfarrer Niemöller ist im Konzentrationslager. Aber die Mitglieder seiner Gemeinde sorgen dafür, dass mir die Arbeit nicht ausgeht.

Dass mich Tante Lieschen mit ihren achtzig Jahren voll akzeptiert, ist durchaus nicht selbstverständlich. Passfälschung gilt in Deutschland als schweres Verbrechen und wird mit dem Tode bestraft. Wer Juden versteckt oder ihnen sonstwie behilflich ist, kann ins Gefängnis oder Konzentrationslager kommen. Und in der Familie Jacobs gilt Helene als ein Sicherheitsrisiko. Deshalb verkehrt ihre Schwägerin Edeltraud nicht mehr mit ihr. Aber Helene lässt sich in ihrem Tun nicht beirren.

Vor 1933 war Helene einmal fast verlobt. Er war einen Kopf größer und ebenso blond und blauäugig wie sie. Aber das war auch alles, was sie gemeinsam hatten. Er war überzeugt, nur der Führer könne Deutschland mit seiner starken Hand vor dem Untergang retten. «Nur wenn unsere nationalsozialistische deutsche Jugend von der Gedankenblässe christlicher Nächstenliebe kuriert wird, nur wenn sie lernt, die Grausamkeit des Raubtiers zu entwickeln, nur dann wird es gelingen, unsere Feinde zu bezwingen.» Mit diesen Worten erklärte er ihr die Welt. Helene hingegen fand: «Eine Regierung, bei der Grausamkeit als Tugend gelobt wird und christliche Nächstenliebe als Schwäche gilt, bringt unser deutsches Vaterland in Gefahr. Denn alles Zerstörerische wendet sich letztlich gegen sich selbst.»

Helene erzählt mir, wie sie im Wahljahr vor Hitlers «Machtergreifung» mit Freunden aus der Zentrumspartei Arm in Arm eine Kette bildend die Potsdamer Straße entlang liefen und im Sprechchor immer wieder riefen: «Unser heißgeliebter Dr. Heinrich Brüning.[39] Er lebe hoch!»

Die politische Stimmung damals war äußerst gespannt. Als Helene abends nach Hause kommt, steht ein SA-Mann vor ihrer Tür. Braune Uniform, schwarze Schaftstiefel und die Hakenkreuzbinde am Arm. Sie fürchtete schon, man wolle sie wegen ihrer anti-nationalsozialistischen Haltung verhaften. Aber es kam viel schlimmer: Der Mann vor der Tür wollte ihr mit seiner Uniform imponieren. Es war ihr Freund. Aus der Verlobung wurde nichts.

Verraten

Am Freitag bringt Dr. Kaufmann wieder Ausweise, die im Opferstock der Dahlemer Gemeinde gesammelt worden sind. Er sieht besorgt aus. Seine Haushälterin hat ihn gewarnt: «Es sind zwei Herren von der Gestapo hier gewesen und haben nach Ihnen gefragt.» Über Minister Popitz hat er zwar mit angeblicher Sicherheit erfahren, dass nichts gegen ihn vorliege. Trotzdem will er vorsichtig sein und die Ausweise aus dem Nähkörbchen unter dem Bücherschrank holen. Wir raten ihm davon ab. Aber einer seiner Helfer, ein gewisser Hallermann[40] will um jeden Preis ein Held sein. Er sucht es ständig zu beweisen und bietet sich an, die Ausweise aus dem Nähkörbchen zu holen. Nachts will er die Fassade hochklettern, das Fenster gewaltsam öffnen und das belastende Material in Sicherheit bringen.

Am nächsten Nachmittag klingelt das Telefon. Helene nimmt ab. Hallermann will wissen, wo er Dr. Kaufmann treffen könne. Helene sagt, sie wisse es nicht. Danach möchte er sich mit Helene am Bahnhof Feuerbachstraße treffen. Es sei dringend.

Sie geht. Ich schaue ihr vom Balkon aus nach. Dann warte ich. Es wird dunkel. Ich bereite das Abendessen vor. Apfelpfannkuchen. Die Wanduhr schlägt zehn, dann elf und zwölf. Das Ticken der Wanduhr sagt mir, es ist etwas Schreckliches geschehen. Jetzt heißt es, klaren Kopf behalten. Ich beginne die Wohnung aufzuräumen und alles, was Helene belasten könnte, in eine große Aktentasche zu verstauen. Zweifellos ist Helene verhaftet worden. Als nächstes wird man die Wohnung durchsuchen. Ich muss verschwinden, denn ich bin eine Belastung für sie.

Morgens um fünf, wenn die ersten Busse fahren, stehe ich an der Haltestelle. So früh sind die Kriminalbeamten bestimmt noch nicht auf den Beinen. Jetzt ist mein Steckbrief schon einige Monate alt, auch wenn er noch nicht vergilbt ist, was solls. Ich muss in die Waldstraße zu Ludwig. Etwas anderes bleibt mir nicht übrig. Im Autobus fällt mir ein, dass ich zwei wichtige Dinge in der Wohnung von Helene vergessen habe. Die Ösenstanzmaschine und eine Aktenmappe voller Hundertmarkscheine. Die waren für einen Gestapomann namens Freudenberg bestimmt, der behauptete, er könne Juden vor der Gaskammer retten. Pro Kopf verlangt er tausend Mark. Teile der vornehmen deutschen Gesellschaft stiften für die Rettung von Juden gerne hohe Beträge. Anonym, versteht sich.

Das Ösenstanzgerät und die Aktenmappe müssen unbedingt aus der Wohnung raus.

Ludwig hört zu. Er sitzt auf dem Sofa, den Kopf in beide Hände vergraben. «Irgendwann hat das ja so kommen müssen. Ein Wunder, dass sie nicht schon viel früher verhaftet worden ist. Und Sie, Schönhaus, Sie gehen mir keinen Schritt mehr auf die Straße. Denken Sie an unsere Autobusfahrt.» «Ludwig, die Polizei sucht ganz bestimmt nicht nur mich allein. Und das nach zwei Monaten. Inzwischen hängen jede Menge Steckbriefe an den schwarzen Brettern der Polizeireviere. Ich muss unter allen Umständen noch ein einziges Mal in die Bonner Straße. Blöderweise habe ich dort die Ösenstanzmaschine stehen lassen. Und eine dicke Mappe voller Hundertmarkscheine. Dieses Geld hat Dr. Kaufmann gesammelt, weil es hieß, ein bestechlicher Gestapobeamter könne Juden von Auschwitz nach Theresienstadt zurückholen, wo ihr Überleben gesichert sei. Was soll Helene sagen, wenn die Polizei fragt, wem dieses Passfälscherwerkzeug gehört und von wem das viele Geld stammt?»

«Schönhaus, gehen Sie nicht in die Wohnung. Sie bringen Fräulein Jacobs in noch größere Gefahr. Die Polizei ist sicher dort und durchsucht alles. Und dann wartet bestimmt einer am Telefon und versucht rauszubekommen, wer bei ihr anruft.» «Keine Angst, Ludwig. Bevor ich in die Wohnung gehe, rufe ich aus der Telefonzelle an der Ecke an. Dann ist mein Gang in die Wohnung harmlos.» «Schönhaus, Sie sind mir auch harmlos!»

Ich fahre mit dem Bus zurück in die Bonner Straße. Die Fahrt ist immer noch unheimlich. Den Kriminalbeamten mit der braunen Glatze und der goldenen Uhrkette kann ich nicht so schnell vergessen. Darum bleibe ich auch schön unten auf der hinteren Plattform stehen, um schnell abspringen zu können. Aber noch besser wäre ein neues Fahrrad. Das alte, das mir mein Cousin zurückgelassen hatte, war Schrott. Mit einem neuen Fahrrad wäre ich nicht so leicht zu verfolgen. Wenn mein Schuster in der Dragonerstraße mir ein Ösenstanzgerät besorgen konnte, dann kann er mir auch ein Fahrrad besorgen. Mal sehen.

An der Ecke Südwestkorso und Bonner Straße steige ich aus. Von der Telefonzelle aus sieht man den Eingang. Dann lasse ich es zehn Mal klingeln. Nein, bei Helene Jacobs wird das Telefon nicht abgenommen. Also ist auch keiner da. Rauf in die Wohnung! Oben packe ich, bei offener Tür, die beiden corpora delicti ein. Wenn jemand die Treppe herauf käme, wäre das gut zu hören. Aber bevor ich gehe, setze ich mich noch eine Minute an den Tisch. Die Apfelpfannkuchen stehen noch da. In Gedanken verabschiede ich mich von unserem kleinen Paradies.

Auf dem Weg zur Waldstraße stoppt mich das glänzende Handwerkerschild eines Friseurs. Da muss ich rein: «Bitte einen Militärhaarschnitt. Ich muss morgen zu den Preußen.» Der Friseur lacht. «Bei Ihnen lohnt es sich wenigstens. Sie waren schon lange nicht mehr beim Friseur.» Mit der preußischen Frisur ist das Gefühl, gesucht zu werden, wie weggeblasen.

Das Fahrrad

Der Schuster sieht über seine Brille hinweg: «So, so. Ein Fahrrad will Er sich kaufen. So etwas gibts heute nicht mehr. Weder neu, noch gebraucht.» «Und wenn ich zwei- oder dreitausend Mark dafür bezahle?» «Moment mal, habe ich richtig gehört? Sie zahlen dreitausend Mark? Kommen Sie morgen Nachmittag. Bis dann besorge ich Ihnen eins.»

Und was für eins steht am nächsten Tag da: Ballonreifen, bequemer Sattel, breiter Gepäckträger und eine verchromte Lampe mit Dynamo. Mein Vermögen schmilzt zwar zusammen, aber in mir reift ein Plan. Ich rolle wie im Flug die Linden entlang. Vor dem Hotel Adlon liegt ein Hufeisen auf dem Asphalt. Ein ganz kleines vom Absatz eines Soldatenstiefels. Ich stecke es trotzdem ein.

Ludwig bestätigt, dass Radfahren sicherer sei als Bus- oder Straßenbahnfahren. Mit der Aktentasche auf dem Gepäckträger gehts direkt weiter zu Etta von Oertzen. Sie empfängt mich draußen in ihrem Garten vor der Tür hinter einem Haselnussstrauch. «Bitte kommen Sie hier rüber. Wissen Sie, es ist nur wegen der Nachbarn. Sie werden ja steckbrieflich gesucht. Setzen wir uns hier auf die Bank.» Sie schaut sich um. «Ich habe Ihnen etwas Wichtiges mitzuteilen. Gestern bekam ich einen Anruf von Helene, obwohl sie doch vorgestern verhaftet worden ist. Sie war im Gefängnis in der Bessemer Straße. Beim gestrigen Fliegerangriff schlugen dort Bomben ein, so dass die Mauern brachen. Der Gefängnisleitung blieb nicht anderes übrig, als viele Gefangene nach Hause zu schicken. Allerdings mit der Auflage, sich am nächsten Tag wieder zu stellen. Helene konnte die Nacht bei Tante Lieschen verbringen. Sie hätte ja viele Möglichkeiten gehabt bei Freunden oder Bekannten unterzutauchen. Aber um Tante Lieschen nicht zu beunruhigen, ging sie am morgen ganz früh zurück ins Gefängnis. Sie lässt Sie herzlich grüßen. Sie sollen sich in Acht nehmen. Nach Ihnen wird intensiv gefahndet.»

Wir schweigen beide. Für diese große Tat gibt es keine Worte.

(Erst nach dem Krieg erfuhr ich, was geschehen war. Am 17. August 1943 wurde Helene Jacobs verhaftet und am 11. Januar 1944 vom Sondergericht III beim Landgericht Berlin wegen Verbrechens gegen die Kriegswirtschaftsordnung und Beihilfe zur versuchten Urkundenfälschung zu zwei Jahren und sechs Monaten Zuchthaus verurteilt. Weder bei den Vernehmungen noch beim Prozess hat sie jemanden belastet oder verraten. Helene verhielt sich so klug, dass sie sogar von den Nazibehörden respektiert wurde. So schlug ihr der Gefängnisdirektor eines Tages vor: «Fräulein Jacobs, wären Sie bereit, im Gefängnisbüro für mich tätig zu sein, wenn ich eine Begnadigung für Sie erwirke?» Helene willigte ein.

Die Oberaufseherin mit dem großen Schlüsselbund staunte, als ihr der Direktor mitteilte: «Das hier ist nicht mehr die Gefangene Jacobs. Das ist Fräulein Jacobs. Die arbeitet von jetzt an in unserem Büro.» Unter Kopfschütteln meinte die Beamtin: «Na, bei uns wird ja der Strafvollzug auch immer aparter.»

Eines Tages kam der Direktor und warnte Helene: «Jetzt heißt es abhauen! Die Russen kommen. Ich verschwinde. Und Sie?» «Nein», sagte Helene. «Ein Mensch muss ja noch dafür sorgen, dass die Gefangenen etwas zu essen bekommen.» Und Helene blieb. Im April 1945 löste sie das Gefängnis ordnungsgemäß auf. Jeder Gefangene erhielt von ihr einen Entlassungsschein. Das war wichtig, um Lebensmittelkarten zu bekommen. Den Deserteuren besorgte sie Zivilkleider, damit sie nicht in Gefangenschaft gerieten. Und als die Russen kamen, übergab Helene ordnungsgemäß die gesamte Strafanstalt. Sie ging dann zu Fuß durch die Straßen, in denen Deutsche und Russen noch immer kämpften. Ihr ist nichts geschehen. Sie wollte zu Tante Lieschen, die an Tuberkulose erkrankt war. Helene pflegte sie noch zwei Jahre lang. Dann verzichtete sie darauf, am Wirtschaftswunder teilzunehmen. Sie fand, ihr Platz sei im Wiedergutmachungsamt.)

«Und hier, Frau von Oertzen,» sage ich, «ist noch eine Mappe voller Geld. Die lag noch in der Bonner Straße. Sie wissen ja, das wurde für den bestechlichen Gestapobeamten gesammelt, der Juden retten wollte.» Etta von Oertzen gibt mir die Hand. «Alles Gute. Hoffentlich kommen Sie durch.» Sie zu bitten, mich zu beherbergen, wäre eine Zumutung gewesen. Ich will raus aus Berlin. Niemanden mehr gefährden. Über alle Berge. In die Schweiz!

Beim Stichwort Schweiz zeigt mir Ludwig einen Vogel. «In die Schweiz will Er: Etwas Einfacheres ist Ihm nicht eingefallen! Nennen Sie mir jemanden, dem das gelungen ist. Wie wollen Sie das bewerkstelligen? Ohne Schlepper, ohne Landkarte, nur mit dem Fahrrad, einfach auf gut Glück. Schönhaus, da wäre es doch einfacher, sich gerade eine Kugel in den Kopf zu schießen. Den Revolver können Sie von mir haben.» «Nein, Ludwig. Wie sagt der Berliner: ‹Nur nicht drängeln, zu den Engeln kommst du noch zur Zeit.› Lassen Sie mich zuerst mal meinen Plan ausprobieren. Eins nach dem anderen. Nummer eins: Das Fahrrad ist schon da. Jetzt kommt Nummer zwei: Unsere Wehrpässe.»

Der langsame Abschied von Berlin

Ich radle an der Siegessäule vorbei. Ein Denkmal, das an den deutschen Sieg 1870/71 über die Franzosen erinnern soll. Aber mich erinnert es an meine Eltern. Denn es gibt ein Foto, auf dem sie vor dieser Säule zu sehen sind. Als sie sich dort fotografieren ließen, war Mama hochschwanger mit mir. Das kaiserliche Berlin erinnerte sie an die russischen Schlösser, aber beide liebten Berlin mehr als ihre russische Heimat, weil sie hier gleichberechtigte Menschen waren. Damals, bevor der braune Nachtmahr die Welt verfinsterte.

Die Stadt kenne ich wie meine Westentasche. Das Rad ist in

Schuss. Die Ballonreifen federn. Der Sattel ist wie zum Ausruhen gemacht. Das Gefühl von Freiheit umweht mich wie ein kühler Wind. Ich fahre die Charlottenstraße entlang, vorbei an der Weinstube von Lutter & Wegner. Hier haben die Dichter E.T.A. Hoffmann und der Schauspieler Devrient schon vor hundert Jahren fabuliert und dabei dem Weingott gehuldigt. In der historischen Stube haben auch Dorothee und ich vor einer Aufführung von Goethes Faust ein Glas Wein getrunken.

Schräg gegenüber vom Preußischen Staatstheater am Gendarmenmarkt fällt mir ein Geschäft auf. Im Schaufenster liegen Landkarten. Ich stelle mein Fahrrad neben die Tür und gehe in den Laden. Auf einer Leiter steht der Verkäufer vor einem großen Regal mit vielen Fächern. Vor der Verkaufstheke warten die Kunden in einer langen Schlange. Jedes Fach hat eine Nummer. An der Wand hängen drei große Deutschlandkarten. Die Karten sind quadriert und nummeriert. 1:25 000 steht auf der einen und auf den anderen 1:50 000 und 1:100 000.

Die in der Warteschlange haben sich die Nummern der von ihnen gewünschten Karten notiert. Und wer an der Reihe ist, ruft dem Mann auf der Leiter seine Nummer laut zu. Von oben herab tönt es zurück: «Ist da, ist da, ist da.» Und wer die Nummern raufgerufen hat, kann seine Landkarten entgegennehmen. Dann wird an der Kasse bezahlt. Das ist alles. Ich komme dran. Ich rufe alle Planquadratnummern der Generalstabskarten 1:25 000 rings um die Schweizer Grenze auf. Und, als das gut geht, verlange ich noch die Nummern der Straßenkarten 1:100 000 von Berlin bis zur Schweizer Grenze. Von oben tönt es herab wie bei den anderen: «Ist da, ist da, ist da.»

Draußen steige ich auf mein Fahrrad. Das dicke Paket mit den Landkarten klemme ich auf den Gepäckträger. Aber als ich losfahre, komme ich mir doch vor wie der Reiter beim Ritt über den Bodensee.

Ich gondle an der Sophienstraße vorbei, wo meine Eltern wohnten, als die Welt noch in Ordnung war. Dort, in der Kleinen Hamburger Straße, war doch ein Trödler, der alte Militärutensilien verhökerte. Er ist immer noch da. Dort kaufe ich mir einen mit Fell bezogenen Militärtornister. Einen, wie ihn die Hitlerjugend benutzt, wenn sie auf Fahrt geht. In einer Buchhandlung besorge ich mir etwas Nazi-Literatur als Dekoration. Das Buch von Joseph Goebbels ‹Vom Kaiserhof zur Reichskanzlei›. Wenn die Polizei unterwegs misstrauisch mein Gepäck filzen sollte, müssten die Beamten sagen: Dieser Junge ist vom politischen Standpunkt her einwandfrei.

Ludwig ist platt, als er die Landkarten sieht. «Nun glaube ich fast selbst, dass Sie es schaffen werden. Besonders jetzt, wo ich einen gefunden habe, dessen Wehrpass Ihnen als Vorlage dienen könnte.» «Ludwig, Sie sind ein Donnerkerl! Wie haben Sie das geschafft?» «Freuen Sie sich noch nicht zu früh. Schauen Sie sich den Mann erst mal an. Er heißt Claus Schiff und wohnt am Adolf-Hitler-Platz.»

Claus Schiff war bereit, seinen Wehrpass als Muster zur Verfügung zu stellen. Aber nur bei ihm zu Hause. Aus der Hand geben will er ihn nicht. Aber ich darf eine Woche lang von früh bis spät bei ihm arbeiten, selbst wenn er nicht da ist. Er hat mir einen Arbeitsplatz an einem großen Fenster vorbereitet. Und da sitze ich nun und habe zwei mal achtzehn Stempel nachzuzeichnen!

Claus Schiff ist Mischling und deshalb vom Militär entlassen. Er arbeitet als technischer Zeichner. Schon von seiner Tätigkeit her ein ideales Vorbild und darüber hinaus ein außerordentlich feiner Kerl.

Jeden Morgen um zehn vor acht komme ich zu Claus Schiff. Dann überlässt er mir seine Wohnung. Er vertraut mir. Dabei kennt er mich kaum. Ich arbeite pausenlos an den Stempeln in den Wehrpässen. Meine Übung kommt mir zugute. Nach acht Tagen zeige ich meinem Gastgeber die beiden grauen Büchlein mit dem großen Hoheitsadler auf dem Titelblatt. Claus Schiff pfeift durch die Zähne. «Jetzt», sagt er, «brauchen Sie ja nur noch jemanden, der die beiden Wehrpässe ausfüllt. Das können Sie nicht auch noch selbst machen. Wenn Sie wollen, fülle ich sie für euch aus.» «Gern», sage ich. Und er beginnt unbekümmert einen Namen einzutragen: Hans Brück, geboren am 7.7.1922. (Zwei Mal sieben kann man sich gut merken.) Aber während ich ihm beim Schreiben zusehe, läuft es mir kalt den Rücken herunter.

Es ist bekannt, dass bei der Wehrmacht nur solche auf die Schreibstube kommen, die gestochen schön schreiben können. Aber Claus Schiff schreibt genauso, wie ihm der Schnabel gewachsen ist: Nonchalant und darüber hinaus auch noch schnell. Doch es ist zu spät. Was soll ich jetzt noch tun? Stoppen kann ich ihn nicht mehr. Die Handschrift muss von A bis Z identisch sein. Verdorben, denke ich. Aber aus Höflichkeit lasse ich mir nichts anmerken. Er hat es ja nur gut gemeint und so bedanke ich mich. Aber den zweiten, den für Ludwig, fülle ich selbst aus.

In unserem Laden liegen beide Wehrpässe auf meinem kleinen Schreibtisch. Ludwig beruhigt mich wegen der Klaue von Claus Schiff. Jetzt aber kommt die Nagelprobe. Ludwig geht zu seinem Schulfreund auf dem Wehrbezirkskommando. «Schau dir die beiden Wehrpässe mal genau an.» «Warum? Die sind doch in Ordnung. Willst du sie kaufen? Wie bist du denn an diese Ausweise rangekommen?» Ludwig sagt: «Ganz einfach, die hab ich von dir. Mein Freund hat sie ausgefüllt.» «Ja, was! Mit allen Stempeln?» «Natürlich.» «Mensch Meier, bestell deinem Freund, er ist ein großer Künstler. Jetzt könnt ihr beide überall im Reich kontrolliert werden. Einen besseren Ausweis als den Wehrpass gibt es nicht. Nur über die grüne Grenze dürft ihr damit nicht. Aber andere Deutsche dürfen das ja auch nicht, über die grüne Grenze.» «Noch eine Frage, wie findest du die Handschrift im Ausweis von Hans Brück? Ist diese Schrift nicht zu wenig schreibstubengerecht? Da werden doch nur Leute beschäftigt, die besonders schön schreiben können.» «Ach, weißt du, heute sind die nicht mehr so pingelig mit der Schönschrift. Da sind sie schon froh, wenn ein Soldat überhaupt schreiben kann.»

Ludwig berichtet und ich atme auf. Jetzt habe ich keine Angst mehr, auf die Straße zu gehen. Und mit dem Fahrrad schon überhaupt nicht.

Dr. Meier ist ganz entzückt von meinem Wehrpass. Aber meinen Plan, in die Schweiz zu flüchten, findet er kindisch. «Schönhaus, alle, die es versucht haben, wurden geschnappt. Bereits unterwegs. Warum wollen Sie das riskieren? Berlin ist eine Millionenstadt. Mit einem so guten Ausweis und dem Quartier in der Waldstraße kann Ihnen hier überhaupt nichts passieren. Was wollen Sie noch mehr? Auf eigene Faust in die Schweiz, das geht doch schief. Wenn Sie unbedingt in die Schweiz wollen, gibt es bessere Wege. Ich werde mich wahrscheinlich sogar selbst für diese Möglichkeit entscheiden.»

«Welche bessere Möglichkeit gibt es denn?» «Ich habe da einen Schaffner von der Reichsbahn kennen gelernt. Der begleitet die Züge von Berlin nach Basel. Für tausend Mark macht er mir ein Zeichen auf die Rückseite der Fahrkarte. Und kurz vor der Schweizer Grenze darf ich mit ihm in den Gepäckwagen. Der Gepäckwagen fährt vom deutschen Bahnhof mit den Koffern rüber in die Schweiz zum Schweizer Bahnhof.» «Herr Dr. Meier, haben Sie das, was der Beamte von der Reichsbahn verspricht, auch kontrolliert?» frage ich ihn. «Warum? Der Mann macht einen seriösen Eindruck. Schönhaus, bei meinem Plan sind Sie plötzlich vorsichtig, aber mit dem Rad in die Schweiz fahren, das wollen Sie wagen.» «Ja, Herr Dr. Meier. Auf dem Weg in die Schweiz bin ich, nebst Gott, selbst meines Glückes Schmied. Bei dem Schaffner von der Reichsbahn verlassen Sie sich auf jemanden, den Sie nicht mal kennen. Man kann ihn allerdings kontrollieren. Wenn Sie wollen, gleich hier bei Ihnen am Telefon. Sie erlauben?»

Ich gehe ans Telefon. «Hallo, bitte die Deutsche Reichsbahn. Fräulein, ich hätte gerne eine Auskunft. Ich bin Diplomat und ich reise von Berlin in die Schweiz. Jetzt eine Frage: Mein Gepäck umfasst mehrere Koffer. Rollen die im deutschen Gepäckwagen rüber in die Schweiz? Ja, fragen Sie mal nach! So? Der Gepäckwagen verlässt das Reichsgebiet also nicht. Dann muss ich wohl mit einem Taxi die Koffer zum Schweizer Bahnhof rüberbringen lassen. Vielen Dank. Heil Hitler!»

Dr. Meier ist fassungslos. «Schönhaus, der Beamte ist wirklich ein Betrüger. Wir wären verhaftet worden. Sie haben uns das Leben gerettet.» «Na, dafür verdanke ich Ihnen den Kontakt zu Ludwig. Und damit indirekt auch meinen neuen Wehrpass. Wir sind also quitt.»

Auf dem Weg zur Waldstraße fahre ich noch bei Tatjana vorbei. Sie ist traurig, dass ich gehe. Aber bei ihr wohnen könnte ich sowieso nicht. Sie ist neuerdings mit der Portierfrau befreundet und die sitzt immer bei ihr in der Wohnung. Aber etwas will sie für mich tun. «Pass mal auf. Du hast doch schon einmal deinen Ausweis verloren.» Und schon sitzt sie an der Nähmaschine und nullkommaplötzlich hat sie aus rotem, geblümtem Stoff einen Brustbeutel genäht, den ich um den Hals hängen kann. «Damit du diesen Ausweis nicht auch noch verlierst!» «Eine gute Idee», finde ich. Bei einer Kontrolle ist es auch besser, den Wehrpass aus einem Brustbeutel umständlich hervorzunesteln, als ihn schneidig aus der Hosentasche hervorzuholen. Mit dem Brustbeutel erwecke ich den Eindruck eines wohlbehüteten Muttersöhnchens. Im Gegensatz zu einem gesuchten Passfälscher, der gerade über die Grenze flüchten will. «Danke Tatjana.» Wir verabschieden uns. Aber sie glaubt nicht so recht daran, dass ich es wirklich wagen werde.

Es ist bereits dunkel. Ich radle durch das Viertel am Nettelbeckplatz, das beim letzten Bombenangriff ziemlich mitgenommen worden ist. Wie bei Theaterkulissen stehen nur noch Fassaden da. Schwarze Fassaden mit vielen Löchern, die früher Fenster waren. Und weil hier keiner mehr wohnt, ist es doppelt still. Meine Ballonreifen gleiten lautlos. Plötzlich höre ich eine Stimme. Es tönt wie auf einer Bühne. Und im leeren Gemäuer tönt das Echo doppelt laut: «Ja, ja, ja, ja, ja. So haben sie alle abgestimmt.» Und singend: «Ja, ja, ja, ja, ja. Aber jetzt? Wo sind sie jetzt? Jawohl, jawohl, jawohl. Wo sind sie jetzt geblieben? Jawohl, jawohl, jawohl.» Die Stimme hallt im Dunkeln. Kein Mensch ist sichtbar. Aber der Sprechgesang ist bühnenreif.

Ich radle bei Frau Zukale vorbei und hole noch drei weiße Hemden ab. Dann bin ich eigentlich so weit, dass die Reise losgehen kann. Ludwig steht an der Tür und betrachtet den Himmel. «Schönhaus, das ist eine bombenklare Nacht. Heute könnten sie wieder kommen.»

Der Anfang vom Ende Berlins – 6. September 1943

Ich liege auf der Couch in unserem Laden. Mein Stahlross steht neben mir, gesattelt und gespornt. Der Tornister ist aufgeschnallt. Aus der Lenkstange hängt ein Faden raus. Wenn man dran zieht, kommt ein Korken heraus, der vier Briefbögen der AEG hervorbringt. Jeder Bogen ist eine Urlaubsbescheinigung für den technischen Zeichner Hans Brück. Jede Urlaubsbescheinigung gilt für eine Woche. Jede Woche kann ich dann die jeweils Passende herausziehen.

Und so liege ich da und versuche mir vorzustellen, was geschieht, wenn ich von einem Polizisten angehalten werde: «He, Sie, junger Mann. Warum sind Sie nicht beim Militär?» Antwort: «Ich bin technischer Zeichner. Dienstverpflichtet. Acht Tage Erholungsurlaub.» Frage: «Wo arbeiten Sie?» Antwort: «AEG, Rüstungsbetrieb. Hier ist mein Urlaubsschein. Ich bin unabkömmlich.» Frage: «Wohin fahren Sie?» Antwort: «Ins Blaue.» Frage: «Warum mit dem Fahrrad und nicht mit der Bahn?» Antwort: «Ein anständiger deutscher Junge fährt nicht mit der Bahn. Räder müssen rollen für den Sieg.»

Während ich mir überlege, welche Fragen noch auf mich zukommen könnten, rüttelt mich Ludwig. «Schönhaus, aufstehen.

Fliegeralarm!» «Ja, Ludwig, habe ich längst gehört.» Und dann stehen wir beide an der offenen Tür zur Waldstraße. Kein Mensch ist zu sehen. Nur ein herrenloser Hund. Ich blicke nach oben. Mir fällt ein Satz ein, aber ich weiß nicht mehr, von wem er stammt: «Der bestirnte Himmel über mir und das moralische Gesetz in mir ...» Und dabei dröhnt eine Armada von Bombenflugzeugen über uns. Aber man sieht keines. Doch sie kommen immer näher.

«Schönhaus, heute wird's ernst. Ich lasse mal den eisernen Rolladen am Schaufenster runter. Stellen Sie ihr Rad ein bisschen weiter vom Fenster weg. Sehen Sie die grünen Lichter, die herunterkommen? Direkt über uns. Damit markieren die Engländer ihr Zielgebiet.» Das Brummen wird mächtiger. Die Luft vibriert. Die Fensterscheiben zittern. Dabei sieht man noch gar nichts. «Vielleicht fliegen sie doch vorbei?» «Nein, hören Sie das feine Pfeifen?» Jetzt wird es lauter. Es schwillt an. «Kommen Sie nach hinten, in den Laden!»

Es tönt orkanartig und dann eine ohrenbetäubende Explosion. Die Schaufensterscheibe zerspringt. Der eiserne Rollladen hat sich nach außen gewölbt. Und schon wieder dieses Pfeifen. Immer näher. Das ist die nächste Bombe. Nach dem Krachen zieht weißer Nebel von der Straße in den Laden hinein. Mein Fahrrad ist mit dem Schreibtisch ins Zimmer geflogen. Aber nichts ist kaputt. Mein Fälscherwerkzeug ist im Tornister. Schon pfeift die dritte Bombe heran. Auf der Straße zischt ein Funkenregen. «Ludwig, das sind Brandbomben! Die versprühen zuerst ein Feuerwerk. Wenn es erlischt, heißt es aufpassen. Dann explodiert der glühende flüssige Phosphor. Der klebt und brennt ununterbrochen und ist nur mit Sand zu löschen. Erst dann darf man Wasser nachgiessen. Umgekehrt gibt es eine Explosion.» «Mensch, Schönhaus, woher wissen Sie das?» «Ich hab doch bei Anton Erdmann einen Luftschutzkurs mitmachen müssen.»

«Achtung! Jetzt kommt wieder eine. Schönhaus, kommen Sie. Bevor das Haus zusammenstürzt. Wir stellen uns unter den Türbogen vom ehemaligen Durchgang zur Wohnung, die früher dem Ladenbesitzer gehörte. Wenn alles zusammenkracht, bleibt der Bogen vielleicht stehen. Aber noch besser, wir brechen die Tür auf. Sonst kommen wir hier nie mehr raus.» «Was werden die Leute wohl sagen, die jetzt dort wohnen? Offiziell sind wir doch gar nicht hier.» «Ist doch egal. Mit einer Axt brechen wir die Tür auf.»

Wir steigen durch die zertrümmerte Tür. Fünf Frauen sitzen auf Stühlen, an die Wand gelehnt. Sie machen große Augen, als sie uns sehen. «Gott sei Dank, es sind noch Männer im Haus.» Niemand wundert sich. «Es wird wahrscheinlich besser sein, wir gehen alle in den Luftschutzkeller», sage ich. So etwas hatte noch keiner erlebt. Es ist der erste ganz große Luftangriff auf Berlin.

Im Keller halte ich es nicht aus. Warten, warten, warten. Worauf? Ludwig ist schon wieder oben. Ich folge ihm. Am Rand der Kellertreppe auf dem Hof liegt eine rote Bombe. Ein Blindgänger. Friedlich liegt die Bombe da. Rot wie ein Feuerlöscher. Vorne spitz und hinten mit vier Flügeln. Sie ist höchstens einen Meter lang. Ich mache einen großen Schritt über die Bombe.

Wir gehen durch den Torbogen vom Hof auf die Straße. Kühe rennen wild über die Fahrbahn. Sie haben sich aus einem Stall losgerissen. Es gibt mitten in Berlin Orte, wo Kühe gehalten werden. Wegen der frischen Milch. Die Kühe werden mit Kartoffelschalen gefüttert. Alte Männer kommen auf die Hinterhöfe, bimmeln mit einer Glocke und rufen: «Brennholz für Kartoffelschalen.» Die Frauen bringen dann Tüten voller Kartoffelschalen runter und bekommen dafür Anfeuerholz für die Öfen, die mit Briketts geheizt werden. Jetzt bekommen die Kühe keine Kartoffelschalen mehr. Sie bekommen nur Angst. Das Inferno ist neu für sie. Sie rennen durch die Straßen und ihr Muhen klingt wie die Kriegshörner der Wikinger.

Wir sehen uns unseren Laden von der Straße aus an. Der eiserne Rollladen wölbt sich groß nach außen. Sonst ist dem Haus wenig passiert. Die Bomben haben ein paar Meter entfernt eingeschlagen. Nur im ersten Stock sieht man Funken aus einem zerbrochenen Fenster spritzen. Immer zwei Stufen auf einmal nehmend, rennen wir die Treppe hoch. Im Hausflur stehen zwei Eimer. Einer mit Wasser und einer mit Sand. Zuerst schütten wir den Sand auf die Brandbombe, die da im Zimmer vor sich her zischt und dann das Wasser hinterher. So, wie ich es gelernt habe.

Plötzlich kommt der Luftschutzwart die Treppe hoch. Stahlhelm auf dem Kopf, Gasmaske am Koppel. «Das habt ihr gut gemacht, Leute. Wollt ihr mal mit aufs Dach?» Inzwischen heult der langgezogene Ton der Sirene. Entwarnung. «Ja, wir kommen schon mit.» Keiner fragt uns, wer wir sind und was wir hier zu suchen haben. Vor uns ein Flammenmeer. Seltsam, soll ich jetzt Angst haben? Oder soll ich mich wie Nero freuen, als er auf das brennende Rom sah? Das ist die Strafe, denke ich. Aber lässt sich ein Verbrechen durch ein zweites Verbrechen nach Kaufmannsart aufwiegen? Oder haben wir es am Ende einfach mit zwei Verbrechen zu tun? Und doch, wie ließe sich der größte Mörder aller Zeiten anders unschädlich machen als durch Krieg? Krieg ist immer grausam.

Ich gehe auf die Straße. Noch immer rasen Kühe durch die Dunkelheit. Dazu wirbelt ein Feuersturm Papier, Blätter und Brandfetzen durch die Luft. An allen vier Straßenecken brennen fünfstöckige Gebäude. Eigenartigerweise zuerst im Keller. Erst dann frisst sich das Feuer hinauf, Etage um Etage bis zum Dach.

Die Waldstraße ist breit. Links und rechts eine Fahrbahn und in der Mitte eine Promenade mit Ahornbäumen. Jetzt ist die Promenade mit Menschen und mit Hausrat voll gepfercht. Da stehen Lampen, Sessel, Koffer und darauf ein Vogelkäfig mit zwei Wellensittichen. Dann wieder Matratzen. Kinder, Frauen und Greise stehen herum. Fast keine Männer, die zupacken können. Doch, einer ist da. Er brüllt seine Frau an. «Lass doch das Zeug verbrennen. Du gehst mir nicht mehr ins Haus. Hier bleibst du. Dir fällt noch ein Balken auf den Kopf. Nein, hier geblieben, habe ich gesagt! Verstanden?» Ein älterer Mann geht ziellos hin und her. Beiläufig sag ich: «Schrecklich, nicht wahr?» Er bleibt stehen. Sagt kein Wort, dreht sich weg und geht davon.

Es wird langsam hell. Die Sonne beginnt zu scheinen. Ich stelle mein Fahrrad auf und sehe nach, ob noch Luft in den Reifen ist. Alles ist in Ordnung. Der Tornister auf dem Gepäckträger ist festgezurrt. Ludwig ist ganz rußgeschwärzt im Gesicht. Ich wahrscheinlich auch. Wir lachen. Auf dem Hof kann ich mich waschen. Dann sehen wir uns an. «Jetzt sollte ich langsam los. Was meinen Sie?» «Ja, Schönhaus, ich würde gehen, so lange Ihr Fahrrad noch fährt. Und hier, bevor ichs vergesse.» Er greift in seine Hosentasche und holte eine Hundertfrankennote heraus. «Das ist etwas für Ihren Start in der Schweiz.» Bevor ich mich bedanken kann, ist er schon weg.

Ich muss das Rad mehr tragen als schieben. Die Straße ist voller Feuerwehrschläuche und Glasscherben. An der Ecke sind sie immer noch beim Löschen. Aber zehn Straßen weiter kann ich aufsitzen. Hier ist alles so, als hätte es überhaupt keinen Fliegerangriff gegeben. Mein Rad rollt. Der Fahrtwind kühlt mein Gesicht.

Wer illegal in Berlin wohnt und keinen Schritt auf die Straße tut, meint, die Stadt sei umstellt und jeder, der ins Grüne wolle, werde von der Polizei kontrolliert. Aber in Wirklichkeit radle ich die autofreie Heerstraße entlang. Außer Eichhörnchen, die über die Straße huschen, und Amseln, die um ihre Weibchen werben, ist niemand da. Keiner kümmert sich um mich. In Pichelsberg werfe ich einen letzten Blick von der Brücke auf den Jachthafen von Paul Böhm und sehe mein Boot. Es liegt abgetakelt und träumend an der Boje. Ich aber folge dem Wegweiser nach Potsdam.

Potsdam, die Stadt der preußischen Könige, glitzert in der Morgensonne. Über dieses Kopfsteinpflaster rollten einst die Kaleschen des großen Friedrich. Blitzblank stehen die Häuser der königlichen Beamten neben der Garnisonskirche. Die Kirche mit dem Glockenspiel «Üb immer Treu und Redlichkeit, bis an dein kühles Grab, und weiche keinen Finger breit von Gottes Wegen ab». Zu diesen Klängen hat der böhmische Gefreite den greisen Reichspräsidenten Paul von Hindenburg öffentlich eingeseift, indem er sich als Nachfolger von Friedrich dem Großen maskierte. Übrig blieb weder Treu noch Redlichkeit, sondern nur noch für unzählige Menschen das kühle Grab.

Beim Anblick eines Gasthofs in Beelitz fällt mir ein, dass ich heute noch nichts gegessen habe. Auch geschlafen habe ich in der letzten Nacht nicht. Also habe ich jetzt gegen eine Erbsensuppe mit Speckwürfeln und gerösteten Brotstücken nichts einzuwenden.

Dann geht es weiter nach Wittenberg, der Lutherstadt. Die erste Station meiner Reise in die Schweiz. Ob sie gelingt? Mir eilt es nicht so sehr. Vorläufig genieße ich die Erbsensuppe. Abends, nach fast hundert Kilometern, gehe ich in das Hotel ‹Zur Traube›, melde mich ordnungsgemäß als Hans Brück an, bekomme ein Zimmer mit einem herrlichen Bett und schlafe, traumlos, den Schlaf des Gerechten. Womit habe ich das verdient?

Wo fahre ich eigentlich hin?

Sich auf verbotenen Wegen in der Welt zu bewegen, war mir schon als vierzehnjähriger Junge vertraut. Zum Schrecken unserer Eltern gingen wir 1936 während der Schulferien mit dem Haschomer Hazair auf Fahrt. Dieser jüdische Jugendbund war politisch links orientiert. Auf Fahrt zu gehen, bedeutete nicht etwa, mit der Bahn zu fahren. Nein, wir bevorzugten, per Anhalter unterwegs zu sein. Wir trugen weiße Hemden, Hitlerjugendtornister, weiße Socken und Bundschuhe. Alles war verboten: unsere Kluft, der Jugendbund und per Anhalter zu fahren sowieso. Ganz besonders an der Autobahn. Sogar für deutsche Jungens. Aber das hielt uns nicht ab, auf einer Fahrt nach Köln einen schwarzen Mercedes anzuhalten. Zu unserer Überraschung saß da ein hoher SA-Führer neben seinem Fahrer. «Na Jungs, wo wollt ihr denn hin?» «Nach Köln.» «Seid ihr auch in der Hitlerjugend?» «Jawoll.» «Also, einsteigen.» Und wir ließen uns mit dem schwarzen Mercedes nach Köln fahren. Zu Hause haben wir das natürlich nicht erzählt. Sonst hätten wir nie mehr auf Fahrt gehen dürfen. Aber diese Unterrichtsstunde in Illegalität kommt mir jetzt zugute.

Plötzlich sehe ich auf der anderen Seite der Landstraße einen Polizisten. Wie ich, fährt er auf einem Rad. Es ist ein Gendarm. Er trägt eine grüne Uniform. Er guckt zu mir rüber und winkt. Aha, denke ich. Es ist so weit. Die erste Kontrolle. Er aber: «Sehen Sie nicht, dass ich hier auf einem deutlich markierten Radweg fahre, und Sie drüben nicht?» «Ich dachte, man muss immer rechts fahren.» «Aber doch nicht, wenn links ein markierter Radweg ist! Merken Sie sich das.» An der nächsten Wegkreuzung biegt er ab.

Wohin fahre ich eigentlich? Fahre ich wirklich ins Blaue? Nein. Claus Schiff ist ein netter Kerl. Meinetwegen ist er extra nach Feldkirch gefahren. Dort hat er für mich einen Weg in die Schweiz ausgekundschaftet. Täglich wird am Bahnhof in Feldkirch ein Güterzug mit Steinkohle für die Schweiz beladen. Von einer bewaldeten Böschung neben dem Bahngelände lässt sich gut beobachten, wann der letzte volle Wagen angehängt wird. «Das ist der Augenblick», hat er gesagt, «wo Sie runter müssen. Stellen Sie sich neben das Gleis. Nicht zu nahe beim Bahnhof. Und wenn der Zug vorbeifährt, einfach aufspringen. Am besten auf einen Güterwagen mit Bremserhäuschen. Darin fahren Sie dann in die Schweiz. An der Grenze wird dieser Zug nicht mehr kontrolliert.»

Jetzt weiß ich also, wohin ich fahre. Nach Feldkirch. Abspringen kann ich. Das habe ich schon geübt. Aufspringen wird auch gehen. Aber vorläufig heißt es, nach unten in die Pedale treten und nach oben bücken. Denn sonst stoße ich mit meinem Kopf noch an einen der Äpfel, die hier so paradiesisch an den Bäumen hängen. Kein Mensch pflückt sie. Die Vogelscheuchen in den Feldern stehen stellvertretend für die Männer da, die hier ernten sollten. Aber die haben keine Zeit. Die müssen gerade Menschen töten oder sich töten lassen. Und ich bin ein Stellvertreter der Toten auf der Reise in die Freiheit – oder ins Jenseits. Das wird sich herausstellen.

Inzwischen lehne ich aber mein Rad an einen Apfelbaum, suche mir den knackigsten Apfel aus, lege mich ins Gras und deklamiere: «Bei einem Wirte, wundermild, da bin ich grad zu Gaste. Ein goldner Apfel ist sein Schild, an einem langen Aste.» Der Saft tropft mir am Kinn herab. Ich lasse die kleinen Schnitzel zwischen den Zähnen zergehen. «Dann frag ich nach der Schuldigkeit. Da schüttelt er den Wipfel. Gesegnet sei er alle Zeit, von der Wurzel bis zum Gipfel.»

Gut, zahlen kann ich nicht. Aber teilen. In Bad Düben kaufe ich in einem Papierwarengeschäft eine Schachtel, in der vier Äpfel Platz haben. Dann gehe ich zur Post und sende das Päckchen an die noch legal lebende Frau von Ludwig. Auf die Begleitkarte schreibe ich das Wort Friedrich Schillers: «Ein Augenblick im Paradies gelebt, ist nicht zu teuer mit dem Tod bezahlt.»

Ich habe Ludwig viel zu verdanken. Zuerst die Werkstatt in der Waldstraße. Dann den Wehrpass und schließlich den Kontakt zu Claus Schiff. Die Hundertfrankennote war das Tüpfelchen auf dem i. Er hätte mir sogar noch eine Pistole mitgegeben. Aber ich wollte nicht. Einen unschuldigen Grenzwächter erschießen,

nur damit ich durchkomme? Ich sähe ihn dann womöglich röchelnd vor mir liegen. In seiner Brieftasche fände ich Bilder von seiner Frau und den Kindern. Und ich wäre sein Mörder. Nein, ich komme auch so über die Grenze. Ich kann ja auf den Güterzug aufspringen. Oder, wenn das nicht geht, schwimme ich über den Ausläufer des Bodensees. Ich kann gut schwimmen. Und wenn alles schief läuft, kann ich rennen. Lieber selbst erschossen werden, denn alles was mich sonst erwartet, wäre schlimmer.

Aber jetzt freue ich mich auf das Nachtessen in Halle. Richtig, auch die Lebensmittelmarken für die Reise verdanke ich Ludwig. Sollte ich sie bis Mitte September aufgebraucht haben und noch nicht über die Grenze gekommen sein, sendet er mir neue Marken nach Lindau. Postlagernd. So haben wir es abgemacht.

Im Gasthaus ‹Zum Krug› bekomme ich wieder ein schönes Zimmer. Ich warte nicht, bis die Kellnerin mir den Block mit dem Anmeldeformular bringt. Ich frage selbst danach. Sie soll den Eindruck haben, bei mir geht alles mit rechten Dingen zu. Und das ist auch der Fall. Bis meine Anmeldung aus Halle in Berlin eintrifft und sie dort feststellen, dass es einen Hans Brück gar nicht gibt und dies dem Gasthof mitteilen, bin ich längst über alle Berge.

Nachdem ich geduscht und ein frisches weißes Hemd angezogen habe, gehe ich hinunter in die Gaststube. Im Gegensatz ‹Zur Traube› in Wittenberg, wo ich der einzige Gast war, ist hier der Speisesaal fast voll. Es sind alles Soldaten. Ich bekomme grade noch einen Platz an einem Tisch, an dem schon drei Landser sitzen. «Nimm Platz, Kamerad», sagt der eine und schiebt mir einen Stuhl hin. «Wir machen hier 'ne Übung. Aber dafür kriegen wir heute Abend was anständiges zu essen. Nicht immer den Fraß aus der Gulaschkanone. Sonst schieben wir ja 'ne ruhige Kugel hier. Nur unser Horst, der hats schwer. Der schleppt die ganze Zeit seinen Flammenwerfer wie einen Rucksack mit sich rum.»

«Ja, ja», sagt der Horst, «aber wenn ich wo hinblase, bleibt niemand mehr übrig. Die sind dann alle mause. Das ist auch was wert.» «Und du, Kamerad, bist du nicht beim Kommiss?» «Nein, ich bin dienstverpflichtet und u.k. gestellt. Bin bei der AEG als technischer Zeichner.» «Aber früher oder später holen sie dich auch noch.» «Ich glaube nicht. Ich habe nämlich was auf der Lunge.» «Das ist gut. So was könnt ich auch gebrauchen. Also, Mahlzeit Kameraden, das Essen wird kalt.»

Am nächsten Morgen lese ich zum Frühstück in der Zeitung, dass wieder ein Jude, der sich zur Schweiz durchschlagen wollte, gefasst worden ist. Tagsüber schlief er in den Kornfeldern und nachts marschierte er Richtung Süden. Schulkinder alarmierten die Polizei.

Mit aufgeschnalltem Tornister fahre auch ich in Richtung Süden. Obwohl es schon der 10. September ist, scheint die Sonne wie im Hochsommer. Eine Brücke kommt. Daneben ein Schild: Saale. Das ist also der Fluss, den wir in der Schule besungen haben. «An der Saale hellem Strande stehen Burgen stolz und kühn. Ihre Dächer sind zerfallen und der Wind streicht durch die Hallen. Wolken ziehen drüber hin.» Hier könnte ich doch eigentlich baden.

Ich halte an. Das wärs. Warum eigentlich nicht? Nur eine Badehose habe ich nicht mit. Ich sehe mich um. Kein Mensch weit und breit. Lediglich auf dem gegenüberliegenden Ufer stehen ein paar Bauernmädchen, die Garben binden. Ich ziehe mich aus. Die Mädchen laufen zusammen und winken. Ich winke zurück. Die Luft ist warm, aber das Wasser ist kalt. Wenn ich nachts über den Bodensee schwimmen will, nehme ich einen vollgepumpten Fahrradschlauch mit. Dann kann ich mit sparsamen Bewegungen leise schwimmen. Das hier ist Training. Als ich aus dem Wasser steige, guckt mir keines der Mädchen nach. Die haben alle schon mal einen nackten Burschen gesehen.

Als ich etwa zehn Jahre alt war, stand vor unserer Schule ein Straßenverkäufer. Er hatte einen Zettelkasten vor sich. Auf dessen Rand saß ein Wellensittich. Auf dem Kasten stand: «Fünf

Pfennige und der Wellensittich zieht Ihre Glückszahlen.» Ich gab ein Fünfpfennigstück und bekam einen Zettel mit den Zahlen drei, fünf, sieben und neun.

Während ich Bamberg schon von weitem ausmache, kommt mir der Zettel mit den Glückszahlen in den Sinn, weil ich plötzlich Angst bekomme. Glück habe ich ja dringend nötig. Wozu habe ich mir seinerzeit die Glückszahlen gekauft? Jetzt kann ich sie gebrauchen. Die Zahlen sind ein magisches Spiel. Auf jedem Telegrafenmast stehen Nummern. Und jede Nummer ist jetzt für mich bedeutsam. Hier etwa die Nummer 18-732. Die Achtzehn besteht aus zwei mal neun. Die Sieben ist sowieso meine Glückszahl. Und die Fünf stand ebenfalls auf dem Zettel. Ich ziehe den Schluss: Cioma erreicht die Schweiz.

Oder jetzt die Autonummer eines Lastwagens, der mich eben überholt: 1A63782. 63=9x7, also sehr gut. Die Sieben ist ja sowieso in Ordnung. Und acht und zwei ist zehn, das heißt zwei mal fünf und folglich wieder Glück. Ergebnis: Immer wieder Glück! Es wird gelingen. Und je mehr Zahlen auf mich zukommen, Hausnummern, Telefonnummern, Preisschilder und andere, desto mehr glaube ich, dass ich überleben werde. Dass ich den Funken Leben, den meine Eltern in mir auf der Welt zurückgelassen haben, hinüberretten und in einer Welt entfachen werde, in der man guten Tag meint, wenn man «Guten Tag» sagt. Und wenn mal Ziffern kommen, die sich partout nicht in meine Glückszahlen zerlegen lassen, werden sie einfach von mir ignoriert.

In Bamberg halte ich vor dem Gasthaus ‹Zum Bamberger Reiter›. Alle Gäste sitzen aufmerksam an den Tischen und starren gebannt auf den Lautsprecher. Eine Sondermeldung ist angekündigt. Aber diesmal ohne Siegesfanfare. Der Führer spricht. Er hat seinen Freund, Benito Mussolini[41], in einer Blitzaktion durch den SS-Obersturmbannführer Otto Skorzeny[42] entführen lassen. Der Duce ist auf dem Weg ins Führerhauptquartier. Und jetzt wird mit den italienischen Verrätern so verfahren, wie wir das von den Nationalsozialisten gewohnt sind. Kalt, rücksichtslos und ohne Gnade. Wer mit dem Führer befreundet ist, weiß, dass er sich auf ihn verlassen kann. Und Heil Hitler. – Stumm hören sich die Gäste das an.

Am nächsten Tag fahre ich mit Rückenwind in Richtung Stuttgart. Dort will ich den Pfarrer Kurt Müller besuchen. Dieser markige Mann hat mir schon bei seinen Besuchen in Berlin immer imponiert. Es gibt auch solche Deutsche. «Cioma, darum kannst du diese Fahrt durch das schöne Land trotz allem genießen. Ja, dich sogar zu Hause fühlen.» Rosa Luxemburg hat einmal gesagt: «Ich fühle mich überall zu Hause, wo es Wolken, Vögel und Menschentränen gibt.» Und es gibt auch deutsche Menschentränen.

In Stuttgart gehe ich zuerst in eine Bäckerei, bevor ich den Pfarrer Müller besuche. Mit meinen Lebensmittelmarken kaufe ich zwei Stück Apfelkuchen. Mit dem Kuchen in der Hand klingele ich. Die Tür geht auf. «Mensch, Schönhaus! Sie hier?» Der Mann umarmt mich kräftig. Er sieht mich an, als sei ich von den Toten auferstanden. Tränen rinnen ihm übers Gesicht. «Schönhaus, ich war sicher, ihr seid alle verhaftet. Bei Helene Jacobs und bei Dr. Kaufmann melden sich nur Beamtenstimmen am Telefon. Die wollten unbedingt wissen, wer ich bin. Ich fragte zurück: ‹und wer sind Sie?› Worauf den Beamten die Lust verging, weiter mit mir zu reden. Aber nun kommen Sie erst mal rein.» Ich frage, wie es ihm geht. «Dass Sie überlebt haben, ist ein Lichtblick. Aber sonst habe ich gerade Zahnschmerzen und eine Gallenkolik.» Bei diesen Worten setzt ein Gewitterregen mit Blitz und Donner ein. Da droht der Pfarrer mit der Faust gen Himmel: «So. Und jetzt fängst du auch noch an!» Wir lachen.

Die Pfarrstube hat weiß getünchte Wände. Sie sind nur stückweise sichtbar, denn eine Welt von Büchern verdeckt fast alles. Und dort, wo die weiße Wand hervorlugt, hängt eine barocke Uhr mit zwei Gewichten und einem langen Pendel. Das gleichmäßige Ticken vermittelt Ruhe. Dabei ist die Welt vom Krieg zerrissen. Aber hier spürt man es nicht.

Während er ein Pfarrer in Bauerngestalt ist, wirkt seine Frau eher wie eine ätherische Elfe. Sie reicht uns eine Tasse Malzkaffee und setzt sich dazu. «Sie übernachten natürlich bei uns.» Und dann wollen beide wissen, wie oft ich kontrolliert worden bin. «Nie», sage ich, «nicht ein einziges Mal. Ich war ja selbst überrascht. Und dabei hätte ich doch gerne mal meinen Wehrpass auf die Probe gestellt.» «Wehrpass? Zeigen Sie mal her. Mensch, das muss ich meinem Freund Vorster zeigen! Kommen Sie, wir fahren nachher zu ihm nach Degerloch. Ich will Sie ihm vorstellen. Wissen Sie, hierher kommen so viele, die sich verstecken wollen und auch solche, die in die Schweiz möchten. Dabei haben die meisten leider null Chancen. Bedauerlicherweise sind es nicht immer die sympathischsten Menschen. Aber einem sympathischen Menschen helfen, das ist nicht geholfen. Einem unsympathischen Menschen helfen, das ist geholfen.»

Wir fahren mit der Straßenbahn nach Degerloch. Ich habe mir Pfarrer immer schwarz gekleidet vorgestellt. Mit einem schmalen weißen Kragen. Pfarrer Müller ist bereits eine Ausnahme. Aber als mir ein Unteroffizier in Wehrmachtsuniform entgegenkommt, die Hacken zusammenschlägt und sich mit «Pfarrer Vorster» vorstellt, bin ich doch überrascht.

Er sitzt mit seiner Frau im Garten. Er ist Wehrmachtspfarrer. Pfarrer Müller stellt mich vor. «Das ist Hans Brück. Er hat für uns bei Helene Jacobs die vielen Ausweise gefälscht, die ich von dir und mir immer wieder nach Berlin gebracht habe. Dort ist die Gruppe verhaftet worden. Er konnte fliehen und kommt jetzt mit dem Fahrrad aus Berlin.»

Darauf zu mir. «Zeigen Sie ihm doch mal Ihren Wehrpass.» Ich zeige ihn. «Na und? Ja, ein Wehrpass. Wie alle anderen auch. Was ist Besonderes daran?» «Mensch, Vorster, den Wehrpass hat er als Blankoformular bekommen und hat ihn mit allen Stempeln selbst ausgefüllt.» «Donnerwetter, zeigen Sie den nochmal.

Und Sie sind Jude? Und leben illegal? Und jetzt?» «Und jetzt will ich in die Schweiz.»

«Stell dir vor. Auf der ganzen Fahrt von Berlin nach Stuttgart ist er nie kontrolliert worden. Na ja, er sieht auch nicht so aus, wie man sich einen illegal lebenden Juden vorstellt.» «Kurt, das ist mal was Erfreuliches.» Und zu mir: «Sie gefallen mir. Erzählen Sie doch genau, was passiert ist.» Seine Frau bittet er, das Abendessen vorzubereiten. «Eines steht fest. Sie übernachten heute bei uns. Meine Studierstube steht zu Ihrer Verfügung. Kurt, du bleibst auch hier. Dieser Besuch muss gefeiert werden.»

Wir sitzen auf weißen Gartenstühlen. Auf dem Tisch Brot, Schinken und Eier. Dazu trinken wir roten Spätburgunder. Und als es langsam dunkel wird, unterhalten wir uns bei Kerzenlicht. «Schönhaus, ich drücke Ihnen die Daumen, dass Sie rüberkommen. Aber Sie werden uns fehlen.» Wer hätte sich vorstellen können, welch ein Fest hier gefeiert wird.

Ich bin müde. Langsam möchte ich ins Bett. Frau Pfarrer hat mir in der Studierstube ein frisch bezogenes Lager vorbereitet. Kaum hat sie mir eine gute Nacht gewünscht, merke ich, dass ich zu fragen vergaß, wo die Toilette ist. In meiner Verlegenheit denke ich ans Fenster. Aber das Rauspinkeln hätte man hören können. Endlich finde ich eine große Blumenvase. Mit der irre ich dann die Treppe runter bis in die Waschküche. Dort gieße ich den Inhalt in den Bodenabfluss.

Blendend ausgeschlafen erwartet mich am Morgen im Garten ein Frühstückstisch wie im Tischlein-deck-dich. Pfarrer Vorster, gut aufgeräumt, begrüßt mich nach deutscher Art, als käme er von einer großen Reise. «Mein lieber Schönhaus», beginnt er, «warum bleiben Sie nicht einfach hier bei uns? Mit dem Wehrpass kann Ihnen doch gar nichts passieren. Hingegen illegal über die Grenze in die Schweiz zu gehen, ist ja auch für uns ‹Arier› streng verboten. Bei uns können Sie bleiben, bis der Krieg vorbei ist. Aber wenn Sie an der Grenze verhaftet werden, geht es Ihnen schlecht.»

«Herr Vorster, Ihr Angebot ist verlockend. Aber Sie vergessen, dass ich steckbrieflich gesucht werde. Und zwar gleich zwei Mal, als Günther Rogoff wegen der Passfälschungen und auch als Peter Petrov, hinter dem ein russischer Spion vermutet wird. Und das mit meinem neuesten Passfoto. Es ehrt Sie, dass Sie dieses Risiko auf sich nehmen wollen, mich zu verstecken. Aber dieser Gefahr will ich Sie nicht aussetzen. Der Krieg kann noch lange dauern. Frankreich ist immer noch besetzt und die Wehrmacht steht tief in Russland. Und wie schwer die Kämpfe auch sein mögen, bei der Fahndung sparen die Nazis nicht an Personal. Nein, ich werde vorsichtigerweise die letzte Stuttgarter Nacht in einem Hotel verbringen, damit ich niemanden verraten muss, der mich beherbergt hat. Ich hoffe zwar, dass ich über die Grenze komme, aber ich muss auch damit rechnen, dass es schief geht. Und dann ist es gut, sich schon vorher das passende Alibi zu organisieren. Trotzdem vielen Dank für Ihr Angebot.»

Wenig später holt mich Pfarrer Müller wieder ab. Wir fahren mit der Straßenbahn zu ihm nach Hause. «Ob ich mir zutraue, auf den fahrenden Güterzug in Feldkirch aufzuspringen? Passen Sie mal auf. Ich zeige es Ihnen. Das habe ich trainiert.» Und so springe ich von der fahrenden Straßenbahn ab, renne ein paar Schritte nebenher und springe wieder auf. Kurt Müller schüttelt den Kopf. «Also jetzt glaube ich Ihnen.»

Bei ihm hole ich mein Fahrrad. Aus konspirativen Gründen will ich den letzten Tag in einem Hotel verbringen. Das Hotel ‹Zum Anker› macht einen seriösen Eindruck. Genau das Richtige für mich. Ich habe gerade meinen Tornister auf das Bett gelegt und will runtergehen, um mich ordnungsgemäß anzumelden, da klopft es an der Tür. «Herr Brück?» Ich öffne und mein Herz bleibt fast stehen. Vor mir ein großer Kerl. Grauer Ledermantel und Schlapphut. Eine typische Gestapo-Gestalt. Wie ist das möglich? Ich habe mich im Hotel doch noch gar nicht angemeldet. Die wissen vielleicht, dass ein Gast gekommen ist, aber nicht, wie ich heiße.

Der Mann an der Tür stellt sich vor: «Mein Name ist Pfarrer Baumgartner. Ich komme extra aus Berlin. Pfarrer Müller sagte mir, wo ich Sie finde. Ich brauche dringend Ihre Hilfe. Es geht um einen Ausweis, der geändert werden muss. Können Sie das noch vor Ihrer Abreise machen?» Mir bleibt die Spucke weg. «Sagen Sie mal, Herr Pfarrer, jetzt muss ich Sie mal was fragen: Haben Sie mir angesehen, wie sehr ich erschrocken bin?» «Nein, wieso? Ich habe nichts bemerkt.» «Na, das tröstet mich aber. Jetzt weiß ich, dass ich mich hemmungslos erschrecken darf. Man sieht es mir nicht an.»

Wir gehen hinunter an den Empfang. Ich melde mich an. Dann fahren wir gemeinsam zurück zu Kurt Müller.

Die erste Kontrolle

Als ich mich von Pfarrer Müller verabschiede, blickt er mir tief in die Augen. Er drückt meine Hand und sagt mit belegter Stimme. «Behüt Sie Gott.» Es war wie ein Abschied für immer. Mir lief es kalt den Rücken hinunter. Ganz anders vorher der Abschied von Pfarrer Vorster. Er schüttelte mir die Hand mit den Worten: «Und wenn Sie in Basel sind, grüßen Sie Karl Barth von mir. Der glaubt an mich. Das macht Mut.»

Mein treues Fahrrad rollt jetzt fast von alleine. Jetzt geht es bergab zum Bodensee. Kurz vor Lindau steht mitten auf der Chaussee ein Soldat. Der Stahlhelm ist ihm etwas ins Genick gerutscht. Ich sehe seine rotblonden Haare. Der Karabiner hängt lose an der Schulter. Als er mich kommen sieht, stoppt er mich. «Halt, wohin?» Ich sage nur «Feldkirch». «Ihren Ausweis!» Jetzt hole ich Tatjanas roten Brustbeutel hervor und zeige ihm meinen Wehrpass. Der Soldat, ein Bauernbursche, blättert und vergleicht das Foto mit mir. Schließlich gibt er mir den Ausweis mit den Worten zurück: «Bitte sehr, Herr Schmidt.» Ich verkneife mir das Lachen. Der Junge hat nicht einmal feststellen können, wie ich heiße. Schmidt ist die Unterschrift des Wehrbezirkskommandanten. Mein Name im Ausweis lautet Hans Brück. Aber ich verzichte darauf, den Soldaten zu belehren, nachdem er mich mit einem «alles in Ordnung» weiterfahren lässt.

Das Hotel ‹Zum Löwen› in Feldkirch macht seinem Namen alle Ehre. Ein mächtiger Bau, wie für die Ewigkeit geschaffen. Mein Zimmer sieht aus wie in einem vornehmen Kloster. Der Speisesaal ist riesig. Mein Hunger auch. Am nächsten Morgen gehe ich zum Bahnhof. Es ist alles so, wie es Claus Schiff beschrieben hat. Ein gewaltiger Rangierbahnhof. Hier werden Güterzüge zusammengestellt. Einer wird mit Kohle beladen, der offenbar für die Schweiz bestimmt ist. Wenn der losfährt, werde ich aufspringen und mich in einem Bremserhäuschen verstecken. Dieser Zug fährt dann unkontrolliert über die Grenze. So hat es Claus Schiff für mich ausgekundschaftet. Aber so schnell geht das nicht. Bis alle Wagen aneinander gekoppelt sind, kann es Nachmittag werden.

Ich setze mich auf der bewaldeten Böschung beim Bahnhof hinter einen Baum ins Gras. Von dort sehe ich dem Spiel der hin- und herrangierenden Güterwagen zu. Damit mir die Zeit schneller vergeht, schnitze ich mir einen dicken Ast zu einem Spazierstock mit Ornamenten. Am Ende sieht er aus wie ein Totempfahl aus den Karl-May-Büchern. Es wird Mittag. Der Zug mit den Kohlen für die Schweiz wird nur langsam länger. Bis der losfährt, vergehen noch Stunden. Ich bin sicher, es reicht noch zum Essen im Hotel ‹Zum Löwen›.

Ein weiß gedeckter Tisch. Eine junge Hotelsekretärin, die ihren freien Tag hat, sitzt mir gegenüber. Sie ist sehr sympathisch und strahlt mich mit ihren blauen Augen so an, dass ich mir sage: «Ein Zimmer im Hotel hast du ja, und vielleicht ist das die letzte Gelegenheit in deinem Leben, noch einmal die Wärme einer jungen Frau zu spüren.» Sie zieht ihre Hand nicht weg, als ich sie berühre.

Aber so, als gäbe mir Gott ein Zeichen, beginnen die Sirenen zu heulen. Was? Fliegeralarm hier in Feldkirch? Das kann doch nicht wahr sein. Aber es ist wirklich Fliegeralarm. Wir gehen raus auf die große Terrasse. Hoch oben am Himmel sehen wir die weißen Kondensstreifen der amerikanischen fliegenden Festungen. Und plötzlich höre ich das mir schon bekannte anschwellende Pfeifen fallender Bomben. Alles rennt zur Treppe und in den Luftschutzraum. Ich nehme die Hotelsekretärin an die Hand. Wir sind schon im Treppenhaus. Da ruft sie: «Meine Handtasche! Die hängt noch am Stuhl.» Heldenhaft renne ich zurück in den Speisesaal, hole ihre Tasche und bekomme zur Belohnung einen Kuss. Irgendwo im Ort höre ich Detonationen.

Die Sirenen geben Entwarnung. In doppelter Hinsicht. «Cioma», sage ich zu mir, «mach keine Umwege. Du willst in die Schweiz. Du willst auf den Güterzug aufspringen. Mach keine Dummheiten. Verzettle dich nicht. Tue, was du dir vorgenommen hast. Der Fliegeralarm war ein deutliches Zeichen. Geh zurück an die Böschung des Bahndamms. Die Tannen schützen dich vor neugierigen Beamten, die das Areal überwachen.»

Am Abend sehe ich, wie sich der Zug langsam formiert. Die letzten Wagen werden angehängt. Bald muss er abfahren. Ich steige langsam herunter, gehe an die Gleise und erwarte den Zug. Zischend kommt er mir entgegen. Bis jetzt kannte ich nur Züge, die von einer Dampflokomotive gezogen wurden. Die setzen sich ganz langsam in Bewegung. Da konnte man auf dem Bahnsteig immer noch lange nebenher laufen. Dieser Zug wird aber elektrisch betrieben. Der kommt schnell auf Touren. Und die Wagen rasen in einem Tempo an mir vorbei, dass an ein Aufspringen überhaupt nicht zu denken ist. Ich stehe da. Entsetzt. Enttäuscht. Aber ich sage mir: «Morgen probierst du es noch einmal. Nur viel näher am Bahnhof, wo der Zug noch nicht so schnell fährt.»

Also noch eine Nacht in der Höhle des Löwen. Von der Hotelsekretärin keine Spur. Es folgt ein muntermachender Morgen mit viel Sonne, blauem Himmel und einem österreichischen Frühstück. Ich schlendere wieder zum Bahndamm. Plötzlich steht mir ein Mann im Weg. «Parla Italiano?» «No», sage ich und schüttle den Kopf. «Wohin Sie gehen?» «Warum?» «Ich Sie gestern gesehen. Ganzen Tag am Bahndamm. Und deutsche Soldaten Sie auch gesehen. Und abends gesucht. Ich nur wollte Sie warnen.» «Grazie mille, amico.» «Prego, prego.»

Ich gehe schnell ins Hotel zurück. Zahlen und weg. Zurück führt die Route wieder um den Bodensee. Ich bin, wie der Berliner sagt, dem Totengräber noch einmal von der Schippe gehopst. Und nicht zum ersten Mal. Wie oft wird das noch gelingen? «Wer beschützt dich eigentlich ununterbrochen? Wer hilft dir, den Mut zu behalten? Wer hilft dir, durch Freundlichkeit entwaffnend zu wirken? Wer heißt dich in dieser schrecklichen Zeit auch denjenigen Deutschen ein Denkmal zu setzen, die bereit sind, ihr Leben zur Rettung von Juden hinzugeben?»

Der Fluchtweg mit dem Güterwagen in Feldkirch muss vergessen werden. Jetzt habe ich noch zwei Pläne: Entweder ich schwimme nachts über den Bodensee. Dort, wo er nur etwa einen Kilometer breit ist. Oder ich versuche, die Grenze am Schiener Berg zu überqueren. Diese Stelle kenne ich von der Generalstabskarte, die ich mit Schwester Thesi studiert habe.

Mein Rad rollt im warmen Sommerwind die Uferstraße am Bodensee entlang. Er glitzert silbern wie im ‹Lieben Augustin›, dem Buch von Horst Wolfram Geissler. Ich pfeife Melodien aus der ‹Dreigroschenoper›: «Ja, mach nur einen Plan, sei nur ein großes Licht. Und dann mach noch einen zweiten Plan, gehen tun sie beide nicht.» Also muss ein weiterer Plan her.

Die Straße ist sonnendurchflutet und menschenleer. Auf meinem Rad bin ich allein und kann laut mit mir selbst reden. Dabei versuche ich mir vorzustellen, wer mich das nächste Mal kontrollieren wird und was das für einer ist. Nehmen wir mal an, ein junger, pfiffiger Polizist. Einer, der es genau nimmt. Was wird er mich fragen? «Ihren Ausweis, bitte.» Gut, das macht keine Probleme. Aber dann: «Wohin fahren Sie?» «Nach Öhningen.» «Und woher kommen Sie?» «Aus Berlin.» «Aber sagen Sie mal. Mit dem Fahrrad aus Berlin? Da brauchen Sie ja acht Tage bis Sie hier sind.» «Ich bin mit der Bahn nach Lindau gefahren und habe das Fahrrad als Gepäck aufgegeben.» «Ja, eben. Wenn Sie nur vierzehn Tage Erholungsurlaub bei der AEG haben, müssten Sie ja grade wieder zurück fahren. Und wo fahren Sie jetzt hin? Ausgerechnet nach Öhningen. Das ist ja direkt an der Schweizer Grenze.» «Ja, ich bin dort eingeladen.» «Bei wem?» – Ja, bei wem? Das ist eine gute Frage! Aber auch die lässt sich jetzt beim Mittagessen beantworten. Im nächsten Gasthof verlange ich das Telefonbuch.

‹Hotel zum Zeppelin›. Hier kehre ich ein. Ich suche mir einen Fensterplatz mit Aussicht auf den See, bestelle mir eine Bodenseeforelle und das Telefonbuch. Sehr gut. Öhningen ist drin. Und dann kommt ein Name, der mir gefällt. Ferdinand Schmidt, Gutsbesitzer, Stuttgarter Hof. Da will ich hin! Und während ich meine Blumenkohlsuppe schlürfe, stelle ich mir den Ferdinand vor. Ferdinand Lassalle, der erste Sozialdemokrat Deutschlands. Und dazu noch ein Jude. Also Ferdinand ist gut. Und dann fragt der Polizist in mir weiter: «Wer ist denn dieser Herr Schmidt? Woher kennen Sie ihn? Und was führt Sie zu ihm?» «Mein Chef bei der AEG, der Herr Faber, hat mir diese Empfehlung mit auf den Weg gegeben. ‹Herr Brück›, sagte er, ‹fahren Sie mit der Bahn bis nach Lindau. Geben Sie das Rad als Gepäck auf und dann besuchen Sie meinen Freund Schmidt in Öhningen. Bestellen Sie ihm Grüße von mir. Und dann können Sie auf seinem Gutshof ganz bestimmt ein paar Ferientage verbringen›.» In Verbindung mit meinem Wehrpass und der Urlaubsbescheinigung von der AEG sollte das doch auch einen misstrauischen Polizisten zufrieden stellen.

Aber niemand kontrolliert mich. Es wird langsam dunkel. Ich halte vor dem Hotel ‹Zum Adler›. Im Bett versuche ich mir weiter vorzustellen, was für ein Mensch Ferdinand Schmidt ist. Vielleicht ist er ein alter Sozialdemokrat. Ja, vielleicht ist er sogar ein Anhänger der Bekennenden Kirche und kennt Karl Barth. Das wäre schön. Und bei diesen Phantasien reift mein Plan, Herrn Schmidt wirklich zu besuchen. Mein innerer Film läuft ab. Ich sehe mich am Herrenhaus des Gutes klingeln. Ferdinand Schmidt öffnet. Ich sage: «Guten Tag Herr Schmidt. Mein Name ist Hans Brück. Ich komme aus Berlin. Mein Chef bei der AEG, Herr Faber, gab mir Ihre Adresse. Er lässt Sie grüßen. Und ob ich vielleicht ein paar Ferientage...» Herr Schmidt lässt mich gar nicht ausreden. «Junger Mann, ich kenne zwar keinen Herrn Faber von der AEG, aber ich glaube, ich weiß trotzdem, was Sie wollen. Kommen Sie erst mal rein und essen Sie einen Teller Suppe mit uns. Und dann, wenn es dunkel wird, zeige ich Ihnen den Weg über die Grenze. Sie sind nicht der erste, der deshalb hier bei mir vorspricht.»

Das ist mein Wunschtraum. Mit ihm schlafe ich ein. Um vier Uhr morgens klopft es. «Aufmachen, Polizei!» Ein Gendarm steht vor der Tür. Eine Taschenlampe blendet mir ins Gesicht. «Ihren Wehrpass, mein Lieber!» Mein roter Brustbeutel liegt unter den Kleidern auf dem Stuhl. Der Gendarm blättert Seite für Seite um. Dann gibt er mir den Wehrpass zurück. «Alles in Ordnung. Heil Hitler.» Ich schlafe bis um zehn.

Der Mensch denkt und Gott lenkt

«Cioma, die größere Hälfte aller Geschehnisse, die dein Schicksal entscheiden, bestimmt Gott. Aber für die kleinere Hälfte bist du verantwortlich. Und diese kleine Hälfte musst du ganz erfüllen. Mit deinem Verstand. Mit deinen Begabungen und mit deinem Glauben an die Hilfe von oben.» Und dann höre ich das Klopfen der Räder des fahrenden Zuges nach Majdanek.

«Wie wird es weitergehn… denk nicht daran… denk nicht daran…

Wie wird es weitergehn… denk nicht daran… denk nicht daran…

Wie wird es weitergehn… denk nicht daran… denk nicht daran… Wir helfen.»

Ich rolle fast von selbst bergab nach Öhningen. Es geht an einer Gärtnerei vorbei. Eine Frau schneidet Blumen. Wenn ein gut erzogener junger Mann zu Besuch kommt, bringt er Blumen mit. Also sage ich mir, «hier kaufst du einen Blumenstrauß. Das sieht dekorativ aus. Und es entspricht genau dem Gegenteil der Vorstellung von einem Juden, der gerade im Begriff ist, über die Schweizer Grenze zu fliehen.» Meine kurzen Hosen, der Militärhaarschnitt und der Hitlerjugendtornister runden das Bild ab. Die Gärtnerin stellt den Strauß so liebevoll zusammen als wüsste sie, wozu er dienen soll. Und mit dem Blumenstrauß zwischen Lampe und Lenkstange rollt das Fahrrad noch mal so schön.

Ein SS-Mann mit geschultertem Gewehr steht am Wegrand. Er unterhält sich mit einem Mädchen. Beide sehen mir freundlich nach. Das Ortsschild von Öhningen kommt. Ich frage einen alten Mann nach dem Stuttgarter Hof. «Erste Weggabelung rechts und dann immer gerade aus. Mit dem Rad keine zehn Minuten.» «Danke.» Und ich fahre weiter. Die Landschaft ist hügelig. Mein Herz beginnt zu klopfen, denn in der Ferne sehe ich auf einer Wiese, klein und im Wind flatternd, zum ersten Mal in meinem Leben eine Schweizer Fahne in der freien Natur.

«Cioma», sage ich zu mir, «jetzt könntest du doch geradewegs über den Rasen fahren und wärst in der Schweiz. Nein, Cioma! So einfach geht das nicht. An der Grenze sind Klingeldrähte. Und im Gebüsch stehen Grenzwächter mit Hunden. Wenn du hier rüber rennst, kommst du nicht weit. Jetzt spielst du zuerst mal die Aufführung mit dem Gutsbesitzer Schmidt durch. Vielleicht ist er wirklich der liebenswürdige erträumte Sozialdemokrat. Vielleicht ist er froh, den Gräueltaten des Regimes etwas entgegensetzen zu können, indem er einem Juden zur Flucht verhilft. Wer weiß?»

Ich steige vor dem Herrenhaus ab und klingele. Niemand öffnet. Ich läute noch einmal. Wieder kommt keiner. Also gehe ich über den Gutshof, an einem kleinen Gebäude vorbei und rufe: «Hallo, ist hier jemand?» Da geht eine Tür auf. Ein deutscher Soldat kommt heraus. Der Uniformrock ist aufgeknöpft. Ohne Kopfbedeckung. «He, was machen Sie denn hier? Können Sie sich überhaupt ausweisen?» «Jawoll!» Ich knöpfe mein Hemd auf und hole den roten Brustbeutel hervor. Dann zeige ich den Wehrpass. «Ach, da hat er ja 'nen Wehrpass. Ist ja alles in Ordnung. Wo wollen Sie denn hin?» «Ich will Schmidts besuchen, aber da öffnet niemand.» «Ja, die sind doch zu Hause.» «Aber ich habe zwei Mal geklingelt. Niemand macht auf.» «Na, dann schlafen sie vielleicht noch. Wo kommen Sie denn überhaupt her?

Aus Berlin? So, so. Der Sohn von Schmidts ist jetzt auch gerade in Berlin. Aber nun kommen Sie erst mal rein in unsere gute Stube. Wissen Sie, wir müssen hier alles genau aufschreiben. Reiner Papierkrieg. Ist ja nur 'ne Formalität. Aber was sein muss, muss sein.»

Drinnen sitzen noch drei Soldaten. An der Wand stehen vier Karabiner in einem Gestell. Mein Soldat holt ein Formular und beginnt meinen Wehrpass abzuschreiben. Wie ein Polizist. Buchstabe für Buchstabe. Ich plaudere möglichst unbefangen. «Eigentlich bin ich Grafiker. Aber während des Krieges bin ich bei der AEG als technischer Zeichner beschäftigt und u.k. gestellt.» Vom Schreiben aufblickend und auf einen seiner Kameraden zeigend, sagt der Soldat: «Der hier ist auch Grafiker. Das Bild hier an der Wand hat er gemalt.» Ich drehe mich um und sehe es mir an. «Ist aber gut! Sie können was.»

Das Abschreiben ist fast fertig. Er steht auf. «So. Nun gehen Sie noch mal rüber. Sie müssen nur lange genug klingeln. Das Haus ist groß. Die sind bestimmt da.» Er macht mir die Tür auf. In diesem Moment kommt ein anderer Soldat offenbar von seiner Patrouille zurück. Mit Stahlhelm, Karabiner und einer schräg umgebundenen Zeltbahn. Jetzt sagt meiner mit breitem Grinsen: «So, Paule, da haste wieder einen. Nimm ihn mit.» Ich stimme im gleichen Ton ein, klopfe lachend dem Paule auf die Schulter und wiederhole das, was der andere gerade sagte. «Jawoll, Paule, jetzt musste mich mitnehmen.» Alle lachen und finden das furchtbar lustig. «Und nun gehen Sie ruhig rüber. Die Schmidts sind bestimmt zu Hause.»

Die Soldaten verschwinden in ihrer Wachstube. Keiner kommt auf die Idee, mir zu folgen, um zu beobachten, ob das mit dem Besuch stimmt. Sie lassen mich allein zum Herrenhaus gehen und auf die Klingel drücken.

Diesmal geht die Tür tatsächlich auf. Und der Mann, der öffnet, sieht überhaupt nicht so aus, wie ich ihn mir gewünscht habe. Ein rotes Biergesicht. Eine Mischung zwischen Bismarck

und Hindenburg. Er trägt einen grünen Jägeranzug, einen Hut mit Gamsbart und Wickelgamaschen. Offenbar will er gerade auf die Jagd.

«Guten Tag. Ich heiße Hans Brück und komme aus Berlin. Mein Chef bei der AEG, der Herr Faber, hat mir Ihre Adresse gegeben.» Ich komme noch gar nicht dazu, etwas von den Ferientagen zu sagen, da ruft er schon ins Haus: «Sag mal, kennst du einen Faber in Berlin?» Da kommt auch Frau Schmidt und sieht mich misstrauisch an. «Wie kommen Sie denn überhaupt hier rauf? Sie geraten ja förmlich in den Verdacht, über die Grenze gehen zu wollen!» «Ja, aber ich bin doch gerade vorhin bei Ihnen kontrolliert worden.» «Gut, aber einen Faber in Berlin kennen wir nicht. Vielleicht meinen Sie den Dr. Schmidt. Der wohnt unten im Dorf. Die haben Freunde in Berlin. Das ist sicher der, den Sie suchen.» «Na, dann entschuldigen Sie bitte die Störung.»

Den Blumenstrauß nehme ich natürlich wieder mit. Und dann fahre ich zu Dr. Schmidt nach Öhningen los. Aber zweihundert Meter weiter kommt ein Bach. Gemäß meiner Karte fließt er über die Grenze in die Schweiz. In der Ferne sehe ich wieder die Schweizer Fahne flattern. «Cioma», sage ich mir, «irgendwann musst du es wagen.»

Die grüne Grenze

Am Bach halte ich an. Um mir selbst die Weiterfahrt zu verunmöglichen, lasse ich zuerst die Luft am Vorderrad raus. So. Jetzt habe ich mich entschieden. Die Brücke hinter mir ist abgebrochen. Ich will nun das Vorderrad abmontieren und damit ans Wasser gehen. Wenn jetzt einer käme, könnte ich sagen, ich habe eine Reifenpanne und will nachschauen, wo das Loch ist. Dann aber rede ich mir ins Gewissen: «Cioma, hör auf mit deinen raffinierten Vorsichtsmaßnahmen. Wenn sie bis jetzt nicht aus dem Gebüsch hervorgekommen sind, dann ist auch niemand hier. Entscheide dich!»

Ich ziehe am Zwirnsfaden an der Lenkstange, hole meine Hundertfrankennote heraus und schiebe das Fahrrad ins Gebüsch. Dann bete ich ein kindliches «Schemah Jisroel: Höre Israel, der Herr ist unser Gott, der Herr ist einzig.» Dann robbe ich auf allen Vieren im Bach entlang. Er ist höchstens einen halben Meter tief und einen Meter breit. Zuerst will ich es in der Art, wie man Liegestütze macht, probieren, um so trocken wie möglich zu bleiben. Aber plötzlich höre ich Gewehrschüsse. Und da ist es aus mit der Vorsicht vor dem Nasswerden. Jetzt ist es mir egal. Ich tauche unter, so gut es in dem flachen Wasser geht und robbe so schnell wie möglich weiter. Ich hoffe, meine Spur sei für Hunde nicht so leicht auszumachen.

Damals wusste ich nicht, dass die Schüsse nicht mir galten. Sie kamen von Traubenwächtern, die von Zeit zu Zeit knallten, um die Vögel aus den Reben zu verscheuchen.

Eines habe ich mir fest vorgenommen: Wenn sie mich anhalten wollen, bleibe ich nicht stehen. Lieber lasse ich mich erschießen, denn was mich nach einer Verhaftung erwartet und was mir nachher in Polen bevorsteht, das weiß ich. Lieber ein Ende mit Schrecken, als ein Schrecken ohne Ende.

Und so krabble ich den Bach entlang. Er scheint endlos lang zu sein. Nach meiner Karte müsste er in einen kleinen Teich münden. Der läge dann bereits in der Schweiz. Aber keine Spur von einem Teich. Nun kommt aber eine Stelle, wo das Gras rund um den Bach abgemäht ist. Ich vermute, das ist die Grenze. Hier wollen sie es übersichtlich haben. Und ich vergrößere mein Tempo. Die Ellenbogen sind längst aufgeschürft. Ich bemerke es nicht. «Also, denk dran», sage ich mir, «wenn einer kommt oder ‹halt› ruft: rennen.»

Und plötzlich höre ich ein Geräusch. Also, rennen! Und dabei sehe ich mich stehen bleiben und die Hände erheben. Gegen diesen Reflex bin ich plötzlich machtlos. Es ist so schwer, ein Held zu sein.

Und wie ich so dastehe, springt ein Reh an mir vorbei. Das war das Geräusch. Wenn ich aber hier stehe und niemand kommt, ist auch niemand da. Und so renne ich weiter bis der Bach in den Teich mündet. Genau wie auf der Karte.

Eines meiner Lieblingsbücher war Robinson Crusoe. Die Stelle, wo er an Land gespült wurde und bemerkte, dass er gerettet war, ist mir fest in Erinnerung geblieben. Und so folge ich seinem Beispiel, knie nieder und küsse die Erde.

Ich bin in der Schweiz.

Ich betrete die Schweiz mit triefenden Kleidern. So, als wäre das normal. Die Leute drehen sich nach mir um. Frauen spazieren gemeinsam mit Männern. Nicht allein wie in Deutschland. Auf mich wirkt alles friedlich und fremd.

Etwas weiter komme ich zu einem Sägewerk. Ich verstecke mich hinter einem Bretterstapel. Ich versuche meine Socken und Hosen durch Auswringen zu trocknen. Eine Familie spaziert vorbei. Da höre ich einen Jungen: «Babbe, do stönd e paar Schue. Ich glob döt isch öpper.» Der Vater fragt mich, was ich hier mache. «Ich bin Flüchtling aus Deutschland.» «So, so. Und ich bin der Kantonspolizist aus Stein am Rhein. Ziehen Sie sich an. Ich werde Sie mitnehmen und bei mir verköstigen. Morgen sehen wir dann weiter.»

Als wir nebeneinender hergehen fragt er: «Warum sind Sie geflüchtet?» «Politisch», sage ich. Denn mir wurde von Pfarrer Kurt Müller eingebläut, ich solle ja nicht sagen, dass ich Jude bin. Dann würden sie mich gleich wieder zurückschicken. «Politisch?», fragt der Polizist nach. Und plötzlich habe ich genug. Soll ich auch in der Schweiz weiterlügen? Hört denn das mit dem verfolgt werden nie mehr auf? «Nein, ich will Ihnen die Wahrheit sagen. Weil ich Jude bin.» Und der Kantonspolizist meint: «Ich glaube trotzdem nicht, dass man Sie zurückschicken wird.»

Am nächsten Morgen fahre ich in Begleitung eines Polizisten nach Schaffhausen. Weil meine Kleider noch immer nass sind, trage ich eine geschenkte Weste aus dem Kleiderschrank des Kantonspolizisten. Sie schlottert an mir herum, denn seine Größe ist mindestens sechsundfünfzig. Offenbar sehe ich mitleiderregend aus. Einer der Fahrgäste flüstert meinem Wächter etwas ins Ohr. Der nickt wohlwollend. Danach bekomme ich eine Zigarre und Feuer. Vor lauter Begeisterung mache ich einige Lungenzüge. Zum Glück wird mir nicht schlecht.

Im Warteraum des Gefängnisses steht ein Mann. Ich frage ihn: «Was hast du denn gemacht?» Ich ging von der Idee aus, in unserer Zeit säßen nur anständige Menschen im Gefängnis. Der aber wird rot im Gesicht und gibt keine Antwort. «Aha», denke ich, «wir sind in der Schweiz. Hier gehören die Leute, die im Gefängnis sitzen, offenbar wirklich ins Gefängnis.»

Dann werde ich verhört. Zwei Beamte sitzen mir gegenüber. Der eine brüllt mich an. «Sie heißen ja gar nicht Schönhaus. Sie sind ein Kriegsverbrecher und wollen sich bei uns einschleichen. Oder Sie haben sonst was ausgefressen!» «In Basel können sich Dr. Fliess oder Prof. Barth für mich verbürgen.» «Alles Ausreden! Sie gehören einfach raus.»

Jetzt bin ich es, der die Fassung verliert. «Wenn das so weitergeht, habe ich genug. Dann schicken Sie mich eben wieder zurück. Die Schweiz habe ich mir anders vorgestellt.» Nun schaltet sich der zweite Beamte ein. «Ja, nun hör doch auf.» «Ich habe hundert Franken dabei. Telefonieren Sie bitte mit Dr. Fliess.» «Ist nicht nötig. Das Geld werden Sie für Wichtigeres brauchen können.» Und zu seinem Kollegen: «Und du, sei endlich ruhig!»

Erst jetzt bin ich wirklich in der Schweiz.

Es ist so schwer, ein Held zu sein

Dank Professor Karl Barth bekam ich ein Stipendium. Durch Pfarrer Kurt Müller aus Stuttgart war er genau über mich informiert. Nach fünf Jahren an der Basler Kunstgewerbeschule schloss ich meine Grafikerausbildung ab und arbeite noch heute zeitweise in meinem Beruf. Ich heiratete und habe vier Söhne. Einer ist Grafiker, einer ist Goldschmied und die beiden jüngeren sind Musiker. Ich habe vier Enkel und eine wunderbare Frau. Sie war immer eine gute Mutter und ist jetzt eine phantasievolle Großmutter. Sie hat die Erinnerungen zu diesem Buch einige Male abgeschrieben.

Helene Jacobs und ich waren fünfzig Jahre lang befreundet. Sie starb am 27. August 1993. Helene Jacobs wurde von Yad Vashem als Gerechte unter den Völkern anerkannt.

Dorothee Fliess blieb nach ihrer Ausreise in der Schweiz. Sie starb 2001 in Basel.

Walter Heyman und Det Kassriel wurden deportiert.

Tatjana hat den Krieg überlebt.

Stella Goldschlags Leben ist in Büchern und Filmen beschrieben worden. Sie lebte bis zu ihrem Tod zurückgezogen in Südwestdeutschland.

Ludwig Lichtwitz überlebte den Krieg und baute danach die väterliche Druckerei in Berlin wieder auf.

Dr. Kaufmann wurde in Sachsenhausen erschossen.

Dr. Meier wurde deportiert.

Gerda wurde deportiert.

Mein Vater und meine Mutter, die Omama Alte, Tante Sophie und Onkel Meier, sie alle sind aus den Vernichtungslagern im Osten nicht zurückgekehrt.

Anmerkungen

1 Die Reichsvertretung der deutschen Juden war die Repräsentantin der deutschen Juden gegenüber den Reichsbehörden. Ihre Aufgaben umfassten das jüdische Schul- und Bildungswesen, Wirtschaftshilfe, Berufsfürsorge, Wohlfahrtspflege und Betreuung bei der Aus- und Binnenwanderung. Im März 1938 verlor sie ihren Status als Körperschaft des öffentlichen Rechts und konnte somit keine Steuern mehr erheben. Im Juni 1939 folgte die Umbenennung der Organisation in «Reichsvereinigung der Juden in Deutschland», in die alle noch bestehenden jüdischen Organisationen eingegliedert wurden; darüber hinaus unterstand die Reichsvereinigung der Aufsicht des Reichsministers des Innern und war gezwungen, dessen Anweisungen Folge zu leisten. Hierzu gehörten auch die Vorbereitungen zur Deportation. 1943 wurde die Geschäftsstelle der Reichsvereinigung aufgelöst, ihr Vermögen beschlagnahmt und die letzten Mitarbeiter wurden in Konzentrationslager deportiert.
Das Arbeitslager Schlosshofstraße bei Bielefeld galt bis 23. Juni 1941 als Umschulungslager zur Vorbereitung der Auswanderung. Danach erfolgte die Umwandlung in ein reines Arbeitslager, in dem Juden für städtische Arbeiten herangezogen wurden. Vgl. hierzu: Margit Naarmann, Die Paderborner Juden 1802-1945. Emanzipation, Integration und Vernichtung. Ein Beitrag zur Geschichte der Juden in Westfalen im 19. und 20. Jahrhundert, Paderborn 1988.

2 Am 10. Mai 1933 fanden in allen deutschen Universitätsstädten im Deutschen Reich so genannte Verbrennungsfeiern statt, während derer die Bücher von Autoren verbrannt wurden, denen ein «undeutscher Geist» unterstellt wurde. Zu den verfemten Schriftstellern gehörten u.a. Thomas Mann, Karl Marx, Erich Kästner, Kurt Tucholsky.

3 Die Geheime Staatspolizei (Gestapo) unterhielt 1941 67 Staatspolizeileitstellen im Deutschen Reich. Innerhalb der Stapoleitstellen gab es verschiedene Abteilungen (Referate), wie z. B. Parteiangelegenheiten, Presse-Schrifttum-Kulturpolitik, Wirtschaft etc.. Der Tätigkeitsbereich des ‹Judenreferats› innerhalb der Stapoleitstelle reichte von der Überwachung und Reglementierung des jüdischen Gemeindelebens, Feststellung der ‹Rassezugehörigkeit›, Überwachung der Einhaltung antijüdischer Gesetze bis hin zur Organisation der Deportationen. Pützer war Leiter des Judenreferats der Stapoaußenstelle Bielefeld, die ab 1941 der Stapoleitstelle Münster unterstand. Vgl. hierzu: Joachim Meynert, Das Ende vor Augen. Die Deportation der Juden aus Bielefeld, in: Verfolgung und Widerstand im Rheinland und Westfalen 1933–1945, hrsg. von Anselm Faust, Köln 1992, S. 162–174.
4 Der Schriftsteller war mit einer Jüdin verheiratet, die ihre beiden Töchter mit in die Ehe brachte. Jochen Klepper wurde 1937 aus der Reichsschrifttumskammer ausgeschlossen und 1941 aufgrund seiner Ehe mit einer Jüdin als «wehrunwürdig» entlassen. Seine ältere Stieftochter Brigitte konnte 1939 nach England emigrieren. Als seine jüngere Stieftocher im Dezember 1942 die Aufforderung zur Deportation bekam, nahmen sich das Ehepaar und die Tochter das Leben.
5 Die Verordnung zum Reichsbürgergesetz vom 27.9.1938 schloss jüdische Rechtsanwälte aus der Rechtsanwaltschaft aus. Zur rechtlichen Beratung und Vertretung von Juden ließ die Justizverwaltung so genannte jüdische Konsulenten zu.
6 Nach der Anordnung vom 21. September 1940 mussten für Juden gesonderte Luftschutzkeller errichtet werden.
7 Durch den Drei-Mächte-Pakt vom September 1940 sicherten sich Italien, Deutschland und Japan ihre volle gegenseitige Unterstützung gegen einen Angriff der USA zu. Aufgrund des japanischen Überfalls am 7./8. Dezember 1941 auf den US-Flottenstützpunkt Pearl Harbor auf der hawaiischen Insel

Oahu, erklärten Deutschland und Italien den USA am 11. Dezember 1941 den Krieg.

8 Nach dem «Gesetz zum Schutz des deutschen Blutes und der deutschen Ehre» (die sog. Nürnberger Gesetze) galten Personen mit einem jüdischen Großelternteil als Mischlinge 2. Grades, diejenigen mit zwei jüdischen Großelternteilen als Mischlinge 1. Grades. Alle wehrfähigen Männer beider Kategorien wurden zur Wehrmacht eingezogen, die Mischlinge 1. Grades doch bis 1942 wieder entlassen. Mischlinge 2. Grades konnten nur mit ausreichender Begründung bei der Truppe bleiben.

9 Der Zusatzname ‹Israel› bei jüdischen Männern und ‹Sara› bei jüdischen Frauen mussten Juden seit dem 1. Januar 1939 führen.

10 Ab 15. September 1941 mußten alle Juden, die das sechste Lebensjahr vollendet hatten, sichtbar einen gelben Stern auf schwarzem Grund an ihrer Oberbekleidung tragen.

11 Am 1. September 1939 wurde für Juden eine Ausgangssperre verhängt. Sie durften im Winter nach 20.00 Uhr und im Sommer nach 21.00 Uhr ihre Wohnungen nicht mehr verlassen.

12 Mit der Verfügung vom 13. November 1941 war Juden der Besitz von Fahrrädern verboten.

13 Vgl. hierzu ausführlich Winfried Meyer, Unternehmen Sieben. Eine Rettungsaktion für vom Holocaust Bedrohte aus dem Amt Ausland/Abwehr im Oberkommando der Wehrmacht, Frankfurt am Main, 1993.

14 Das Auswanderungsverbot von Juden aus dem Deutschen Reich wurde am 23. Oktober 1941 erlassen.

15 Durch den Erlass vom 18. September 1941 war Juden die Benutzung öffentlicher Verkehrsmittel nur mit erheblichen Einschränkungen gestattet, am 24. April 1942 wurde ihnen die Benutzung öffentlicher Verkehrsmittel verboten. Lediglich jüdische Zwangsarbeiter konnten mit einem Erlaubnisschein

ihren Weg zur Arbeit mit öffentlichen Verkehrmitteln antreten.
16 Die 11. Verordnung zum Reichsbürgergesetz vom 25. November 1941 besagte, dass das Vermögen eines Juden dem Reich verfällt, wenn dieser seinen gewöhnlichen Aufenthalt ins Ausland verlegt. Ergänzend hierzu erging am 3. Dezember 1941 ein vertraulicher Runderlass, dass dies auch für Juden gelte, die in die von deutschen Truppen besetzten Gebiete, insbesondere das Generalgouvernement und die Ukraine, übersiedeln.
17 Die «Leibstandarte Adolf Hitler» wurde im März 1933 aus 120 Mann der persönlichen Schutztruppe gebildet. Diese wurden auf Hitlers Person vereidigt und stand außerhalb des verfassungsrechtlichen Rahmens von Staat und Partei. Sie war zunächst für Repräsentations- und Sicherungsaufgaben und den Schutz Hitlers zuständig, wurde aber 1939 in die Waffen-SS integriert.
18 Chassidismus ist eine orthodoxe Bewegung innerhalb des Judentums.
19 Majdanek war ein Konzentrations- und Vernichtungslager im Lubliner Stadtteil Majdan Tatarski im Generalgouvernement. Der Bau des Lagers begann Ende 1941 und diente vor allem zur Überstellung sowjetischer Kriegsgefangener. Ab September 1942 wurden nicht-jüdische und jüdische Polen, Juden aus der Tschechoslowakei, Slowenien nach Majdanek deportiert. Der Bau der Vergasungsanlage war im November 1942 abgeschlossen. Mindestens 200.000 Menschen wurden in Majdanek ermordet, darunter etwa 60.000–80.000 Juden.
20 Theresienstadt war eine 1780 gegründete österreichische Festungsstadt in Nordböhmen. Nachdem man die nicht-jüdische Wohnbevölkerung aus Theresienstadt evakuiert hatte, wurden seit November 1941 Juden aus Böhmen und Mähren in Theresienstadt interniert. Aus Deutschland verbrachte man seit 1942 vor allem alte und gebrechliche Juden

in das so genannte Altersghetto. Juden, die nach Theresienstadt deportiert wurden, mußten «Heimeinkaufsverträge» abschließen, in denen sie ihr Vermögen gegen «Betreuung und Pflege» abtreten mussten. Über 140.000 Juden wurden nach Theresienstadt verbracht. Für 88.000 Personen war das «Altersghetto» nur eine Durchgangsstation in andere Konzentrations- und Vernichtungslager. In Theresienstadt starben etwa 33.500 Menschen.

21 Thesi Goldschmidt war mit einem Juden verheiratet. Als privilegierte Mischehe galt die Verbindung eines jüdischen Ehemanns mit einer «arischen» Frau, sofern aus dieser Ehe ein Kind hervorgegangen ist, das nicht der jüdischen Religionsgemeinschaft angehörte. Wären Goldschmidts kinderlos geblieben, hätte die Ehe nicht den Status «privilegiert» erhalten. Lediglich die kinderlose Ehe eines «arischen» Mannes mit einer jüdischen Frau hatte den Status «privilegiert». Als «nicht-privilegiert» galten die Mischehen, deren Kinder der jüdischen Religonsgemeinschaft angehörten.

22 Siehe Anm. 8.

23 Ernst Freiherr von Weizsäcker war seit August 1936 Leiter der politischen Abteilung des Auswärtigen Amtes und seit März 1938 dessen Staatssekretär. Vom Juni 1943 bis 1945 Deutscher Botschafter beim Vatikan.

24 Erhard Milch war seit 1939 Generalinspekteur der Luftwaffe. Seine angeblich jüdische Abstammung wurde in Heereskreisen akzeptiert.

25 Karin Hardt und Hans Albers waren gefeierte Schauspieler.

26 Die Wohnungen, in denen Juden wohnten, mussten durch einen Erlass vom 13. März 1942 sichtbar mit einem Stern an der Eingangstür gekennzeichnet sein.

27 Dr. Fanz Kaufmann war ein evangelisch getaufter Jude der mit einer Nicht-Jüdin verheiratet war. Aufgrund seiner jüdischen Herkunft wurde er aus seiner Stellung als Oberregierungsrat 1936 entlassen, 1943 infolge seiner illegalen

Tätigkeit verhaftet und 1944 im Konzentrationslager Sachsenhausen ermordet.

28 Die Bekennende Kirche (BK) verstand sich als Opposition zu den Deutschen Christen (DC), die organisatorisch und ideologisch dem NS-Regime gleichgeschaltet wurden. Die BK war im engeren Sinne keine politische Widerstandsbewegung gegen den Nationalsozialismus, dessen Legitimität sie auch grundsätzlich nicht in Frage stellte. Dennoch traten einzelne Gemeinden und Persönlichkeiten offen gegen das Regime auf bzw. unterstützen den politischen Widerstand.

29 Johannes Blaskowitz war im Polenfeldzug Kommandeur der 8. Armee und Oberbefehlshaber Ost. Aufgrund seiner Proteste gegen die Ausschreitungen der SS in Polen wurde Blaskowitz im Mai 1940 abgesetzt, wenige Monate später jedoch wieder zur Heeresgruppe West versetzt.

30 Werner Scharff (1912-1945) war Mitglied der Widerstandsgruppe «Gemeinschaft für Frieden und Aufbau». Im Oktober 1944 wurde Scharff verhaftet und im März 1944 im Konzentrationslager Sachsenhausen erschossen.

31 Eine kinderlose «Mischehe» war nur dann privilegiert, wenn der Ehemann Nicht-Jude war.

32 Gustav Gründgens und Käthe Gold waren berühmte Theaterschauspieler.

33 Renate Klepper war die Stieftochter des Schriftstellers Jochen Klepper. Kleppers jüdische Ehefrau brachte ihre zwei Töchter mit in diese Ehe. Die ältere Tochter Brigitte konnte rechtzeitig emigrieren. Als Renate Klepper die Deportationsaufforderung erhielt, beging die Familie am 11. Dezember 1942 Selbstmord.

34 Es handelt sich hierbei um die «Russische Vertrauensstelle in Deutschland», die unter Aufsicht der nationalsozialistschen Behörden stand. Aufgabe der Vertrauensstelle war es, allen über 15 Jahre alten russischen Emigranten Papiere auszustellen, die sie im Umgang mit den Ausländerbehörden als regis-

triert auswies. Die Vertrauensstelle hatte die Funktion ähnlich eines Konsulats, unterstand jedoch der Kontrolle der Gestapo. Vgl. hierzu: Bettina Dodenhoeft, Vasilij von Biskupskij – Eine Emigrantenkarriere in Deutschland, in: Karl Schlögel (Hrsg.) Russische Emigration in Deutschland 1918 bis 1942, Berlin 1995, S. 219 – 228.

35 Johannes Popitz (1884-1945) war von 1933 bis 1944 preußischer Finanzminister. Als Mitglied der konservativ-oppositionellen Widerstandsgruppe um Carl Goerdeler wurde er nach dem missglückten Attentat auf Hitler am 20. Juli 1944 verhaftet und im Februar 1945 hingerichtet.

36 Gertrud Staewen und Etta von Oertzen waren Mitglieder der Bekennenden Kirche.

37 Karl Barth (1886-1968) Theologe, geistiger Wegbereiter der Bekennenden Kirche.

38 Der evangelische Theologe Martin Niemöller wurde 1937 wegen seiner regimekritischen Predigten verhaftet und in die Konzentrationslager Sachsenhausen und Dachau verbracht.

39 Heinrich Brüning war Mitglied des Zentrums und von 1930-1932 deutscher Reichskanzler. Er flüchtete 1934 über die Niederlande in die USA und erhielt 1939 eine Professur an der Harvard University.

40 Ernst Hallermann wurde als so genannter Mischling aus der Wehrmacht ausgeschlossen. Als die Gruppe um Franz Kaufmann entdeckt wurde, wurde auch er verhaftet und blieb bis 1945 im Zuchthaus Brandenburg.

41 Benito Mussolini 1922 Ministerpräsident und Führer der faschistischen Partei (PNF) Italiens. Im Juli 1943 wurde ihm vom faschistischen Großrat das Misstrauen ausgesprochen, er wurde verhaftet und interniert.

42 Otto Skorzeny, SS-Feuerwerker und Mitglied der Leibstandarte Adolf Hitler, war am 12. September 1943 maßgeblich an der Befreiung Benito Mussolinis beteiligt.

Nachwort
von Marion Neiss

Im Gedenkbuch Berlins der jüdischen Opfer des Nationalsozialismus finden sich die Namen Beer (Boris) und Feiga (Fanja) Schönhaus, die am 13. Juni 1942 nach «Osten» verschleppt wurden. Als Todesdatum von Boris Schönhaus ist der 16. August 1942 angegeben, als Todesort Majdanek. Fanja Schönhaus, geborene Berman, gilt als verschollen in Majdanek.

Das Konzentrationslager Lublin-Majdanek lag im so genannten Generalgouvernement, dem von Deutschland besetzten Polen und war ursprünglich als «Kriegsgefangenenlager der Waffen-SS Lublin» konzipiert. Der Bau des Lagers begann im Herbst 1941. Im Laufe der Jahre 1942/1943 wurden in das Konzentrationslager nicht-jüdische und jüdische Polen, Juden aus der Tschechoslowakei, Slowenien und aus den Ghettos von Warschau und Bialystok und aus dem Reichsgebiet deportiert, die, nachdem Ende 1942 die Vergasungsanlage in Lublin-Majdanek fertig gestellt war, sofort nach ihrer Ankunft mit dem Giftgas Zyklon B ermordet wurden. Allein 17 000 Häftlinge wurden am 3. November 1943 in Majdanek erschossen. Anlass war der Aufstand der Häftlinge am 14. Oktober 1943 im weiter östlich gelegenen Vernichtungslager Sobibor. Aus der Befürchtung heraus, auch in anderen Lagern könne unter den Häftlingen ein Aufruhr entstehen, gab man unter der Parole «Aktion Erntefest» den Befehl, Juden in den Arbeitslagern Trawniki bei Lublin-Majdanek und anderen Lagern zu erschießen. Dieser Aktion fielen insgesamt etwa 43 000 Juden zum Opfer. Das Lager Majdanek wurde im Juli 1944 befreit. Etwa 200 000 Menschen fanden hier den Tod, darunter 60 000 bis 80 000 Juden.

Boris und Fanja Schönhaus sind im Juni 1942 mit dem 15. Transport von Berlin in das Konzentrations- und Vernichtungslager Lublin-Majdanek deportiert worden. Die Postkarte, die

Meine Eltern
Boris und Fanja
Schönhaus – Bermann

Am 28. September 1922
wurde ich als
Saimson Schönhaus
in Berlin geboren
Mein Rufname
lautet:
Cioma.
Der Kleine in der Mitte,
mit dem
umgebogenen Zehen,
das bin ich.

Boris Schönhaus an seinen Sohn schreiben konnte, lässt vermuten, dass die Eltern sich schon während des Transports oder direkt nach der Ankunft im Lager verloren haben.

Tante Sophie und Onkel Meier Berman wurden am 22. September 1942 nach Theresienstadt und von dort nach Auschwitz deportiert. Beide gelten als verschollen. Enta (Marie) Berman, von Cioma Schönhaus liebevoll Omama Alte genannt, verbrachte man am 3. Oktober 1942 nach Theresienstadt, und dort verstarb sie am 3. Februar 1943.

Boris und Fanja Schönhaus waren Anfang der zwanziger Jahre nach Berlin gekommen. Boris war aus der Roten Armee desertiert und suchte zusammen mit seiner Frau eine neue und bessere Existenz. Sie gehörten zu der großen Gruppe russischer Emigranten, die der Bürgerkrieg und die Revolution aus dem Land getrieben hatte. Die russische Gemeinde in Berlin zählte Anfang der zwanziger Jahre annähernd 300 000 Personen. Unter den politisch exilierten Monarchisten, Sozialisten und Konservativen war auch eine große Zahl Künstler, Intellektueller und Schriftsteller, die Berlin in den ersten Jahren der Weimarer Republik zu einem Zentrum russischer Kunst und Kultur machten. Doch unter den Flüchtlingen aus dem sowjetrussischen Gebiet waren auch Staatenlose, politische Verfolgte und Vertriebene, Wanderarme, wirtschaftliche Ruinierte und Menschen, die den Hungerkatastrophen in den Wolgagebieten und der Ukraine entronnen waren. Unter dem Zustrom dieser Heimatlosen strandeten auch osteuropäische Juden, die den Pogromen in Polen, der Ukraine und Weißrussland entkommen konnten. Die gutsituierten Russen ließen sich im Westteil Berlins nieder, die weniger bemittelten, unter ihnen auch die Eltern von Cioma Schönhaus, siedelten sich nahe des Alexanderplatzes an, im so genannten Scheunenviertel.

Fanja und Boris Schönhaus stammten beide aus dem weißrussischen Minsk. Fanja hatte sich mit ihrer Familie bereits in Berlin niedergelassen, als Boris Schönhaus seine Truppe verließ und ihr folgte. Sie heirateten 1920 in Berlin, und Boris versuchte, sich hier eine neue Existenz aufzubauen. Unter den osteuropäischen Juden in Berlin traf er vermutlich auf Zionistenkreise, die für die jüdische Besiedlung Palästinas warben, denn, begeistert von der Idee des Zionismus, entschloss sich Boris Schönhaus, nach Palästina auszuwandern. Mit dem knapp vierjährigen Sohn Cioma ließ sich die Familie 1926 in Rischon Lezion nieder. Rischon Lezion war die erste landwirtschaftliche Kolonie in Palästina, die 1882 von russischen Siedlern südlich der Hafenstadt Jaffa gegründet wurde. Mit mehr als 2000 Siedlern gehörte Rischon Lezion zu den schon etablierten landwirtschaftlichen Kolonien Palästinas, denn neben dem Anbau von Getreide, Mandeln und Orangen, florierte bereits der Weinanbau, und die Weinkellereien Rischon Lezions waren die größten des Landes.

Doch wie so viele Einwanderer war auch das Ehepaar Schönhaus sowohl den klimatischen Bedingungen als auch den äußerst dürftigen Lebensverhältnissen in Palästina nicht gewachsen. Den Entschluss zur Rückkehr nach Europa fassten Fanja und Boris schon nach einem Jahr, auch ausgelöst durch die Erkrankung des nun fast fünfjährigen Cioma, dessen medizinische Versorgung im Land nicht gewährleistet war. Nach zwölf Monaten kehrte die Familie Schönhaus wieder nach Berlin zurück und ließ sich in der Sophienstraße nieder. Boris Schönhaus gründete eine Mineralwasserfabrik, die der Familie ein solides Auskommen ermöglichte. Wenige Jahre nur blieb der Familie eine gesicherte Existenz und ein bürgerliches Leben in Berlin.

Fanja und Boris Schönhaus hatten in Deutschland nicht nur ein Asyl gefunden, sondern sie hofften, sich hier verwurzeln zu können. Beide bewunderten die deutsche Literatur und Kunst und machten sich die so genannten preußischen Tugenden zu Eigen. Die antisemitische Hetze national gesinnter Kreise, die schon während der Weimarer Republik offenbar war, dachten sie überwinden zu können. Doch wie so viele Juden in Deutschland glaubten auch Boris und Fanja Schönhaus nicht an eine tödliche

Bedrohung, die von der nationalsozialistischen Herrschaft ausgehen könnte. Wie viele Juden in Deutschland betrachteten sie zwar mit Ernst und Besorgnis die so genannte Machtergreifung Hitlers am 30. Januar 1933, doch sie versicherten sich der vermeintlich deutschen Tradition von Recht und Ordnung. Das betonte auch das offizielle Organ des Central-Vereins deutscher Staatsbürger jüdischen Glaubens mit den Zeilen: «Auch in dieser Zeit werden die deutschen Juden ihre Ruhe nicht verlieren, die ihnen das Bewusstsein untrennbarer Verbundenheit mit allem wirklich Deutschem gibt. Weniger denn je werden sie ihre innere Haltung zu Deutschland von äußeren Angriffen, die sie als unberechtigt empfinden, beeinflussen lassen. Viel zu tief ist in ihnen das Bewusstsein verwurzelt, was für sie der deutsche Lebensraum bedeutet».

Der am 1. April 1933 von der NSDAP angekündigte und durchgeführte Boykott, an dem jüdische Geschäfte, Ärzte und Anwälte gemieden und Juden am Besuch von Schulen und Universitäten gehindert werden sollten, rief zwar ein großes Erschrecken hervor, führte aber nicht zu einer allgemeinen panischen Fluchtbewegung. Von den etwa 500 000 Juden Deutschlands verließen etwa 37 000 Menschen 1933 das Land. Auch als sich die Lebensbedingungen der Juden durch diskriminierende Gesetze und Verordnungen immer mehr verschlechterten, blieb die Zahl der Auswanderer bis 1937 unter 25 000 Personen pro Jahr. Erst 1938, nach den Novemberpogromen, als die Synagogen und die jüdischen Geschäfte zerstört und gebrannschatzt wurden, stieg ihre Zahl auf 40 000 bzw. 78 000 im Jahr 1939. Insgesamt rettete sich nur etwa die Hälfte der 500 000 Juden in Deutschland bis 1945 durch eine Flucht ins Ausland.

Eine Auswanderung erwogen auch die Eltern von Cioma Schönhaus nicht. Zum einen, wo sollte man hingehen? Zum anderen fehlten die finanziellen Mittel. Wie aus den Aufzeichnungen von Cioma Schönhaus deutlich wird, sah man der «Evakuierung» in den Osten zwar angstvoll, aber dennoch gefasst entgegen. Der Gedanke, sich der Aufforderung zur Deportation durch Flucht in den Untergrund zu entziehen, war Boris und Fanja Schönhaus völlig fremd, ebenso wie vielen ihrer Glaubensgenossen.

In Berlin lebten Ende 1941 etwa 73 000 Juden. Viele waren erst in den letzten Jahren in die Hauptstadt gekommen, um sich hier, in der Anonymität der Großstadt, besser vor antisemitischen Diskriminierungen schützen zu können, und sie gaben sich der Illusion hin, die jüdischen Organisationen, die in Berlin ihren Sitz hatten, böten ihnen Schutz vor Verfolgung und Entrechtung. Diejenigen, die sich zur Auswanderung entschlossen hatten, hofften, hier die organisatorischen Vorbereitungen zur Auswanderung in direktem Kontakt mit den ausländischen Vertretungen einfacher gestalten zu können. Mit dem Verbot der Auswanderung am 23. Oktober 1941 war aber auch diese Hoffnung zunichte gemacht, und wenige Tage zuvor waren bereits die ersten Juden aus Berlin in das Ghetto nach Lodz deportiert worden.

Den Juden blieb somit nur noch die Möglichkeit, sich illegal ins Ausland zu flüchten oder sich der Deportationsaufforderung durch Flucht in den Untergrund zu entziehen. Nur wenige fanden den Mut unterzutauchen, denn das Leben als «U-Boot», wie sich die Untergetauchten selbst nannten, bedeutete, ein Leben ohne sicheren Wohnsitz, ohne Lebensmittelkarten und ohne Ausweispapiere zu führen. Nach vorsichtigen Schätzungen versuchten etwa 10 000 Juden in Deutschland in den Untergrund zu gehen, etwa die Hälfte davon in Berlin. Diejenigen, die diesen Schritt wagten, waren hier wie anderswo auf die Hilfe anderer angewiesen. Diese Hilfen konnten vielfältig sein. Sie reichten von der Organisation von Lebensmitteln bis hin zur Beherbergung versteckt lebender Juden oder gar, wie der Bericht von Cioma Schönhaus zeigt, bis zur Beschaffung von Ausweisdokumenten und deren Fälschung. Doch die meisten Juden im Berliner Untergrund waren weder im Besitz falscher noch echter

Papiere, sondern sie hetzten von einem Unterschlupf zum nächsten. Neben der Suche nach einem Nachtasyl musste aber auch das Leben bei Tageslicht organisiert werden. Wo kann man sich tagsüber aufhalten, ohne Verdacht zu erregen, ohne erkannt zu werden? Viele Versteckte liefen tagsüber ziellos durch die Straßen Berlins, hielten sich in Parks und auf Friedhöfen auf oder mischten sich unter die Passanten auf großen Plätzen. Untergetauchte Männer waren im Straßenbild der Metropole Berlins einer größeren Gefahr ausgesetzt als Frauen, denn ein wehrfähiger Mann in Zivilkleidung war schnell einer Kontrolle unterzogen. So verließen viele der Männer, die ein längerfristiges Quartier hatten, oft tagelang nicht ihre Behausungen und schlichen nur manchmal nachts durch die Straßen. Frauen und Kinder, die bei ihren Helfern lebten, konnten sich etwas freier bewegen und vor neugierig Fragenden als Verwandte oder Freunde ausgegeben werden.

Die Helfer setzten sich selbstverständlich auch der Gefahr der Entdeckung ihres Tuns aus. Übereifrige Nachbarn oder überzeugte Nationalsozialisten konnten ihren Verdacht den entsprechenden Stellen melden; so war die Angst der äußerlichen Bedrohung allgegenwärtig, sowohl bei den Helfern, als auch bei den Versteckten. Doch oft ergaben sich auch interne Schwierigkeiten. Das enge Zusammenleben und die Abhängigkeit beider Teile konnte zu Konflikten ganz menschlicher Art führen. Streitereien untereinander gipfelten oft darin, dass Versteckte ihren sicheren Ort verlassen und sich eine neue Bleibe suchen mussten. Entsprechend konnte die Enge aber auch zum Gegenteil führen, nämlich zu einer Liebesbeziehung, die dann wiederum zur Gefahr wurde, wenn dabei ein Dritter im gemeinsamen Haushalt auf der Strecke blieb. Auch im Falle relativer Harmonie in der gemeinsam genutzten Wohnung konnte die plötzliche Krankheit des illegalen Mitbewohners zu ernsten Problemen führen. Gerade hier waren die Helfer auf die weitere Hilfe anderer Retterkreise angewiesen, die einen Arzt oder eine Krankenschwester kannten, um den Kranken zu versorgen. Einer Katastrophe gleich kam der Tod eines Schützlings in der eigenen Wohnung. Wohin mit dem Verstorbenen? In äußerster Not brachte man ihn unauffällig im Dunkeln außer Haus und legte ihn auf eine Parkbank, mit der Hoffnung, er werde gefunden und ein namenloses Grab erhalten. Denn alles, was auf seine Identität und seinen letzten Aufenthaltsort hinwies, musste aus seinen Taschen entfernt werden.

Die Angst war auf beiden Seiten ein ständiger Begleiter. Hinzu kam, dass die Gestapo seit Frühjahr 1943 «jüdische Fahnder» einsetzte, die illegal lebende Juden in Berlin ausfindig machten und der Gestapo auslieferten. Es war nicht nur Stella Goldschlag, von der Cioma Schönhaus berichtete, die Angst unter den untergetauchten Juden verbreitete. In Berlin wurden etwa zwanzig jüdische «Greifer», wie sie unter den illegalen Juden genannt wurden, von der Gestapo rekrutiert. Von den Behörden unter Druck gesetzt und mit der vagen Versprechung, sie selbst und ihre Familien durch diese Aktivitäten von der Deportation zu verschonen, gingen sie ihrer Spitzeltätigkeit nach. Wie viele Illegale durch diese «Greifer» in Berlin entdeckt wurden, ist unbekannt. Zeitzeugen schätzen jedoch, dass allein durch Stella Goldschlag etwa einhundert Personen festgenommen wurden. Doch es ist unzweifelhaft, dass auch sie und die anderen Spitzel Menschen vor der Deportation gerettet haben, indem sie diejenigen, die ihnen nahe standen, vor bevorstehenden Razzien warnten. Allein dieser Handlungsspielraum der jüdischen «Greifer» war beschränkt, denn sie standen immer unter Beobachtung der Gestapo, und im Falle der entdeckten Hilfeleistung drohte unweigerlich die eigene Deportation oder die ihrer Angehörigen.

Die größte Gefahr ging jedoch von der Bevölkerung aus, die dem nationalsozialistischen Regime willfährig diente. Neid, Eifersucht, vorauseilender Gehorsam oder nur Gehässigkeit zählten zu den häufigsten Motivationen, Juden an die Behörden auszuliefern. Letztere Motivation mag der Anlass gewesen sein, der den Helferkreis um Dr. Franz Kaufmann im Sommer 1943 durch folgendes Schreiben sprengte:

«Eilt. Judensache.

Möchte Ihnen eine wichtige Mitteilung machen, wegen einer Jüdin. Ich habe nämlich seit einiger Zeit bemerkt, dass sich eine Jüdsche heimlich bei Leuten hier im Haus versteckt und ohne Stern geht.

Es ist die Jüdin Blumenfeld, die sich bei der Frau Reichert Berlin W. Passauer Straße 39 vorn 3 Treppen heimlich versteckt. So was muss doch sofort unterbunden werden, schicken Sie mal gleich früh so um 7 Uhr einen Beamten und lassen dieses Weib abholen.

Diese Jüdin war früher wie sie hier im Hause wohnte immer frech und hochnäsig. Sie müssen aber schnell machen sonst verschwindet sie vielleicht wo anders hin.

Heil Hitler»

Dieses Schreiben geht am 7. August 1943 bei der Stapoleitstelle IV D 1 in Berlin ein. Bereits fünf Tage später, am Donnerstag dem 12. August, wird die 49-jährige Lotte Blumenfeld – die sich bereits seit Januar 1943 auf der Flucht vor ihrer Deportation befindet – in der Passauer Straße festgenommen. Ihre Behauptung, slowakische Staatsbürgerin zu sein, kann sie nicht aufrechterhalten und gesteht schließlich, mit einem Mann in Verbindung zu stehen, der ihr einen slowakischen Pass – selbstverständlich eine Fälschung – besorgen wollte. Durch ihre Aussage wird dieser Mittelsmann, zur Zeit eingezogen als Revier-Oberwachtmeister der Schutzpolizei der Reserve, am gleichen Tag festgenommen. Auch er nennt während seiner Vernehmung die Namen seiner Kontaktpersonen, von denen er gefälschte Papiere bekommen hat. Daraufhin wird am 14. August der 59-jährige Leon Blum festgenommen. Während des Verhörs gesteht er, untergetauchte

Abschrift

Band I   - Seiten 119, 119 R, 120

Stapo IV D 1 - 1715/43 g.   Berlin, den 31. August 1943

Bisheriger Ermittlungsbericht über Günter Rogoff.

Bei dem im Vorgang häufig genannten Heinz R o g o f f handelt
es sich um den Juden Samson S c h ö n h a u s, geb.28.9.22 Berl
wohnhaft gewesen Berlin N, Kl. Hamburger Str. 15 bei Geller. Se
ne Eltern sind bereits am 2. Juni 1942 evakuiert worden. Seit
dieser Zeit ist S c h ö n h a u s flüchtig.
Da K a u f m a n n in seiner Vernehmung angab, daß R o g o f
(S c h ö n h a u s) bei einer Frau S c h i r r m a c h e r,
Kleiststr. 7 v.III rechts gewohnt hat, wurden dort die ersten
Ermittlungen durchgeführt. Sie ergaben, daß R o g o f f(Schönhaus) unter dem Namen S c h ö n h a u s e n bis zum 14.6.43
dort unangemeldet gewohnt hat. Der Vermieterin gegenüber hatte e
erklärt, daß seine Eltern angeblich Bombengeschädigte aufnehmen
mußten, und er das Zimmer bei den Eltern hätte räumen müssen. In
der Nacht vom 15. zum 16. Juni 1943 ist er sehr spät nach Hause
gekommen und war am anderen Morgen verschwunden. Dieses ist wahr
scheinlich darauf zurückzuführen, daß er nach Angaben des K a u
m a n n seine Brieftasche mit Ausweisen verloren haben soll und
er sich aus diesem Grunde veranlaßt sah, seine Wohnung zu wechse

Am 29.6.1943 erschien bei Frau S c h i r r m a c h e r ein dunk
aussehender, etwa 40 Jahre alt mit Beinfehler behafteter Mann,
der sich als Doktor (Name ist der Frau entfallen) ausgab und
einen Brief von S c h ö n h a u s e n vorlegte, aus dem hervor-
ging, daß Schönhausen in Remscheid bei einem Fliege
angriff verletzt worden sei und sich im Krankenhaus befindet. Der
Doktor bezahlte die letzte Miete, wie aus dem Quittungsbuch der
Frau S c h i r r m a c h e r hervorgeht.

Der Frau S c h i r r m a c h e r hat S c h ö n h a u s e n
auch gelegentlich mitgeteilt, daß er an der Reimann-Schule aus-
gebildet worden sei. (Die Reimann-Schule bildet bekanntlich Ge-
brauchsgraphiker aus).

Bei der Durchsuchung eines bei Frau S c h i r r m a c h e r
zurückgelassenen Paketes wurde lediglich reichhaltige Literatur
über Segelsport vorgefunden. Nach Aussagen der Frau S c h i r r-
m a c h e r soll sich Sch. im Laufe des Monats Mai 1943 ein Segel
boot gekauft haben, das in der Nähe des Stössensees gelegen hätte

Die Ermittlungen am Stössensee ergaben folgendes:

Nachdem verscheiden Bootsstände aufgesucht waren, konnte auf dem
Liegeplatz von Paul   B ö h m   am Stössensee das Boot des S c h ö n
h a u s e n ermittelt werden. Der dort wohnende und als Boots-
mann beschäftigte Rudolf L a d e w i g erklärte, daß Anfang
Mai 1943 bei ihm ein großer blonder junger Mann, der sich als
Peter S c h ö n h a u s e n, wohnhaft Berlin, Kleiststr. 7 bei
Schirrmacher, ausgab, erschien. Derselbe fragte ihn, ob er ihm ei
Boot verkaufen könnte. Da dem Ladewig der S c h ö n h a u s e n
durch sein heiteres Wesen gefiel, wies er ihm eine 15er Jolle
bei seinem dort wohnenden Bekannten Paul V o g t nach. S c h ö n
h a u s e n kaufte die Jolle für RM 2.500,--. Von diesem Augenblick an erschien Sch. dort sehr häufig und hatte immer

b.w.

228

mehrere junge Mädchen bei sich. Ende Juni 1943 hörte sein Kommen plötzlich auf.

Vor etwa 3 Wochen erschien bei L a d e w i g eine 35- etwa 40jährige dunkle Dame, die sich als Schwester von Sch. ausgab. Sie erzählte, daß ihr Bruder zur Wehrmacht als Dolmetscher kommen sollte, sich aber im Augenblick in Doberan einer Operation unterziehen müsse. (Dieses trifft nicht zu, da K a u f m a n n sich kurz vor seiner Festnahme noch mit ihm getroffen hat). Sie bat Frau L a d e w i g , ihr Obst zu verschaffen, sie würde es sich dann in den nächsten Tagen abholen. Eine Durchsuchung des Bootes verlief erg-ebislos. Jedoch wurde im Schrank des Bootshauses in der Tasche des Trainingsanzuges des Sch. ein vollständig zerknitterter Zettel gefunden, auf dem mit Rotstift der Name M o r i t z und die Telefonnummer 39 92 39 geschrieben stand. Bei dem Namen M o r i t z erinnerte sich L a d e w i g , daß die Schwester, die in Begleitung eines Herrn dort war, ein Telefongespräche geführt hat, in dessen Verlauf der Name M o r i t z häufig fiel. L a d e w i g wurde angewiesen, bei einem Wiedererscheinen der Schwester, diese unverzüglich festnehmen zu lassen, bzw.der hiesigen Dienststelle sofort Kenntnis zu geben.

Die Ermittlung nach dem Inhaber der Telefonnummer ergab, daß es sich bei dem Teilnehmer um den Postinspektor a.D. Rudolf M o r i t z , geb. 14.7.77 Leipzig,wohnhaft Berlin NW 21, Alt-Moabit 82 a v. hptr. lks., handelt. Er ist in Mischehe verheiratet, und zwar mit der Jüdin Rosa Sara Moritz geb. Grunau, geb.16.6.79 Berlin. Aus der hiesigen Erfassungskartei geht hervor, daß die Tochter Erna Sara mit einem B l u m verheiratet ist und angeblich seit Januar 1943 abgewandert sein soll, was nach den hiesigen Feststellungen aber nicht zutrifft. Die B l u m und ihr Ehemann sollen jetzt häufig ohne Stern bei M o r i t z verkehren. Außerdem sollen bei M o r i t z junge Leute verkehren, die vorsichtig die Hintertreppe benutzen.

Die Tochter der B l u m , die aus erster Ehe und Mischling 2. Grades ist, soll in einem Putzsalon beschäftigt sein. In welchem konnte bisher nicht ermittelt werden.

Die Ermittlungen nach S c h ö n h a u s werden fortgesetzt. Da anzunehmen ist, daß S c h ö n h a u s mit M o r i t z in Verbindung steht, wurde T.-Ü. verhängt.

          gez.Dobberkes
          K.S.

         Do/Hy.

Juden mit falschen Papieren versorgt zu haben, die er von dem Oberregierungsrat Franz Kaufmann, wohnhaft in Berlin-Halensee, Hobrechtstraße 3, erhalten hat.

Als wenig später die Gestapo in der Hobrechtstraße 3 eintrifft, um Franz Kaufmann zu verhaften, hat dieser die Wohnung bereits verlassen und sich bei Freunden versteckt. Sein Haus steht ab sofort unter Bewachung, und am 18. August wird dort Ernst Hallermann festgenommen, ein Mitarbeiter von Kaufmann. Durch dessen Aussage erfolgt bereits einen Tag später die Verhaftung Kaufmanns auf offener Straße im Berliner Stadtteil Moabit. Bei seiner Verhaftung trägt er sein Notizbuch mit sich, in dem er die Namen, Adressen und Telefonnummern illegal lebender Juden sowie Kontaktpersonen und andere Helfer, vermerkt hatte. Während der Verhöre durch die Gestapo wird Kaufmann gezwungen, weitere Namen untergetauchter Juden zu nennen, die wenige Tage später verhaftet werden. Der Kreis der Festgenommenen wird von Tag zu größer, und steigt bis Anfang Oktober 1943 auf etwa 50 Personen. Es sind in der Mehrzahl Juden.

Gegen elf der Festgenommenen, so genannte Arier und Mischlinge, wird im November 1943 Anklage wegen Verbrechens gegen die Kriegswirtschaftsverordnung und Urkundenfälschung erhoben. Ernst Hallermann erhält eine Zuchthausstrafe von acht Jahren, die Haftstrafen der übrigen Festgenommenen bleiben darunter.

Franz Kaufmann bleibt bis zur Urteilsverkündigung der Angeklagten im Januar 1944 in Haft; gegen ihn wird keine Anklage erhoben, da er als Jude nicht mehr der Justiz unterstellt ist, sondern der Polizeigewalt. Am 17. Februar 1944 wird er in das Konzentrationslager Sachsenhausen gebracht und dort sofort erschossen.

Kaufmanns Lebensweg verlief bis ins Jahr 1936 konstant und gradlinig, er war das Bild eines korrekten preußischen Beamten. Der 1886 als Sohn jüdischer Eltern geborene und evangelisch getaufte Kaufmann diente während des Ersten Weltkriegs im

10. Bayerischen Feldartillerie-Regiment und erhielt das Eiserne Kreuz Erster und Zweiter Klasse, den Bayerischen Militär-Verdienstorden 4. Klasse mit Schwertern und das Frontkämpferkreuz. Nach seiner Verwundung wurde er 1918 als Oberleutnant der Reserve entlassen. Als promovierter Rechts- und Staatswissenschaftler wurde er 1922 für kurze Zeit als Referent für Kommunal-Finanzen ins Preußische Innenministerium berufen und im gleichen Jahr von der Charlottenburger Stadtverordneten-Versammlung zum Stadtrat gewählt. Kaufmann lehnte diese Wahl jedoch ab und zog es vor, einer Berufung als Oberregierungsrat ins Reichsfinanzministerium zu folgen. 1928 erfolgte der Wechsel zum Reichssparkommissariat. Aufgrund seiner jüdischen Herkunft wird er 1936 entlassen – oder, wie es in den Untersuchungsprotokollen heißt «in den Ruhestand versetzt». Nun widmete er sich entsprechend seiner Ausbildung in privaten Studien der Entwicklung der kommunalen Selbstverwaltung. Sofort nach Kriegsbeginn 1939 bemüht er sich um eine Anstellung als Kriegsfreiwilliger in der Wehrmacht und beim Roten Kreuz. Doch diese Bemühungen scheitern, und seit Mitte 1940 findet er Anschluss an den kirchlichen Bibelkreis der Bekennenden Kirche.

1942 wird Kaufmann zur Zwangsarbeit herangezogen. Seine Aufgabe ist es nun, deformierte Feldflaschen zu reparieren. Die Berufsangabe im Vernehmungsprotokoll der Gestapo lautet dementsprechend: «Franz Kaufmann, Oberregierungsrat, umgeschult zum Hilfsarbeiter».

Nun beginnt er, Postausweise für flüchtige Juden zu besorgen, die er zum Teil über Mitglieder der Bekennenden Kirche zum Teil über andere Mittelsmänner erhält oder die sich bei ihm – Zitat aus den Vernehmungsprotokoll der Gestapo – «gelegentlich angefunden haben». Es folgt die Weitergabe von Werksausweisen der Unternehmen AEG, Telefunken, Borsig und Siemens, sowie arischer Kennkarten, Lebensmittelkarten, Haushalts- und Bezugsausweise, Personal-Ausweise der Deutschen Arbeitsfront,

BVG-Dienstausweise, und Führerscheine. Den Ankauf echter Papiere oder Blanko-Ausweise besorgt etwa seit Anfang des Jahres der – während der Observation der Kaufmannschen Wohnung festgenommene – Ernst Hallermann; die Fälschungen der Papiere übernimmt Cioma Schönhaus.

Der Oberregierungsrat Franz Kaufmann, gewissenhafter und treuer Staatsdiener bis zu seiner Entlassung, legt die Gründe seiner Handlungsweise folgendermaßen nieder:

«Durch die Verwurzelung in christlicher Auffassung und auch durch vorgerücktes Alter habe ich wohl ein verstärktes Gefühl für Not und Leid, das den Einzelnen mehr oder weniger unverschuldet trifft. Dadurch wurde ich, ohne es zu wollen, ein Anziehungs- und Sammelpunkt für jüdische Flüchtlinge. Sie ließen sich mit ihrem Vertrauen und mit der Hoffnung, dass ich auch seelisch helfen könne, nicht abweisen. Meine Hilfe galt nicht den Juden, weil sie Juden waren, sondern weil sie Menschen waren in Nöten und Ängsten. Aus meiner Hilfsfreudigkeit heraus hätte ich meine Kraft lieber an anderer Stelle zur Verfügung gestellt, z.B. im Kriegs-Sanitärdienst, wofür ich mich u.a. bei Kriegsbeginn auch vergeblich gemeldet habe, und ich hätte sie dort genau so gern eingesetzt, wie als Soldat im Weltkrieg.»

Die Hoffnung und Zuversicht, die Franz Kaufmann so vielen Verfolgten gab, wurde durch die Denunziation vom 7. August 1943 zunichte gemacht. Im Zwischenbericht der Stapoleitstelle IV-d 1 heißt es: «Die zum Vorgang festgenommenen Juden sind, soweit sie zum Vorgang nicht mehr benötigt werden, bereits evakuiert, bzw. sind gegen sie staatspolizeiliche Maßnahmen ergriffen worden.»

Leon Blum stirbt bereits am 9. September 1943 – angeblich an Herzschwäche – im Jüdischen Krankenhaus, eine Jüdin nimmt sich während ihrer Verhaftung das Leben, indem sie sich aus dem Fenster stürzt, während die gefassten Juden nach Osten deportiert werden. Eine einzige Denunziation führte zum Tod von mindestens 26 Menschen. Sie sind ermordet und verschollen in

Auschwitz, Minsk und Kowno. Unter ihnen auch Lotte Blumenfeld.

In Berlin erleben etwa 1500 untergetauchte Juden das Kriegsende.

Sonderausgabe
zum
Deutschen Kriminalpolizeibla[tt]

Herausgegeben vom Reichskriminalpolizeiamt in Berlin

Erscheint nach Bedarf	Zu beziehen durch die Geschäftsstelle Berlin C 2, Werderscher Markt
16. Jahrgang	Berlin, den 30. September 1943 — Nummer 4701 a

Nur für deutsche Behörden bestimmt!
Die Sonderausgaben sind nach ihrer Auswertung sorgfältig zu sammeln und unter Verschluß zu halten.

A. Neuausschreibungen.

Entwichene Kriegsgefangene.

I. Auf Eisenbahntransport im Bahnhof Olching b. München entwichene englische Offiziere.

Am 28. 9. 43, um 22.15 Uhr, entwichen auf Eisenbahntransport im Bahnhof Olching bei München 9 englische Offiziere. 3 der Entwichenen wurden in Feldmoching b. München bzw. im Personenzug nach Lindau wiederergriffen. Die Entwichenen tra[gen] hellbra. Sommeruniformen.

Noch flüchtig sind:

Binns, Wallace, Ltnt., 30. 6. 13 ?; 1,78 m, bla. Augen, dklblo. Haare,
Carr, Richard, Hptm., 19. 9. 05 ?; 1,60 m, bla. Augen, dklblo. Haare,
Kölges, Zezil, Hptm., 24. 2. 18 ?; 1,65 m, bla. Augen, blo. Haare,
Millar, Georg, Ltn., 19. 9. 10 ?; 1,75 m, bla. Augen, blo. Haare,
Tsuka, George, Hptm., 3. 3. 18 ?; 1,73 m, gra. Augen, blo. Ha[are]
Wuth, Norman Sales, Oblt., 16. 4. 18 ?; 1,78 m, dklbra. Aug[en] bra. Haare.

Energische Fahndung! Festnahme!

17 K. 29. 9. 43. **KPLSt Münche[n]**

II. Aus ƻƻ-Sonderlager in Sandberge, Kr. Loben (O.-S.) entwichene sowjetrussische Offiziere und Soldaten.

Am 25. 9. 43 entwichen aus ƻƻ-Sonderlager in Sandberge 5 sowjetrussische Offiziere und Soldaten. Bekleidung: feldgra. Uniform ohne Hoheits- und Dienstgradabzeichen, Schiffchenmütze und Militärkoppel; grü. Ausweise mit Lichtbild.

Isossimow, Sergei, Unterltn., 25. 9. 17 Jaroslaw,
Kosenokow, Fedor, Ltn., 9. 3. 10 Tschetschnja (Kaukasus),
Popow, Fedor, Ltn., 16. 9. 13 Baschkirien,
Woinow, Fedor, Hauptfeldw., 21. 12. 01 Baschkirien,
Klotschkow, Grigorij, Hauptfeldw., 17. 10. 06 Ordshonikidse.

Vermutl. ist Woinow der Führer der Flüchtigen. Sie si[nd] am Schluß dieser Nummer zu II bis VI abgebildet.

Energische Fahndung! Festnahme!

N S St 541/43. 28. 9. 43. **KPSt Oppel[n]**

III. Aus Lager Stuttgart-Möhringen entwichene sowjetrussische Soldaten.

Am 27. 9. 43 entwichen aus Lager in Möhringen bei Stuttgart 9 sowjetrussische Soldaten. Bekleidung: grüngefärbte Uniform mit Feldmütze und Schaftstiefel, evtl. Drillichanzug.

Strelzow, Boros, 4. 10. 21, Gef.-Nr. 14553,
Olejnik, Konstantin, 1. 9. 19, Gef.-Nr. 4283,
Obolenzow, Viktor, 7. 2. 19, Gef.-Nr. 10360,
Jadak, Iwan, 2. 10. 19, Gef.-Nr. 230,
Lisunow, Pjotr, 29. 7. 14, Gef.-Nr. 42,
Semizorow, Fjedor, 28. 2. 16, Gef.-Nr. 7042,
Demidenio, Iwan, 1. 9. 09, Gef.-Nr. 5327,
Gromadzki, Dimitrij, 28. 1. 18, Gef.-Nr. 5390,
Iljuschenko, Michael, 9. 8. 20, Gef.-Nr. 2739.

Festnahme! 7/8/43. 29. 9. 43. **KPLSt Stuttgart**

Die Flüchtigen sind festzunehmen und Grenzübertritte mit allen Mitteln zu verhindern.
Es sind die für diese Fälle vorgesehenen Fahndungsmaßnahmen einzuleiten.

Reichskriminalpolizeiamt — C —

IV. Jüdischer Paßfälscher in Berlin.

…eit 14. 9. 43 ist Jude Samson Schönhaus, 28. 9. 22 Berlin, …. Paßfälschung aus Berlin geflüchtet. Er soll Berlin mit …red in Richtung Bodensee verlassen haben, ist im Besitz … gefälschten Wehrpasses und eines Postausweises auf den Namen Peter Schönhaus. Beschr.: 1,80 m, blo. lks. gescheitelte Haare; kurze Kniehose, dkl. Jackett. Grenzstellen sind durch Fs. benachrichtigt. Schönhaus ist hierunter abgebildet.

Festnahme!

IV D 1 1715/43 g. 30. 9. 43. **Stapoleitstelle Berlin)**

Samson al. Peter Schönhaus ist festzunehmen.

V. Betrüger mit falschem Wehrmachtbestellschein in Berlin.

…m April 42 kaufte Unbekannter (Soldat ?) bei Firma Odeon, …lin W 8, für 128, RM Schallplatten. Der Bestellschein ist …älscht. Eine Wehrmachtdienststelle „L 22178" LGPA. Ham…g 1, Lehrkommando 1 a" besteht nicht. Wer fertigt Stempel mit solcher Schrift an? Wo sind gleiche oder ähnliche Betrügereien erfolgt? Der Bestellschein ist am Schluß dieser Nummer zu I abgebildet.

O a 7020 — K 5/43. 9. 9. 43. **KPLSt Berlin (B I).**

VI. In Okselv entwichener Strafgefangener.

Am 19. 8. 43 entwich Strafgefangener Wilhelm Lange, 14. 6. 11 …springe, aus Lager Okselv Km 134. Beschr.: 1,63 m, unter…zt, dkl. kurzgeschorene Haare, geschwollene stark unter laufene Augen, Tätowierungen am ganzen Körper; Strafgefang.-Hose, Zivljacke, Ledermütze mit Pelz.

Festnahme! Zuführung zur nächsten Wehrmachtdienststelle!

1045/43 K O. 20. 9. 43. **Dienstst. d. Feldpost-Nr. 32730.**

B. Teilerledigungen.

VII. Aus dem Lager 3365 in Ottobrunn entwichene sowjetrussische Offiziere.
(Zu Sonderausgabe DtKPBl. Nr. 4674 a I vom 30. 8. 43.)

Hptm. Sergei Pelagin, 1. 4. 12 ?, Gef.-Nr. 2180, wurde am 6. 9. 43 in Großebersdorf, Kr. Mistelbach, wiederergriffen.

Noch flüchtig:

…olmatschew, Anatoly, Ltn., 25. 4. 22 ?, Gef.-Nr. 7125,
…arabanow, Leonid, Obltn., 3. 8. 14 ?, Gef.-Nr. 2216,
Magin, Nikolai, Ltn., 6. 6. 13 ?, Gef.-Nr. 1976.

Festnahme!

17 K. 28. 9. 43. **KPLSt München.**